A BOMBA EMBAIXO DA MESA

STORYTELLING 2

A BOMBA EMBAIXO DA MESA

Reflexões sobre política, religião, sexismo, propaganda e outros temas explosivos

ADILSON XAVIER

1ª edição

best.
business

Rio de Janeiro – 2022

EDITOR-EXECUTIVO
Rodrigo Lacerda

GERENTE EDITORIAL
Duda Costa

ASSISTENTES EDITORIAIS
Thaís Lima
Beatriz Ramalho
Caíque Gomes
Nathalia Necchy (estagiária)

PREPARAÇÃO DE ORIGINAL
Marlon Magno Abreu de Carvalho

REVISÃO
Luiza Angrisano Miceli
Cristina Maria Freixinho

DIAGRAMAÇÃO
Myla Guimarães (estagiária)

CIP-BRASIL. CATALOGAÇÃO NA PUBLICAÇÃO
SINDICATO NACIONAL DOS EDITORES DE LIVROS, RJ

X17b   Xavier, Adilson
             A bomba embaixo da mesa: storytelling 2 – reflexões sobre política, religião, sexismo,
         propaganda e outros temas explosivos / Adilson Xavier. – 1. ed. – Rio de Janeiro : Best Business
         2022.

             Inclui bibliografia
             ISBN 978-65-5670-011-3

             1. Comunicação de massa - Marketing. 2. Oposição (Ciência política). 3. Liberdade de
         expressão. 4. Arte de contar histórias. 5. Comunicação de massa - Aspectos sociais. I. Título.

22-75998   CDD: 302.24
                                  CDU: 316.77

Meri Gleice Rodrigues de Souza - Bibliotecária - CRB-7/6439

Copyright © Adilson Xavier, 2022

Todos os direitos reservados. Proibida a reprodução, armazenamento ou transmissão de partes deste
livro, através de quaisquer meios, sem prévia autorização por escrito.

Texto revisado segundo o novo Acordo Ortográfico da Língua Portuguesa.

Direitos exclusivos desta edição adquiridos pela Best Business,
um selo da Editora Best Seller Ltda.
Rua Argentina, 171 – 20921-380 – Rio de Janeiro, RJ – Tel.: (21) 2585-2000.

Impresso no Brasil

ISBN 978-65-5670-011-3

Seja um leitor preferencial Record.
Cadastre-se no site www.record.com.br e receba informações
sobre nossos lançamentos e nossas promoções.

Atendimento e venda direta ao leitor:
sac@record.com.br

"Em tempos sombrios, o olho começa a enxergar."
Theodore Roethke

Sumário

ANTES DE MAIS NADA...11

PRÓLOGO 15

UM GIGANTESCO, EMBORA BREVE, FLASHBACK
PARA CLAREAR O UNIVERSO EM QUE SE PASSA
A HISTÓRIA 17

CONFLITO É TUDO

Que nome tem isso? 25

Conflito propriamente dito 26

Seres comunicantes..31

FICÇÃO CAINDO NA REAL, OU VICE-VERSA

Comunhão entre ficcional e real 33

Revisitando os alicerces narrativos 35

Suspension of disbelief...36

Fake news são storytelling? 38

Sorria, você caiu na rede...43

Dinheiro, países e outras histórias........................46

REAL × VIRTUAL

Vida virtual não é coisa do outro mundo
— pelo menos não deveria ser 49
Que mal isso pode fazer? 50
Robots, trollagem, hashtags etc. 56
Somos todos personagens 59
Fato × fake 61
Conspiração com um Q a mais 63
Mentiras são mais excitantes 66

BEM × MAL

Quem sabe o mal que se esconde nos
corações humanos? 69
Depende da época e das circunstâncias 71
Fascínio pelos vilões 73
Bem-vindo a Gotham City 76

RICOS × POBRES

Uma outra classe de luta 81
Rico opressor, pobre sofredor 82
O outro lado da moeda 87
Atração e apropriação 89
A disputa no território ficcional 91
Money makes the world go around 101

DEUS × DIABO

Politeísmo × monoteísmo 109
Antigo × Novo Testamento 114
Sacrifícios 119
Histórias ingênuas para um público
narrativamente imaturo 123

O universo e seu roteiro religioso 126
O antagonista de Deus 128
Religiosidade com múltiplas utilidades 133

MASCULINO × FEMININO

Pecado original do mundo patriarcal 139
Palavras sujas 141
A culpa é das mulheres 142
Carregando o mundo no útero 144
Lições aprendidas desde a infância 147
Opressor contra oprimida 150
Feminismo e machismo 152
Homens × mulheres na ficção 157
Me too 163
Uma aia pra encerrar o assunto 165

ESQUERDA × DIREITA

Divisor de águas 169
A face aterrorizante do comunismo e
sua contrapartida no capitalismo 173
Guerra Fria 178
Teria sido um final feliz 184
Marxismo cultural 186
Uma anomalia chamada fascismo 189
Brasil e o American Way of Death 194
O bode 199
Política e seus enredos 202
De repente, o absurdo de uma pandemia 206
Meu reino por uma narrativa 211

PROPAGANDA x NÃO PROPAGANDA

Linguagem bélica e epidêmica.................................... 215

Grande mídia 218

Grandes marcas 224

Nike 225

Coca-Cola 229

Burger King 232

Oportunidade para todos os tamanhos........................ 234

Propaganda disfarçada de outra coisa 239

O sonho do homem-banda 241

Qualidade é o que faz diferença 245

PASSADO x FUTURO

Muito passado pela frente... 247

Retrotopia 249

A arte de parar o tempo.. 251

Herança... 253

Fridays for Future.. 256

O mito da experiência 257

Tudo ao mesmo tempo 259

NÓS x ELES

Alteridade 261

Estrangeiros 263

A saga judaica.. 266

A cor da pele do outro... 272

Não adianta falar, porque não quero te ouvir.............. 283

As infinitas alteridades da era cibernética 287

Somos todos Outros 289

NÓS × NÓS MESMOS

Direções opostas 291

Seres binários num universo de matrioskas............................ 295

Doença autoimune.. 296

A possibilidade bacteriana.. 298

Dissonância cognitiva 299

O incrível mundo do autoengano 306

EPÍLOGO

Tudo pronto para o fim... 309

BIBLIOGRAFIA 317

ANTES DE MAIS NADA

Comecei a escrever este livro em 2019, ano em que se passa a história do filme *Blade Runner: o caçador de androides*. Logo em seguida, virá *Soylent Green*, que no Brasil recebeu o título de *No mundo de 2020*, embora a história se passe em 2022.

Vivemos agora dentro das distopias que, a partir do cinema e da literatura, povoam nossa memória afetivo-cultural. Resta-nos o consolo de ver que as coisas não estão acontecendo exatamente como previam essas histórias. Pelo menos não por enquanto.

O livro *1984*, de George Orwell, não se cumpriu no ano previsto, mas continua tentando acontecer. Ainda não criaram um Ministério da Verdade, uma novilíngua, nem um Grande Irmão, mas não faltam exemplos de reinvenção do passado, ressignificação de palavras e patrulhamento sobre o que fazemos e como pensamos.

No lançamento de *Storytelling: histórias que deixam marcas*, em 2015, eu julgava não ter mais nada a dizer sobre o tema. Dentro do estilo adotado e dos territórios que me propus a percorrer, a missão estava cumprida.

Não contava com a reviravolta narrativa que viria logo depois. O mundo foi invadido por fake news. Personagens caricatos e inverossímeis ganharam destaque na vida real, com roteiros mais impactantes do que os concebidos por especialistas. Alguns desses roteiros desafiavam abertamente a plausibilidade, logo essa qualidade tão indispensável às boas histórias; outros, de tão ruins, jamais seriam aprovados por storytellers de verdade.

Esse descarrilamento roteirístico me motivou a investigar, refletir e retornar ao teclado. Mergulhei em águas mais turvas, colocando lado a lado os fatos e suas narrativas, registrando a mistura de realidade e ficção, verificando como as cabeças criativas captam a essência do momento histórico, tanto para descrevê-lo quanto para interpretá-lo, tentar corrigi-lo ou prevenir catástrofes.

Sim, obras ficcionais podem ser premonitórias, e o melhor exemplo disso é o romance de Morgan Robertson, *The Wreck of the Titan: or, Futility*. Ele nos conta a história de um navio chamado *Titan* que, apesar de parecer imperecível, naufraga no Atlântico Norte depois de colidir com um iceberg. O livro foi publicado em 1898, muito antes de o *Titanic* ser construído. O naufrágio real, que o mundo inteiro conhece, só ocorreu quatorze anos depois, no mesmo mês de abril em que a tragédia ficcional acontece.

Ah, os escritores! Entre vários pesquisados, está o argentino Alberto Manguel, que nos ilumina o caminho:

> Até onde sabemos, somos a única espécie para a qual o mundo parece ser feito de histórias. Biologicamente desenvolvidos para ter consciência de nossa existência, tratamos nossas identidades percebidas e a identidade do mundo à nossa volta como se elas demandassem uma decifração letrada, como se tudo no universo estivesse representado num código que temos a obrigação de aprender e compreender. As sociedades humanas estão baseadas nessa suposição de que somos, até certo ponto, capazes de compreender o mundo em que vivemos.

É por conta da busca por essa compreensão salvadora que estamos aqui.

Conhecemos bem as narrativas de gente lutando para sobreviver ou conquistar algum sonho nas mais variadas épocas e circunstâncias. Chegou a hora de irmos além, atravessando o pano de fundo que serve às histórias, para alcançar um outro, onde estão as pessoas a quem as histórias são contadas.

PRÓLOGO

Tique-taque. Ao redor da grande mesa redonda, várias pessoas disputam um jogo com regras bem conhecidas, e sempre discutidas. Uns jogam preocupados com o todo. Outros, focados exclusivamente nas fichas que podem ganhar. Os preocupados avisam que existe uma bomba embaixo da mesa, e querem desativá-la com urgência. Os demais jogadores ou acham que a bomba não explodirá tão cedo, ou se negam a aceitar sua existência. Tique--taque.

Você já percebeu que estou usando recursos de storytelling para chamar sua atenção, sublinhar o que tenho a dizer, e deixar marcas em sua memória. É um instrumento que nos acompanha desde sempre. Foi estruturado por Aristóteles que, entre outras coisas, identificou os gêneros narrativos, Tragédia e Comédia, no teatro grego, e dividiu a narrativa em três atos. Tudo na vida tem **começo, meio e fim**, *seja a história completa, seus capítulos ou cada uma de suas cenas. Narrativamente essas fases se definem como 1º Ato (exposição da situação), 2º Ato (adensamento de conflitos) e 3º Ato (resolução).*

O bloco de texto inicial deste prólogo cumpre as funções do 1º Ato. Graças a ele você já consegue visualizar a mesa e os jogadores, pode se imaginar dentro da cena e está ligado no jogo.

Tique-taque. Alguns dos indiferentes e obcecados inventam enredos e personagens. Espalham dúvidas por todo lado. Potencializam boatos para abalar convicções. Desqualificam seus oponentes esvaziando de antemão qualquer argumento contrário. Acusam os adversários de tramarem a desestabilização do jogo e assim provocam a instabilidade que fingem evitar. Questionam tudo, usam ofensa e agressão como método de debate, colocam seu comportamento na conta da liberdade de expressão. Referem-se às regras como empecilhos, insistem em desrespeitá-las enquanto se arvoram em defensores da lei, da ordem, dos valores morais e de tudo mais que sirva de pretexto para tumultuar e confundir. Garantem que a bomba é falsa, e até discutem se a mesa onde jogam é realmente redonda. Tique-taque.

Voltando ao nosso amigo Aristóteles, também foi ele quem apresentou a catarse como resultado do storytelling. Depois da tensão, o alívio.

Histórias, em princípio, fazem bem à saúde, do corpo e da alma.

O teatro grego teve sua origem nos rituais religiosos de Mortificação, Purgação e Fortalecimento. Primeiro enfatiza-se o sofrimento, depois vem a luta para nos livrarmos dele e, por fim, chegamos a uma conclusão reconfortante. Outra coincidência com os três atos da dramaturgia.

Repare que o bloco anterior cumpriu o papel de 2º Ato, mas o bloco a seguir não será um típico 3º Ato. Nada de resolução por enquanto. A razão é muito simples: prólogos são aperitivos, não saciadores. Sua função é sinalizar o tom, equalizar expectativas, instigar curiosidade, dar boas-vindas.

Tique-taque. Momento decisivo da história. O jogo esquenta e ameaça descambar em pancadaria. Sobram embates, chovem interrogações. A regras vão prevalecer ou serão mudadas? A bomba existe mesmo? Se existe, pode ser desativada? Em quanto tempo? A mesa será virada? Ou explodirá? Os jogadores sobreviverão? Todos ou só alguns? Podemos fazer algo para influenciar o desfecho? (Sobe a trilha sonora.) Tique-taque.

UM GIGANTESCO, EMBORA BREVE, FLASHBACK PARA CLAREAR O UNIVERSO EM QUE SE PASSA A HISTÓRIA

"Sou um estrangeiro na terra, um transeunte, como todos os meus ancestrais, um exilado, um viajante inquieto nesta vida breve."

Petrarca

Dentre as várias questões existenciais que nos atormentam, a mais famosa é "qual o sentido da vida?", mas nenhuma se apresenta com maior intensidade do que a superbásica "quem sou eu?".

Graças a essa pergunta, recorremos a psicanalistas, procuramos nos agregar a grupos que reforcem nossa autoimagem, escolhemos que religião professar, para que time de futebol torcer, nos agarramos aos vínculos familiares, criamos laços com personagens que nos despertam empatia e nos permitam alguma identificação, definimos o corte de cabelo, escolhemos estilos de roupa, adotamos marcas, frequentamos locais que sinalizem algo sobre nosso jeito de ser, damos saltos triplos nas redes sociais, e repetimos à exaustão "eu sou assim, eu sou assim, eu sou assim", tentando nos convencer de que estamos seguros da resposta. No fundo, cada um de nós sabe muito bem o medo que nos persegue de estarmos redondamente enganados, de nos surpreendermos com um "eu" muito diferente do imaginado.

A checagem permanente de nossa identidade passa pela observação da vida alheia, real ou ficcional. Passa pela busca de modelos, reflexos e também de opositores, que nos ajudam na medida em que revelam quem não queremos ser.

Abrir o plano para observar tudo do alto também é uma boa estratégia para nos localizarmos. Imagine tudo o que aconteceu antes de você ter chegado ao universo. A formação do planeta Terra acontecendo há 4,5 bilhões de anos; os primeiros organismos vivos se apresentando há 3,8 bilhões de anos; o último elo entre chimpanzés e humanos desaparecendo há 6 milhões de anos; o registro dos primeiros humanos na África e seus instrumentos de pedra há 2,5 milhões de anos; o surgimento dos neandertais na Europa e no Oriente Médio há 500 mil anos; a conquista do fogo há 300 mil anos; o *Homo sapiens* dando o ar de sua graça na África, mais precisamente em Botsuana, há 200 mil anos, até o aparecimento da linguagem ficcional, considerado como o começo da história, há 70 mil anos. Muita atenção a esse ponto. Nossa história começa há 70 mil anos, e, antes dela, como já deu pra perceber, já havia muita história rolando.

De 70 mil anos pra cá, os *sapiens* se espalharam pela Austrália, e os neandertais foram extintos. Depois os *sapiens* chegaram à América, os *Homo floresiensis* foram extintos. Só há 13 mil anos os *sapiens* se tornaram a única espécie humana no planeta. Aí vieram a Revolução Agrícola com assentamentos permanentes (há 12 mil anos), os primeiros reinos, sistemas de escrita e religiões politeístas (há 5 mil anos), a invenção da moeda, o Império Persa e o Budismo, na Índia, acenando com uma verdade universal para libertar todos os seres do sofrimento (há 2,5 mil anos), o Império Romano e o cristianismo (há 2 mil anos), o islamismo (há 1,4 mil anos), a Revolução Científica, a conquista da América e a ascensão do capitalismo (há 500 anos), a Revolução Industrial, a ideia de Estado e mercado, a brutal e acelerada extinção de plantas e animais (200

UM GIGANTESCO, EMBORA BREVE, FLASHBACK...

anos). Tudo isso para chegarmos na situação presente do planeta à beira da exaustão, do terrorismo espalhando tentáculos, da interconectividade descontrolada, dos interesses econômicos atropelando a sensatez, dos ânimos exaltados, e da possibilidade cada vez mais próxima de vermos o *Homo sapiens* destruir seu habitat e a si próprio. Talvez as últimas palavras do último representante dessa espécie, que só chegou até aqui graças à sua curiosidade e ao seu poder de criar e compartilhar histórias, sejam as mesmas que deram início à longa viagem: Quem sou eu? Qual o sentido disso tudo?

Yuval Noah Harari, na abertura do seu livro *Sapiens: uma breve história da humanidade*, nos brinda com o texto a seguir:

> Há cerca de 14 bilhões de anos, a matéria, a energia, o tempo e o espaço surgiram naquilo que é conhecido como o Big Bang. A história dessas características fundamentais do nosso universo é denominada física.
>
> Por volta de 300 mil anos após seu surgimento, a matéria e a energia começaram a se aglutinar em estruturas complexas, chamadas átomos, que então se combinaram em moléculas. A história dos átomos, das moléculas e de suas interações é denominada química.
>
> Há cerca de 4 bilhões de anos, em um planeta chamado Terra, certas moléculas se combinaram para formar estruturas particularmente grandes e complexas chamadas organismos. A história dos organismos é denominada biologia.
>
> Há cerca de 70 mil anos, os organismos pertencentes à espécie *Homo sapiens* começaram a formar estruturas ainda mais elaboradas chamadas culturas. O desenvolvimento subsequente dessas culturas humanas é denominado história.
>
> Três importantes revoluções definiram o curso da história. A Revolução Cognitiva deu início à história, há cerca de 70 mil anos. A

A BOMBA EMBAIXO DA MESA

Revolução Agrícola a acelerou, por volta de 12 mil anos atrás. A Revolução Científica, que começou há apenas 500 anos, pode muito bem colocar um fim à história e dar início a algo completamente diferente.

Repare que a palavra *história* aparece cinco vezes no texto de Harari. Nas três primeiras vezes, mostrando que ciências como física, química e biologia são essencialmente história. Na quarta vez, apresentando a história como o nome que se dá à narrativa do desenvolvimento das culturas humanas sobre a Terra. E, na quinta vez, alertando-nos para o fato de estarmos nas imediações de um possível final da história.

Em outras palavras, tudo é história, sujeita a evoluções, revoluções, solavancos e reviravoltas extraordinárias que, por mais radicais que sejam, nunca rompem a consistência do fio narrativo. Fora da história, até prova em contrário, só nos resta o fim.

Na história da história há um ponto de virada crucial: **a invenção da escrita**. Enquanto as narrativas eram apenas orais, a transmissão sofria interferências excessivas, comprometendo ao mesmo tempo a fidelidade do relato e seu potencial de alcance.

A escrita cuneiforme dos sumérios tinha a pretensão inicial de anotar transações comerciais, mas, mesmo limitada por sua natureza pictórica, deu um jeito de registrar as primeiras histórias do rei Gilgamesh, por volta de 2100 a.C. Essas histórias formaram a *Epopeia de Gilgamesh*, só consolidada gradativamente a partir dos 1750 a.C.

Os hieróglifos egípcios correram por fora e expandiram possibilidades, mas não se prestavam a relatos mais elaborados.

A busca por uma escrita que comportasse a riqueza narrativa humana só foi realmente satisfeita quando os gregos perceberam que, em vez de seres e objetos, deviam representar os sons. Estava tudo ali, nas vozes dos contadores de histórias. Só faltava criar um alfabeto para colocar aquelas vozes numa superfície legível. Tomando por base o trabalho dos fenícios, que já haviam chegado às consoantes, os gregos inventaram as vogais (alusão bastante clara ao conceito vocal de sua abordagem), e estava realizado o milagre. Graças ao revolucionário alfabeto, as histórias contadas pelo poeta Homero foram devidamente registradas, e o mundo ganhou, a partir de 800 a.C., a possibilidade de ler os clássicos *Ilíada* e *Odisseia*.

Alexandre, o Grande, era um leitor entusiasmado. Tinha a *Ilíada* como leitura de cabeceira e tudo indica que seu currículo de conquistas a partir do reino grego da Macedônia se deva a isso. O filósofo e crítico literário Martin Puchner fala a respeito: "Alexandre, o leitor, se pôs dentro da narrativa, vendo sua própria vida e sua trajetória à luz do Aquiles de Homero. Alexandre, o Grande, é bem conhecido por ser um rei extraordinário. Acontece que era também um leitor extraordinário."

Talvez Alexandre nunca fosse chamado de "o Grande" se não tivesse encantamento pela leitura, o que privaria o mundo da cidade de Alexandria, que ele fundou no Egito após tomá-lo dos persas. Alexandria se tornou a mais importante cidade do Império Egípcio, onde foi construído o farol considerado uma das Sete Maravilhas do Mundo Antigo, e onde foi erguida a célebre Biblioteca de Alexandria, um dos maiores núcleos de produção de conhecimento mundial entre 290 e 48 a.C. Foi também nessa cidade que, em 270 a.C., o Antigo Testamento hebraico ganhou sua tradução para o grego. Tendo vivido apenas 32 anos, inspirado por Aquiles, personagem da *Ilíada* que também morreu jovem, Alexandre conseguiu se tornar um grande protagonista da história mundial. Palmas para o alfabeto e a escrita, que possibilitaram essa narrativa de sucesso.

Invenções posteriores ao alfabeto alavancaram de forma expressiva o desenvolvimento da escrita. Destaque para o papel, criado em 200 a.C. pelos chineses. Com o papel, surgiu o *Sutra do dia-*

mante, em 868, a mais antiga obra impressa existente, na China, utilizando a técnica da xilogravura. E surgiu o primeiro romance escrito do mundo, *Genji Monogatari*, com suas três partes e 54 capítulos, escrito no Japão por volta do ano 1000, pela fidalga Murasaki Shikibu.

Além da literatura, contratos, cartas, decretos, textos legais ou pessoais, tudo ficou mais fácil e mais claro quando colocado no papel.

Na década de 1440, veio a invenção que faltava para acelerar a evolução humana: a imprensa. Trazida por Johannes Gutenberg na Alemanha, ela permitiu a reprodução de qualquer escrito em larga escala. As notícias passaram a circular em jornais e revistas, que também incluíam crônicas, artigos de opinião, capítulos de histórias ficcionais a serem acompanhadas por ávidos leitores, e anúncios. Os livros, claro, ganharam o poder de se multiplicar, tornando-se acessíveis a multidões.

A ideia de que a narrativa audiovisual compete com a literatura, ou só entra em contato com ela no momento em que um livro se transforma em filme, é falsa. Tudo que acontece num produto audiovisual é previamente escrito em um roteiro, o que nos autoriza a dizer que filmes, séries e telenovelas, guardadas as especificidades da escrita roteirística, são literatura captada por câmeras. O mesmo raciocínio se aplica ao teatro: antes do palco, o texto. Não é raro que textos teatrais e roteiros de filmes sejam impressos e se tornem livros de sucesso.

No fim das contas, a mágica acontece através da palavra. Aquela que o alfabeto trouxe para os textos quando descobrimos como grafar um fonema, e que o leitor pode levar de volta à oralidade quando bem entender. Palavra, endeusada na Bíblia com a solene frase: "No princípio, era o verbo." Algo tão rico quanto simples, que circula no cotidiano das pessoas, em bate-papos, discursos, listas de compras, bilhetes, e-mails, postagens, notícias, sussurros, piadas, declarações, compondo pequenas, médias ou grandes histórias. Tudo em nome da comunicação e do aperfeiçoamento humano. Tudo em benefício do compartilhamento de informação, conhecimento e imaginação. Tudo pelo encontro com personagens tão inspiradores quanto Aquiles foi para Alexandre, pelo contato com figuras reais ou fictícias que nos revelam, por identificação ou oposição, quem somos, quem devemos e quem podemos ser.

CONFLITO É TUDO

"Os diferentes são reunidos, e das diferenças resulta a mais bela
harmonia, e todas as coisas se manifestam pela oposição."
Heráclito, pai da dialética

Que nome tem isso?

Um belo dia, alguém apontou para uma pedra e, pela primeira vez, disse: "Pedra." Talvez tenha havido alguma votação entre seus companheiros, levando a palavra *pedra* a ser aclamada como a que melhor definia aquela matéria rígida, de onde surgiriam os primeiros machados e pontas de lança, cujos nomes também seriam submetidos à aprovação grupal. Imagine quanto tempo se passou até conseguirem nomear tudo o que viam. Num outro dia, um deles sentiu dor e não sabia como exprimir aquilo. Fez cara feia, gemeu, e seus companheiros se identificaram com o sofrimento. Talvez dessa situação tenham surgido as palavras dor e empatia. Nenhuma delas era visível ou palpável, o que as tornava mais complexas do que árvore ou rio, por exemplo. Eram palavras designando algo que todos sabiam existir, embora não pudessem ver ou tocar.

Foi inevitável que os humanos se agrupassem para enfrentar todos os perigos de um planeta assustador, cheio de feras e inimigos, cheio de tempestades e trovões, cheio de dúvidas e assombrado pela insuportável certeza da morte. Nossos antepassados se uniram basicamente por instinto de sobrevivência, para se manter abrigados e alimentados pelo maior tempo possível, para dar vazão ao impulso sexual que resultava em reprodução, que exigia cuidados especiais com os recém-nascidos, que aumentava a população tribal, o que significava mais força de trabalho e de combate. Nesse convívio, foram descobrindo mais palavras para designar outras sensações intangíveis menos óbvias do que a dor física, sensações inquestionavelmente reais que se passavam num plano que eles decidiram chamar ora de *emocional*, ora de *espiritual*. Um longo tempo decorreu até que emoção e espiritualidade fossem conceituadas na vida dos primeiros humanos.

Desvendado o terreno fértil da abstração, começou o trabalho de nomear tudo que se passava na invisibilidade dos sentimentos, e jorraram novas palavras como: amizade, lealdade, coragem, tristeza, alegria, felicidade, traição, avareza, preguiça, desejo. Nenhuma delas, porém, se comparava às duas que sustentavam todas as demais: **amor** e **ódio**. Essas duas palavras sintetizam o conflito máster de todas as histórias, a elas coube ancorar a narrativa humana, independentemente de sua amplitude, tanto para as conquistas de Gengis Khan quanto para os namoricos de adolescentes anônimos.

Ninguém melhor do que o mestre da escrita criativa, Robert McKee, pra fechar este tópico: "A vida é sobre as questões supremas sobre achar o amor e o seu próprio valor, sobre trazer serenidade ao caos interno, sobre a desigualdade social titânica em todos os lugares à nossa volta, sobre o tempo se esgotando. A vida é o conflito."

Conflito propriamente dito

"Os seres humanos são animais mamíferos, bípedes, que se distinguem dos outros mamíferos, como a baleia, ou bípedes, como a galinha, principalmente por duas características: o telencéfalo altamente desenvolvido e o polegar opositor."
Trecho do documentário de curta-metragem *Ilha das Flores*,
de Jorge Furtado

Ilha das Flores foi eleito em 2019 pela Associação Brasileira de Críticos de Cinema (Abraccine) como o melhor curta-metragem brasileiro da história. Já havia garantido presença na lista dos cem melhores filmes de todos os tempos feita pela mesma Abraccine, em 2015. Não é para menos. Lançado em 1989, o filme segue atual, ousado, divertido, brilhante, perturbador. Usa a frieza racional de forma irônica para produzir comicidade, e assim nos alivia do peso da denúncia a que se propõe. Destaca detalhes aparentemente irrelevantes para mostrar sua repercussão decisiva em nossa existência. Chama atenção para o óbvio, começando pelo polegar opositor e sua função no movimento de pinça.

O **polegar opositor** é um elemento esclarecedor sobre o papel do conflito na vida. Opositor é palavra desagradável, como todo antagonista deve ser. Desagradável, incômodo, sim, mas necessário. Sem o polegar opositor não conseguiríamos contar dinheiro, agarrar maçãs, descascar bananas, nem abotoar a roupa, manusear bisturis, canetas ou lápis.

Mudando da mão para a boca, imagine o que seria de nossa alimentação se maxilar e mandíbula não fizessem os movimentos de oposição que nos permitem mastigar.

Sem oposição, não haveria tesouras, nem alicates, o que nos impediria de cortar caminhos e romper obstáculos, física e metaforicamente falando. Sem o choque entre duas pedras ou a fricção entre dois gravetos no passado, não teríamos capacidade de produzir fogo. Os alimentos não seriam cozidos, as fogueiras não seriam acesas, e as pessoas não se reuniriam ao redor delas para compartilhar histórias. Para mim, o mais assustador é que, sem oposição, atrito, choque, fricção, ou qualquer outro nome que se dê ao conflito, não haveria nem histórias para contar.

Conflito é o principal fundamento do storytelling, algo que antecede e transcende a técnica narrativa, como deixam claras as palavras de Santo Agostinho no seu *Cidade de Deus*, ao analisar a importância da antítese para a retórica:

> Assim como a oposição desses contrários dá tom de beleza à linguagem, assim também a beleza do universo resulta de eloquente oposição, não de palavras, mas de coisas. O *Livro do eclesiástico* expressou-o com meridiana clareza na passagem que diz: 'O bem é contrário ao mal, a vida, contrária à morte; assim o pecador é contrário ao justo.' E observa que 'todas as obras do Altíssimo vão de duas em duas', uma contrária à outra.

Partindo do genérico agostiniano para o nosso particular, é bom ouvir especialistas como o dramaturgo húngaro Lajos Egri no clássico *The Art of Dramatic Writing*, que reproduzo a seguir em tradução livre:

> Conflito é o batimento cardíaco de toda escrita... Conflito é aquela titânica energia atômica através da qual uma explosão cria uma cadeia de explosões.
>
> Sem conflito a vida não seria possível na Terra... A técnica da escrita é apenas uma réplica da lei universal que governa um átomo ou uma constelação acima de nós.
>
> Somente em conflito você pode se provar. Em conflito o seu verdadeiro "eu" é revelado... Em conflito nós somos forçados a nos revelar.

São três citações do mesmo autor apresentando o conflito; primeiro, como vital para qualquer narrativa; depois, como essencial para a vida em nosso planeta, o que se reforça quando constatamos que sem o compartilhamento de narrativas os humanos não sobreviveriam; e, finalmente, como condição para encontrarmos a resposta àquelas duas incômodas perguntinhas existenciais mencionadas anteriormente: Quem somos? Qual o sentido da vida? Três momentos extraídos do livro que é considerado mundialmente uma das mais completas obras sobre a dramaturgia.

Já que estamos falando de três, convém relembrar a estrutura narrativa em três atos proposta por Aristóteles antes de Cristo: **apresentação, confrontação e resolução**. Essa estrutura milenar é aplicada com sucesso até hoje e tem no segundo ato seu pilar principal. Confrontação é outra maneira de dizer *conflito*. Em cima da formatação clássica, muitos experimentos aconteceram. Uma peça ou filme com mais de três atos acontece quando o segundo ato é desdobrado em vários. Quanto mais atos, mais confrontação. O conflito sempre está lá, central, dominante, absoluto.

Pare um instante para refletir sobre o tamanho do que estamos falando.

O que seria de *Star Wars* sem os embates entre Luke Skywalker e Darth Vader? O que seria da Branca de Neve sem a bruxa? Se até um Todo-poderoso como Deus tem seu opositor demoníaco para temperar as narrativas religiosas, como ignorar a função vital do conflito? E os conflitos entre irmãos? São clássicos, desde Caim e Abel até as pequenas disputas que se veem em qualquer família sobre quem vai se sentar à janela ou quem vai comer a última fatia do bolo. Conflitos graves entre nações e cidades que se destroem nos campos de batalha, ou inofensivos como as implicâncias folclóricas entre Brasil e Argentina, Rio e São Paulo, Madri e Barcelona, Lisboa e Porto. Conflitos trágicos ou lúdicos, mas inevitáveis, constantes, atuantes. Conflitos que precisam ser resolvidos, seja pela vitória de uma das partes, seja pela descoberta de um ponto de equilíbrio que satisfaça os dois lados.

Refletiu? Então respire fundo e vamos retornar às duas palavras mágicas que embasam o conflito máster.

Foi um grande acontecimento a descoberta do **amor** e do **ódio**, porque esses sentimentos conflitantes subvertem nossos instintos mais primitivos. Sobrevivência, por exemplo, é um poderoso instinto de todos os seres vivos, mas perde importância quando uma mãe defende seu filho, quando as pessoas escolhem morrer por amor a outras pessoas, por amor a causas, ou por ódio. O número de homens-bomba e atiradores suicidas que recheia os noticiários não deixa dúvidas quanto ao poder destruidor do ódio. Amor e ódio são capazes de nos levar a atitudes extremas. Ambos conseguem nos cegar, demolir a lógica, produzir gestos surpreendentes com resultados chocantes. Entre esses dois polos há inúmeras possibilidades de gradação e transição, um mar de sentimentos a ser explorado.

Quantos degraus precisam ser descidos para que uma grande amizade degenere em assassinato? Percepção de inferioridade, inveja, desconfiança, avareza, decepção, ambição, rivalidade, irritação, traição? Quantos mal-entendidos? Quantas palavras equivocadas? Quantos silêncios envenenadores? Na direção oposta, quantas histórias conhecemos de velhos inimigos que se tornam parceiros, ou de casais aparentemente incompatíveis que acabam se apaixonando, depois de subirem os muitos degraus da transição? A longa estrada que separa o amor do ódio é ornada com matizes que podem nos levar a incríveis realizações e terríveis perigos, tanto à paz quanto à guerra, tanto à felicidade quanto à morte.

Diante do poder dos sentimentos, tudo o mais se apequenou e novas perspectivas se abriram para o ser humano. Viver revelou-se tão deslumbrante e perigoso que precisava ser comunicado com intensidade crescente, num infinito processo de aprendizado.

CONFLITO É TUDO

Seres comunicantes

"Tivemos a sorte de chegar no momento em que o cheik el-medah, tendo terminado a costumeira prece matinal, começava a narrativa. Era um homem de seus cinquenta anos, quase negro, a barba negríssima e dois grandes olhos cintilantes; trajava, como quase todos os outros narradores de Bagdá, um enorme pano branco apertado, em torno da cabeça, por uma corda de pelos de camelo, que lhe dava a majestade de um antigo sacerdote. Falava com voz alta e vagarosa, ereto no meio do círculo de ouvintes, acompanhado submissamente por um tocador de alaúde e um tambor. Narrava, talvez, uma história de amor, as aventuras de um bandido famoso, as vicissitudes da vida de um sultão. Não lhe percebi nem palavra. Mas o seu gesto era tão arrebatado, sua voz tão expressiva, seu rosto tão eloquente, que eu às vezes entrevia, num rápido momento, alguns lampejos de sentido. Pareceu-me que contava uma longa viagem; imitava o passo do cavalo fatigado; apontava para horizontes imensos; procurava em torno de si uma gota d'água, deixava cair os braços e a cabeça como um homem prostrado. Árabes, armênios, egípcios, persas e nômades do Hed-jaz, imóveis, sem respirar, refletiam na expressão de seus rostos todas as palavras do orador. Naquele momento, com a alma toda nos olhos, deixavam ver, claramente, a ingenuidade e a frescura de sentimentos que ocultavam sob a aparência de uma dureza selvagem."

Edmundo de Amicis

Comunicação não é um privilégio do bicho-homem, e nós, do grupo *sapiens*, não fomos os únicos humanos a surgir no pedaço. Nossos irmãos, como os *neanderthalensis*, *floresiensis*, *rudolfensis* e *erectus*, estavam sob o mesmo guarda-chuva *homo* e poderiam ter se saído melhor do que nós na missão de dominar o planeta.

Por muito tempo, o nível de comunicação da raça *homo* era comparável com o de elefantes, araras, baleias — qualquer espécie animal. Todos os animais trocam informações úteis à sua sobrevivência. Gritam quando o perigo se aproxima, apontam onde há comida e água, se orientam reciprocamente para não entrar em zona de risco. O fogo queima, a água molha, não vale a pena disputar um gnu moribundo com um leão porque você pode acabar virando sobremesa, animais peludos de hoje são os casacos de amanhã, e outras dicas práticas como essas foram fundamentais nos primeiros passos da humanidade.

Até que os *sapiens* começaram a se diferenciar. Ganharam mobilidade suficiente para se espalhar por todos os recantos da Terra. Assumiram a liderança do reino animal. Sobretudo, eliminaram os demais integrantes da categoria *homo*, transformando-se nos únicos humanos remanescentes.

Que fator diferenciador teria sido esse? A capacidade de criar ficção.

Foi dando à luz personagens e entidades imaginários que nossos antepassados mais próximos conseguiram agregar multidões em torno de credos comuns e fazer com que ideias se tornassem mais fortes do que pessoas ou quaisquer elementos tangíveis. Deus é o exemplo mais eloquente dessa capacidade. Colocado acima de tudo e de todos, tornou-se justificativa para qualquer tipo de ação dominadora. Criar nosso criador é o ápice da criatividade humana, uma criatividade tão poderosa que nos colocou num patamar de divindade. Se somos filhos de Deus, a dedução lógica é que também somos deuses, ao menos um pouquinho.

A descrição feita pelo escritor italiano Edmundo de Amicis sobre a performance de um contador de histórias no século XIX (reproduzida na abertura deste tópico) ilustra muito bem o poder da narrativa. Ela é citada por Malba Tahan em sua apresentação a uma recente edição de *As mil e uma noites*, obra icônica da literatura mundial que eternizou Sherazade, a personagem que contava histórias serializadas com o objetivo de adiar sua execução.

Hipnotizante e engajador, o storytelling é nosso principal instrumento de sobrevivência.

FICÇÃO CAINDO NA REAL, OU VICE-VERSA

"A ficção dá à vida sua forma."
Jean Anouilh

Comunhão entre ficcional e real

Há um capítulo no *Storytelling: histórias que deixam marcas*, meu livro anterior publicado em 2015, dedicado à difícil tarefa de distinguir realidade de ficção. Vários autores são citados e a forma como o real e o ficcional interagem e se influenciam me parece suficientemente exposta naquele livro. De lá para cá, me aprofundei no papel da memória em nossa vida, reforçando um ponto também mencionado no livro anterior, só que sem o devido destaque. O fato, cientificamente comprovado, é que nossa memória nos trai. Ela transforma acontecimentos vividos em percepções subjetivas, reconfigurando tudo de maneira tão forte que nenhuma vivência escapa à sina de ser infectada pelo imaginário. O cérebro humano apresenta buracos de esquecimento cujas lacunas são preenchidas com ficção involuntária.

Tente reencenar mentalmente algum episódio ocorrido há mais de um ano. Várias cenas estarão nubladas, exigindo que suas sensações as refaçam. Duas pessoas que passam férias juntas nunca descrevem a viagem do mesmo jeito; é comum que se contradigam até em questões objetivas, como em que restaurante comeram tal comida. Toda lembrança da casa onde passamos nossa infância é maior do que a casa que revisitamos na idade adulta. O imóvel segue do mesmo tamanho, nós é que éramos menores.

Importante ter isso em mente quando lidamos com documentários, biografias, reportagens, eventos históricos, qualquer tipo de narrativa factual. O narrador nos conta o que enxerga através de suas lentes particulares, sempre sujeitas a distorções, e isso não quer dizer que ele esteja mentindo. Mentir é uma alteração substancial e voluntária de um fato — dizer, por exemplo, que a casa real da infância (diferente apenas na percepção emocional) era uma barraca, uma caverna, ou uma cela de penitenciária.

Usando uma dicotomia popular, é como se os fatos fossem o corpo e a percepção que temos dos fatos fosse a alma.

O caminho inverso também é verdadeiro. Toda obra de ficção está impregnada de realidade. Os mitos populares criados ao longo dos séculos traduzem verdades através de histórias fantásticas, ganham legiões de crentes e, algumas vezes, se transformam em religiões. Os criadores de obras literárias ou audiovisuais, mesmo sem perceber, transferem suas experiências de vida para as histórias que imaginam, colocam partículas de pessoas do seu convívio nos personagens que criam, montando quebra-cabeças na maioria das vezes involuntários.

Lamento frustrar a fantasia dos que veem os autores de ficção como pessoas cínicas que se vingam dos inimigos transformando-os em vilões ou em personagens risíveis. É sintomática a reincidência dos entrevistadores perguntando em quem nos baseamos para criar determinados personagens. Chega a ser constrangedora a proliferação de filmes onde personagens escritores sofrem as consequências da transposição de amigos, amantes ou desafetos para as páginas dos seus livros.

FICÇÃO CAINDO NA REAL, OU VICE-VERSA

Revisitando os alicerces narrativos

Ao nomear os seis elementos qualificadores do drama, Aristóteles — sempre ele — os apresenta na seguinte ordem: **enredo** (*mythos, plot*), **personagem** (*ethos*), **elocução** (diálogos), **pensamento** (dianoia, premissa), **espetáculo** (encenação, imagem) e **canto** (melopeia, trilha sonora). Há uma clara intenção hierárquica nessa apresentação, demonstrando que o grande filósofo grego considerava os enredos mais importantes do que os personagens. Mas o interesse despertado por estes na narrativa contemporânea é muito superior ao obtido por aqueles. Criar histórias atualmente pode se resumir a criar personagens, colocá-los para viver em determinadas situações, estabelecer onde e em que época as coisas acontecem, e deixar acontecer. É como brincar de Deus: largue esses caras aí nesse planeta e vamos ver o que eles aprontam. Claro que há os autores que preferem definir primeiro o enredo, e não escrever uma única linha sem saber aonde tudo aquilo vai parar. E claro que não se deve começar nada sem ter uma ideia, ainda que imprecisa, do final da viagem. Mas nunca nos esqueçamos de que o principal elemento do storyteller é o personagem.

Stephen King, no seu livro *Sobre a escrita*, é contundente ao se manifestar a respeito: "O enredo é tosco, mecânico, anticriativo. O enredo é, penso eu, o último recurso do bom escritor e a primeira escolha do idiota. A história advinda do enredo está propensa a ser artificial e dura."

Mais adiante, no mesmo livro, King complementa: "Acho que as melhores histórias são sempre sobre pessoas, e não sobre acontecimentos, ou seja, são guiadas pelos personagens."

Feita essa observação, que nos coloca enquanto personagens tão acima de todo o resto, podemos nos enredar sem medo. Até porque não há escapatória.

Suspension of disbelief

Muita história foi contada até que em 1817 Samuel Taylor Coleridge, aclamado cofundador do romantismo na Inglaterra, deu nome a um fenômeno que todos os storytellers, consciente ou instintivamente, conheciam bem: **suspensão da descrença**. Dar um nome à atitude voluntária de abandonar o bom senso e o conhecimento, para voar ao sabor dos ventos narrativos, teve o efeito das grandes revelações. É isso! Estamos livres para criar e manusear os elementos de nossa história, porque contamos com o consentimento prévio de quem nos ouve, lê e vê.

Acreditar que pessoas podem subir pelas tranças de Rapunzel até o alto da torre, ou que o Lobo Mau consegue conversar com Chapeuzinho Vermelho a ponto de se fazer passar por sua avó, não é algo reservado à ingenuidade das crianças. Adultos também aceitam que agentes secretos cheguem com seus smokings impecáveis às festas promovidas por vilões ricos, sem vestígio dos aparatos de mergulho usados para chegarem ao local, sem marcas ou suor resultantes das lutas travadas pouco antes, das perseguições e escaladas de muros. Também não se espantam com os poderes dos super-heróis, nem com a resistência dos tecidos usados para confeccionar suas roupas que escapam incólumes a tiros e chamas.

Todas as pessoas, de todas as faixas etárias, de todas as culturas, aceitam que uma série de eventos inverossímeis povoe as histórias que lhes são contadas, simplesmente porque as tornam mais impactantes, aumentam seu poder de entretenimento, e se enquadram no gênero narrativo que a audiência se dispôs a receber. Suspensão da descrença é um fenômeno consensual, portanto honesto, livre de questionamentos éticos. Como diz o escritor português José Luís Peixoto, "refere-se ao modo como o leitor decide aceitar a lógica de um texto de ficção, mesmo que a reconheça como irreal".

FICÇÃO CAINDO NA REAL, OU VICE-VERSA

É algo natural quando lidamos com a ficção, mas torna-se desastroso quando usado de modo irresponsável.

Por usar linguagem jornalística e não deixar claro que se tratava de uma obra ficcional, a transmissão radiofônica de *A guerra dos mundos*, de H. G. Wells, feita por Orson Welles nos Estados Unidos, em 1938, deixou um grande número de ouvintes em pânico. Aquelas pessoas acreditaram que nosso planeta estava sendo realmente invadido por extraterrestres. Acendeu-se ali um alerta que resultou em regulamentação mais rígida dos meios de comunicação de massa.

Suspensão da descrença não tem nada a ver com mentira. Trata-se de um pacto entre narrador e audiência.

Na propaganda, por exemplo, existe o consenso de que o anunciante está tentando nos seduzir, e que isso o dispensa de abordar aspectos negativos do seu produto. Ninguém espera que um anúncio chame atenção para a existência de concorrentes que trazem os mesmos benefícios por preços menores, mas é inadmissível que sejam apregoadas falsas qualidades do produto. Ter modelos lindos passeando por lugares paradisíacos faz parte do contexto de sedução permitido às marcas automobilísticas, mesmo que aquela situação seja inatingível para a grande maioria do público e não se enquadre nos benefícios proporcionados pelo produto. Desde que nenhum atributo do carro seja inventado, tudo ok. Um desodorante pode brincar com o aumento do *sex appeal* de seus usuários, mas não pode se apresentar como tratamento para o câncer. Um refrigerante pode se posicionar como ícone das personalidades mais arrojadas, mas não pode ostentar qualidades nutricionais inexistentes.

A família feliz apresentada num comercial de margarina pode ser utópica, mas é possível e compatível com o produto. Dizer que a margarina X vai melhorar a capacidade intelectual de seus consumidores, falsear seus ingredientes ou inventar que a margarina de outra marca provoca doenças é outra coisa: propaganda enganosa. Não tem perdão.

A ética imposta aos produtos se aplica (ou deveria se aplicar) aos políticos, gente que faz propaganda para se eleger e continua propagandeando depois que a eleição acaba, que vive em campanha permanente porque depende da popularidade para sobreviver. Esgueirando-se nas brechas das leis, os políticos vêm conseguindo resultados assustadores. Ao usar indevidamente as ferramentas da narrativa ficcional para inventar "verdades" e semear suspeitas, corroem a credibilidade e conspiram contra a sobrevivência da democracia.

Você talvez esteja se perguntando sobre como o público pode suspender sua descrença involuntariamente se estamos lidando com algo que pressupõe o consenso entre remetente e destinatário. Entramos aí nos desvios proporcionados pelo mundo virtual, tema que abordaremos mais adiante.

Fake news são storytelling?

> "A mentira política é uma arte tão velha quanto a civilização."
> Guillermo Altares

Fake news são mencionadas em diversos momentos deste livro. Muito do que estamos vendo neste tópico será esmiuçado no capítulo seguinte, e relembrado mais adiante. Não por acaso. Elas ganharam maior relevância, e poder destruidor, nos últimos anos, abusando da suspensão da descrença e da vulnerabilidade psicológica do público, multiplicando-se em progressão geométrica, ameaçando a paz social e as conquistas da civilização. Mas são antiquíssimas.

Ramsés II, o mais famoso dos faraós egípcios, personagem dos anos 1200 a.C., obteve parte da fama colocando-se como autor de obras alheias. Usando esse expediente, governou o Egito por 66 anos e garantiu destaque para sua múmia no Museu Egípcio do Cairo.

FICÇÃO CAINDO NA REAL, OU VICE-VERSA

O imperador romano Justiniano, que comandou o maior império da história entre os anos 483 e 565, teve suas glórias registradas pelo escritor bizantino Procópio de Cesareia. Morto o biógrafo oficial do imperador, seu livro póstumo *Anékdota* contradisse toda a obra anterior. Se antes Justiniano e sua mulher, a imperatriz Teodora, eram retratados por Procópio como exemplos de grandeza e virtude, na obra *post mortem* foram apresentados como devassos, imorais, cruéis, um casal de demônios plantados no trono romano para disseminar o mal. Duas versões opostas escritas pelo mesmo autor. Em qual delas acreditar? Essa é a pergunta demolidora trazida pelas fake news, porque no choque entre versões tudo é reduzido à massa disforme da dúvida, destituindo a verdade de sua nobreza intrínseca, tornando-a algo que talvez nem valha a pena ser buscado.

Em 2003, os Estados Unidos invadiram o Iraque com base na falsa existência de armas de destruição em massa naquele país. Arranjaram uma desculpa para se livrar do incômodo ditador Saddam Hussein, que foi deposto e executado sem que se encontrasse qualquer vestígio das tais armas.

Em 1921, o historiador francês Marc Bloch, aturdido pelo que viu nas trincheiras da Primeira Guerra Mundial, escreveu um ensaio em que afirma: "As notícias falsas mobilizaram as massas. As notícias falsas, em todas as suas formas, encheram a vida da humanidade." Se tivesse escrito cem anos depois, não precisaria trocar nenhuma palavra para continuar atual. Ele foi assassinado em 1944 pelos nazistas que, aliás, chegaram aonde chegaram graças a uma enxurrada de mentiras.

Notícias verdadeiras ou falsas contam histórias. Isso responde à questão sobre fake news serem storytelling ou não. Se tudo tem seu lado sombrio, por que o storytelling não teria?

A expressão "fake news", como a tradução deixa claro, se restringe a notícias falsas. Divulgar fotomontagens de pessoas vestindo camisetas com mensagens que nunca estiveram estampadas, ou de multidões transplantadas de outros eventos para fingir que seu ato público foi um sucesso, inventar que uma celebridade foi presa, que um vizinho é bruxo, que um veneno é saudável, que algum inimigo defendeu o indefensável, que um jornal disse o que não disse são exemplos típicos de fake news, a mais famosa forma de propagar inverdades, inserida na rubrica *desinformação*, mas não é a única.

Todas as fake news são mentiras, mas nem todas as mentiras são fake news. Assim como todas as fake news promovem desinformação, mas nem toda desinformação se vale de fake news.

Desinformar faz parte de competições e guerras. Exércitos espalham pistas falsas sobre seus próximos movimentos para que as tropas inimigas se concentrem num ponto diferente daquele que será atacado. Também é comum fingirem ter mais recursos do que realmente têm para impressionar o adversário. Acontece o mesmo entre pugilistas, lutadores em geral e equipes esportivas em modalidades de confronto direto: intimidar e confundir. No mais, camuflar é mentir, driblar é mentir, blefar é mentir. São mentiras bem aceitas e até aplaudidas como virtude competitiva, desde que se mantenham nos territórios predeterminados. A política não deveria ser um desses territórios, mas sempre foi. A novidade é que o uso continuado e crescente da desinformação em campanhas eleitorais, turbinado por novos recursos tecnológicos, acabou causando um afrouxamento ético que assumiu proporções escandalosas.

Pode-se desinformar de várias formas, sem que notícias falsas sejam necessárias. Basta omitir alguns aspectos relevantes sobre os fatos ou apreciá-los com olhar enviesado para que tudo se reduza àquele viés particular e o entendimento do que realmente aconteceu fique distorcido. É possível induzir interpretações equivocadas selecionando fatos que, combinados entre si, ainda que sem nenhuma correlação, pareçam suspeitos. E há as pílulas de cinismo que, ministradas em doses constantes, desmoralizam notícias ou pessoas inconvenientes. Debochar de quem diz a verdade é um jeito de mentir sem entrar no mérito da questão. Desconstruir o acusador, transformando-o num bobo ridículo que não merece crédito, é estratégia usada por culpados de todos os tipos em todas as épocas.

A tarefa da desconstrução fica mais fácil quando o arsenal completo de desinformação é acionado. E nesse pacote desinformativo nada é mais contundente, eficaz e perverso do que as fake news. Repare que elas são muito mais usadas para destruir do que para construir reputações. Levantar uma casa requer arquitetura, cálculos de engenharia, alicerces seguros, materiais de qualidade e algum tempo de trabalho. Derrubá-la requer apenas força física e uma marreta. É infinitamente mais fácil e mais rápido.

A jornalista britânica Claire Wardle, fundadora da ONG First Draft News, que desde 2015 se dedica a formular diretrizes éticas para reportagens e compartilhamento de informações no ambiente digital, listou sete categorias de notícias falsas a serem combatidas nas redes:

1) Sátira ou paródia: sem intenção de causar mal, mas com potencial de enganar.
2) Falsa conexão: quando manchetes, imagens ou legendas dão falsas dicas do que realmente se encontra no conteúdo.
3) Conteúdo enganoso: falsear informação para atacar um assunto ou uma pessoa.
4) Falso contexto: conteúdo certo no contexto errado.
5) Conteúdo impostor: uso de fontes (pessoas, organizações ou entidades) com alta credibilidade para difundir afirmações que não vieram dessas fontes.
6) Conteúdo manipulado: informações ou ideias verdadeiras manipuladas para enganar o público.

A BOMBA EMBAIXO DA MESA

7) Conteúdo fabricado: partindo do zero, tudo falso, 100% criado com intenção de desinformar e causar algum mal.

A essa análise da senhora Wardle, focada no conteúdo, soma-se o olhar da BBC Brasil sobre os recursos desonestos de difusão e a extraordinária força propulsora que a desonestidade consegue dar às notícias fraudulentas. A empresa, uma das mais prestigiadas da mídia mundial, dividiu tais recursos em cinco categorias: **robôs** (algoritmos que se passam por pessoas inexistentes), **ciborgues** (também chamados de **trolls**, mistura de robôs com gente, adotando comportamento menos previsível, por isso mais difíceis de detectar), **robôs políticos** (perfis de militantes que autorizam que suas contas sejam conectadas a páginas de candidatos ou de campanhas), **fake clássico** (perfil falso criado por uma pessoa qualquer, iniciativa individual sem relação com empresas que vendem esse tipo de serviço) e **ativistas em série** (pessoas capacitadas para a criação de conteúdos em larga escala, com vasto conhecimento das redes sociais e dos detalhes que fazem os algoritmos atuarem a seu favor).

Essa classificação é mais uma entre tantas ajudas do jornalismo para entendermos os bastidores do mundo cibernético e sua influência decisiva na vida cotidiana. Jornalistas, sempre eles.

O inimigo número um das fake news são as news, ou seja, a imprensa. Desacreditar o jornalismo profissional é condição essencial para o êxito do jornalismo fake. Daí a fúria difamatória que se abate sobre jornalistas, especialmente os que desmascaram as falsas versões. Daí a insistência dos mentirosos em acusar a imprensa de ser, ela sim, a criadora de fake news. Diabólico, não?

Mais diabólico ainda é fazer com que suas primeiras vítimas se tornem cúmplices, compartilhando o conteúdo mentiroso que receberam, e assim turbinando a difusão ao mesmo tempo que dificultam a localização dos fraudadores originais. No Brasil, as chamadas "tias do WhatsApp", mulheres conservadoras com baixo nível de informação e forte atuação em grupos familiares, se tornaram presas fáceis e parceiras estratégicas do populismo ultradireitista. Se não bastasse isso, o Massachusetts Institute of Technology (MIT), em pesquisa publicada na revista *Science*, em 2018, revela que as fake news se espalham 70% mais depressa do que as notícias verdadeiras. E outra pesquisa, da consultoria Idea Big Data, realizada em 2019, descobriu que 52% dos brasileiros confiam em notícias enviadas pela família em mídias sociais.

Sentiu a complexidade da trama?

Estamos nela até o pescoço, sofremos os efeitos na pele, e precisamos ficar com as antenas ligadas para não sermos arrastados pela correnteza, manipulados, ou até escalados desavisadamente no time dos vilões.

Sorria, você caiu na rede

Rede é a palavra da vez. Esbarramos nela quando nos deslocamos pelas cidades usando a rede de transportes públicos ou conduzimos nosso carro pela rede viária, nos comunicamos com família e amigos via rede telefônica, chegamos em casa acendendo as luzes graças à rede elétrica, vamos ao banheiro porque temos rede de esgoto, entramos em conexão com a internet (não custa lembrar que "net" significa "rede" em inglês), e atuamos nas redes sociais. Acima de tudo, sentimos a força das redes quando, mesmo isolados no silêncio de nossos quartos, somos enredados. Sim, rede é a raiz comum de palavras como "enredamento" e "enredo". Rede serve para proteger e dar sensação de segurança, como acontece com os trapezistas; mas também para reter e controlar, como acontece com os peixes. Não nos esqueçamos das redes neuronais que viabilizam o funcionamento do nosso cérebro, sem as quais, entre outras coisas, perdemos a memória, onde se encontra nossa principal rede de identidade e autoconfiança. Nem percamos de vista, finalmente, que a maneira mais eficaz de fixar qualquer informação na memória é diluir essa informação num bom enredo. Dados se perdem, histórias ficam.

Partimos da definição encontrada no *Dicionário etimológico da língua portuguesa*:

> **rede** s.f. entrelaçamento de fios, cordas, cordéis, arames etc., com aberturas regulares, fixadas por malhas, formando uma espécie de tecido.

No *Novo Aurélio século XXI: dicionário da língua portuguesa*, a palavra ganha uma amplitude enorme de significados, com destaque para: *cilada, armadilha*.

O mesmo dicionário ensina que **enredo** é: "1. ato ou efeito de enredar (-se); 2. intriga, mexerico, confusão; 3. manha, ardil, maquinação; 4. mentira que ocasiona aborrecimentos, inimizades; 5. conjunto de fatos encadeados que constituem a ação de uma obra de ficção (peça de teatro, romance, filme, novela etc.), entrecho, fábula, intriga, trama, urdidura."

Enfim, alcançamos o destino desejado. A quinta e última definição do dicionário é a que realmente nos interessa. Mas vale sublinhar o quanto a falsidade e a geração de conflitos estão presentes nas outras definições. Não por acaso é em torno da falsidade que se constrói a definição que merece nosso foco, já que ela restringe a aplicabilidade de enredo somente às obras de **ficção**, palavra que os dicionários sintetizam como ato ou efeito de *fingir, simulação, coisa imaginária*.

Nessa *trip* semântica, fica fácil duvidar até das redes, que na vida real nos protegem, dão segurança e controlam. Elas podem muito bem ser baseadas em ficção.

Contudo, nada impede que o imaginário produza efeitos reais, e as estórias se transformem em História, com agá maiúsculo.

FICÇÃO CAINDO NA REAL, OU VICE-VERSA

Antes de as redes de telefonia se tornarem parte do nosso dia a dia, elas foram imaginadas por um cientista ou por um autor de ficção? Pense duas vezes.

Quando você usa o Skype ou qualquer outro tipo de tecnologia que permita o contato audiovisual a distância, agradeça a William Hanna e Joseph Barbera, criadores da série televisiva de desenho animado, lançada em 1962, *Os Jetsons*. Foi naquela obra destinada ao entretenimento do público infantil, na qual uma simpática família do ano 2062 lida com recursos inatingíveis para os telespectadores da época, que o contato audiovisual a distância apareceu pela primeira vez. Os que se lembram da série visualizarão outras realizações tecnológicas agora bastante possíveis e perceberão como estamos próximos, por exemplo, de ter um robô responsável pelos serviços domésticos semelhante àquele que servia aos Jetsons.

Outro exemplo: alguém tem dúvida de que HAL, o computador que orienta e troca ideias com os personagens de *2001: uma odisseia no espaço*, é o precursor de assistentes de voz como Siri (Apple) ou Alexa (Amazon)? Não nos esqueçamos de que tanto o livro de Arthur C. Clarke quanto sua adaptação cinematográfica realizada por Stanley Kubrick são de 1968, quando computadores pessoais estavam fora de cogitação e smartphones nem existiam. Aliás, o inventor da telefonia móvel, Martin Cooper, declarou que sua inspiração veio do modelo usado pelo capitão Kirk, de *Jornada nas estrelas*, série criada por Gene Roddenberry e lançada na TV em 1966. Por misteriosas manobras do destino, o ator William Shatner, que interpretou o capitão Kirk, tornou-se aos 90 anos a pessoa mais idosa do mundo a viajar pelo espaço. No dia 13 de outubro de 2021, a nave lançada pelo bilionário Jeff Bezos em seu projeto de turismo sideral levou o personagem da velha série de ficção a uma real jornada nas estrelas.

O escritor H. G. Wells viu os foguetes espaciais antes de eles existirem, no seu livro *A guerra dos mundos* (1898), e também previu instrumentos bélicos, como tanques de guerra, no livro

The Land Ironclads (1903); e bomba atômica, no livro *The World Set Free* (1914). Julio Verne criou os conceitos do helicóptero e da videoconferência, respectivamente nos livros *Robur, o conquistador* (1865), e *No ano 2889* (1889).

Há uma infinidade de exemplos. Tudo o que o ser humano criou, antes de se tornar concreto, foi imaginado. Isso faz da imaginação nossa capacidade mais importante, e talvez justifique a reputação mística dos primeiros escribas em Nínive. Deles se esperava a leitura não só do que era escrito, mas também das vísceras de animais, dos sinais enviados pela natureza, dos sintomas de doenças, de tudo o que nos cerca. A presunção de sabedoria dos que dominavam a escrita lhes dava um status de pajés-profetas que chegava a competir com o poder dos reis.

Dinheiro, países e outras histórias

"Para superar nossos limites, construímos estruturas — damos forma sólida a nossas ideias. As estruturas que construímos, por sua vez, nos moldam."
Nick Sousanis

Voltando ao *Homo sapiens* com sua deslumbrante capacidade de ficcionar, façamos comparações bem básicas. O que é mais importante, o morro do Corcovado, que se destaca na paisagem do Rio de Janeiro, ou a cidade do Rio de Janeiro? O que vale mais, a floresta amazônica ou o Brasil? Pense bem antes de responder, porque o Corcovado e a floresta amazônica existem no mundo real, podem ser tocados, visitados, explorados, desfrutados, enquanto Rio de Janeiro, como qualquer cidade, e Brasil, como qualquer país, são conceitos ficcionais, consagrados por convenções entre humanos que decidiram qual pedaço do mapa ficaria para cada grupo, que nome esses pedaços teriam, que bandeiras ostentariam, que hinos cantariam.

FICÇÃO CAINDO NA REAL, OU VICE-VERSA

Difícil enxergar as coisas desse jeito? Pense na antiga Tchecoslováquia, que, há não muito tempo, decidiu deixar de ser um país para se transformar em dois. Pense nos antigos territórios mexicanos que foram anexados pelos Estados Unidos. Pense no Alasca, que foi comprado. Todos os países, estados e cidades são ficção. Todas as empresas são pessoas jurídicas, e qualquer pessoa que não seja física é ficção. Ninguém pode dizer que o fato de ser ficcionais diminui a forte influência de empresas, cidades, estados e países no mundo real.

A compra do território do Alasca em 1867 custou aos cofres norte-americanos a bagatela de US$ 7.200.000, que salvaram as finanças do Império Russo e hoje não seriam suficientes para comprar uma mansão em Beverly Hills. Atualizando os valores, a cifra original estaria agora na casa dos bilhões. Mas que importância tem isso quando lembramos que o dinheiro também é ficção? Que valor teria um pedaço de papel com um número impresso se não convencionássemos chamá-lo de papel-moeda?

Criar uma história fictícia requer a criação do mundo em que as coisas acontecem. Onde estamos? Em que época? Quanto tempo se passa entre o início e o fim da história? Que conflitos movimentam a narrativa?

Esse mundo tem estrutura de poder, rituais, crenças, valores e uma longa história pregressa que embasa a atual.

Se o mundo da narrativa é uma empresa, quem manda? Quem oprime? Quem precisa virar o jogo? Que problemas ela enfrenta agora? Já enfrentou algo parecido antes? Qual a origem desses problemas?

Se é o contexto político de um povoado, um reino, uma metrópole, favela ou colônia espacial, quais são as autoridades constituídas? A quem elas servem? Qual é o modelo de administração e sucessão? E o perfil geral dos habitantes? Quem manipula quem e com que propósito?

Se é uma família, quase todas as perguntas anteriores se repetem.

Nem sempre é o presidente quem manda no país ou na empresa; um subordinado astuto pode manipular seu chefe. Nem sempre pai e mãe comandam a família; um filho desajustado pode subverter tudo.

Histórias fictícias têm os mesmos ingredientes da vida real, e vice-versa. Nossa realidade se ampara em elementos ficcionais.

REAL × VIRTUAL

"Nas redes, estamos roteirizando, sendo diretores de set, câmera e editores. Ou seja, produzimos realidades imaginárias, onde inventamos um personagem para nós mesmos. E em alguns casos ele se torna protagonista."
Maria Homem

Vida virtual não é coisa do outro mundo — pelo menos não deveria ser

Para colocar as coisas na devida perspectiva, o ranking das marcas mais valiosas do mundo divulgado pela consultoria internacional Interbrand, em outubro de 2019, mostra nas quatro primeiras posições as empresas Apple, Google, Amazon e Microsoft, todas ligadas ao mundo virtual, todas indiscutivelmente superpoderosas. A Apple, com grande folga sobre a segunda colocada, lidera esse ranking há sete anos. Não por acaso, ela está entre as marcas que destaquei no *Storytelling: histórias que deixam marcas*. Sua história é de absoluta consistência e diz muito sobre os dias de hoje.

O virtual está emparelhado com o real, transformando a vida em dois trilhos que passaram a competir entre si. As pessoas se duplicam, tendo uma vida de verdade e outra vida nas redes sociais. O projeto *Second Life*, lançado com alvoroço pela norte-americana Linden Lab em 2003, e sobrevivendo discretamente até hoje, acabou acontecendo de outro jeito. Não é preciso entrar num jogo virtual povoado por avatares para ter uma vida paralela. Basta participar das redes sociais a nosso dispor.

Todos os que estão conectados a redes sociais, e são cada vez em maior número, exercitam intensamente a autonarrativa, procuram estar cercados por gente que pensa parecido e são ajudados nesses agrupamentos pelos algoritmos que definem quem deve receber o quê. Isso cria a ilusão de que: a) eu tenho sido avaliado positivamente pelas pessoas ao meu redor, dispondo assim de uma amostragem suficiente para concluir que sou um sujeito bem resolvido, talvez um líder, astro em potencial; e b) as pessoas ao meu redor enxergam o mundo da mesma maneira que eu, portanto não tenho dúvidas de que minhas opiniões estão corretas, daí ser desnecessário considerar qualquer ideia diferente das minhas.

Revela-se aí uma "adolescentização" ampliada para todas as faixas etárias, em que a busca por aprovação social ganha proporções doentias, onde os sentimentos de inadequação incomodam a ponto de transformar as redes sociais numa espécie de droga, altamente viciante, que provoca delírios de aceitação e sucesso.

Graças a essa deliciosa ilusão, a vida virtual começa a ficar mais atraente do que a real. Ao mesmo tempo que se torna mais aterrorizante.

Que mal isso pode fazer?

Um dos responsáveis pela existência do Facebook, Sean Parker, vem em nosso socorro para melhor compreensão do quadro:

> Nós fornecemos a você uma pequena dose de dopamina cada vez que alguém o curte, comenta uma foto ou um post, ou qualquer outra coisa sua. É um loop de validação social, exatamente o tipo de coisa que um hacker como eu poderia explorar, porque tira proveito de um ponto fraco da psicologia humana. Os inventores, os criadores, eu, Mark, Kevin Systrom, do Instagram, estávamos perfeitamente conscientes disso. E, mesmo assim, fizemos o que fize-

mos. E isso transforma literalmente as relações que as pessoas têm entre si e com a sociedade como um todo. Interfere provavelmente na produtividade, de certa maneira. Só Deus sabe qual o efeito que isso produz nos cérebros de nossos filhos.

Para não deixar dúvidas, o Mark a que ele se refere tem o sobrenome Zuckerberg, e é o mais jovem bilionário da história. Conversei com ele em 2010, depois de vê-lo palestrar no Festival de Publicidade de Cannes. Era um jovem tímido e muito bem articulado para seus 26 anos. Apesar de riquíssimo e já aclamado pelo *grand monde* do empresariado mundial, ele embarcou no mesmo voo que eu, sem nenhuma pompa, nenhum segurança ou assistente em volta. Chegou sozinho ao aeroporto usando jeans e camiseta, carregando uma pequena mochila, e passou por todos os procedimentos sem privilégios, encarando enfadonhas filas até entrar na aeronave. Parecia despretensioso, inofensivo. No mesmo ano foi lançado o longa-metragem *A rede social*, dirigido por David Fincher, roteirizado por Aaron Sorkin e Ben Mezrich, este último autor do livro *The Accidental Billionaires*, no qual se baseia o filme. Cinemas no mundo inteiro exibiram a história pouco lisonjeira daquele garoto, principal cocriador do Facebook, que chegou ao olimpo a partir de uma brincadeira em que imagens de dois universitários eram exibidas lado a lado para ser votadas como "hot" ou "not".

Antes da internet, vários gêneros musicais viajaram pelo mundo e conquistaram fãs. O rock'n roll é um exemplo de internacionalidade bem-sucedida que dispensa comentários. Com a internet, a disseminação de estilos ficou infinitamente mais fácil, possibilitando fenômenos como o k-pop sul-coreano, por exemplo. Talvez nunca estivéssemos falando desse tema se não houvesse o videoclipe *Gangnam Style*, do rapper Psy, quebrando todos os recordes de visualização do YouTube em 2012 e ganhando menção no

Guiness Book como o maior recebedor de curtidas naquela rede social. Batida dançante, incorporando vários gêneros ocidentais, e uma coreografia engraçada, espalharam o korean pop pelo mundo e fizeram bombar as usinas de treinamento dos astros desse gênero na Coreia do Sul. Essas empresas de entretenimento, surgidas nos anos 1990, passaram a criar artistas a partir de disciplina intensa, como numa linha de montagem. E os *idols*, como são chamados os astros do k-pop, passaram a ser alvos de todo tipo de comentário nas redes sociais, de aclamação ou execração. Muita pressão sobre jovens artistas, cujo "prazo de validade" não costuma chegar aos 30 anos.

Dizendo-se consumido pela depressão, o cantor Kim Jong-hyun suicidou-se aos 27 anos. A estrela Sulli, que em 2017 participou de um memorial em homenagem ao jovem cantor falecido, também se suicidou aos 25 anos, em 2019. Arrasada com a morte da colega de profissão, a cantora Hara, de 28 anos, tirou a própria vida um mês depois de Sulli.

O que a internet tem a ver com essa sequência de suicídios de cantores famosos?

Sulli e Hara foram vítimas de ataques nas redes sociais e deixaram claro o quanto isso as atormentou. Entre as últimas manifestações de Hara nas redes, estão frases como: "Não vou mais tolerar esses comentários cruéis"; "Não existe uma mente bonita que possa abraçar pessoas que sofrem?"; "Você pode se perguntar que tipo de pessoa você é antes de postar um comentário cruel on-line?".

Alguém poderia argumentar que vários artistas já seguiram esse caminho trágico antes do boom das redes sociais e concluir que estou incriminando injustamente a internet. Kurt Cobain, vocalista do Nirvana, é um exemplo que chocou o mundo em 1994. Concordo. Não precisamos nos estender na longa lista de celebridades suicidas. Mas não há como negar que a overdose de interação on-line é responsável tanto por linchamentos de gente famosa quanto por colocar no palco pessoas comuns, que se veem de uma hora para outra diante dos desafios antes reservados às estrelas.

Esqueça os popstars e olhe para você, seus pais, irmãos, filhos, sobrinhos, tios, primos, amigos, colegas. Quantas pessoas você conhece que já tiveram que lidar com colocações infelizes em suas redes sociais e, de alguma forma, sofreram com exposições públicas desagradáveis?

A taxa de suicídio entre adolescentes aumentou 24% no Brasil entre 2006 e 2015, segundo pesquisa da Universidade Federal de São Paulo (Unifesp) publicada na *Revista Brasileira de Psiquiatria*. E os pesquisadores atribuem boa parte dessas mortes ao ciberbullying praticado no Facebook, WhatsApp e Instagram.

O relatório da Organização Mundial de Saúde (OMS) divulgado em 9 de setembro de 2019 revela que o suicídio é a segunda principal causa de morte entre jovens de 15 a 29 anos no mundo, perdendo apenas para os acidentes de trânsito. O mesmo relatório nos mostra que a cada quarenta segundos uma pessoa se mata no planeta.

Agora imagine quantas situações de sofrimento não fatal decorrem do convívio digital. Quantos casos de depressão, doenças psicossomáticas, atos de violência.

A vida virtual provoca efeitos muito palpáveis na vida real. Ela se assemelha às drogas, cobrando um preço alto pela recompensa momentânea que proporciona.

Que recompensa seria essa? A deslumbrante crença de que sua opinião e as cenas editadas ou falseadas da sua história estão sendo publicadas para todas as pessoas do mundo, uma audiência potencial, na verdade limitada pelos algoritmos que atuam nos bastidores, mas que alimenta saborosos devaneios. A sensação de frequentar o mesmo ambiente de políticos, artistas, atletas e autoridades, poder falar com o papa ou o presidente da República pelo Twitter, incentivar o jogador do seu time como se estivesse cara a cara com ele. Não importa se as contas dessas pessoas sejam operadas por profissionais de comunicação. Para todos os efeitos, nós temos a possibilidade de falar de igual para igual com celebridades que amamos ou detestamos.

Quer recompensa maior do que a adrenalina de receber likes e ser alvo de compartilhamentos? A internet permite a cada um a glória de se sentir famoso, algo só atingível de verdade quando se tem algum talento, se comete algum absurdo ou se age de forma grotesca, violenta, ofensiva, abusando da deselegância. Está provado que a audiência das redes sociais consagra as aberrações. Como o talento real é algo raro e penoso, temos nessa maravilha da tecnologia contemporânea um terreno fértil para exercitar formas grosseiras de chocar as pessoas.

Claro que existem os youtubers fenomenais que não raro acabam se expandindo para a mídia tradicional, assim como há os astros da mídia tradicional que transitam muito bem pelo ambiente virtual. Claro que um número significativo de pessoas tenta se destacar com blogs, vídeos, canais etc. para ganhar algum dinheiro e, com um empurrãozinho da sorte, entrar para o clube das cifras milionárias. Nessa corrida do ouro, tanto vale o humor quanto a fofura, tanto serve o ridículo próprio quanto a exposição de crianças e animais de estimação a situações inadequadas. Natural que o acaso também aconteça, e uma risada gostosa de bebê, gravada despretensiosamente, acabe contratada para a campanha publicitária de uma grande marca. Na internet tem de tudo; se peneirarmos bem, descobriremos preciosidades. Mas como convencer um sonhador de que ele está sonhando errado? Como explicar a quem ri de si mesmo que sua piada não tem graça? Como relativizar uma curtida para quem precisa se sentir admirado? Como fazer cair na real quem está dominado pelo virtual?

A maioria sempre foi medíocre. Daí vem a palavra que significa "estar na média". Nada de errado nisso. Mas nunca a mediocridade teve tanto poder quanto agora, e está entusiasmada com a novidade. Desse entusiasmo resulta a quebra do pacto civilizatório, aquele conjunto de normas tácitas que nos permite interagir com outros humanos sem maiores riscos, danos e sobressaltos.

Uma categoria especial prosperou nesse estranho mundo de incivilidades: haters. O nome diz tudo. Gente que se dedica a odiar, que ataca vítimas escolhidas aleatoriamente, pautadas pelo marketing pessoal ou determinadas por estratégias políticas. Gente feroz, que espuma ódio, e faz sucesso por causa disso.

No embate entre amor e ódio, a vantagem inicial é sempre do ódio; por não ter princípios a seguir, ser descontrolado faz parte da sua essência. Quanto mais exagerada a agressão, mais se destaca na massa de mensagens das redes, mais obtém interação. Se for interação de repúdio, melhor ainda, porque alimenta o confronto, ganha intensidade emocional, gera mais compartilhamentos, sacia a curiosidade mórbida daqueles que adoram observar a desgraça alheia, assim como o lado sombrio dos que se deleitam com espetáculos de truculência. Quanto mais odiosos são os haters, mais eles cumprem sua missão de gerar engajamento, mais se consagram.

Com as redes sociais, realizou-se a metáfora da aldeia global formulada por Marshall McLuhan. Com a aldeia, voltamos ao sentimento de tribo. Com o tribalismo, estamos retornando à barbárie.

O docudrama norte-americano *The Social Dilemma*, dirigido e corroteirizado por Jeff Orlowski, lançado pela Netflix em setembro de 2020, expõe com excelentes depoimentos e dramatizações o quanto as redes sociais ameaçam o equilíbrio psicológico individual, as relações interpessoais e a própria sobrevivência de nossa espécie. No mês seguinte do mesmo ano, a HBO lançou o documentário *A arma perfeita: guerra, sabotagem e medo na era cibernética*, baseado no livro homônimo de David E. Sanger, com direção de John Maggio. Dois trabalhos de peso, quase simultâneos, evidenciando a gravidade e a urgência do tema.

A BOMBA EMBAIXO DA MESA

Robots, trollagem, hashtags etc.

"As formigas seguem uma série de regras aplicadas a cada indivíduo, por meio das quais se determina uma estrutura muito organizada, mas não centralizada. Cada formiga reage ao contexto, ao espaço no qual se desloca e às outras formigas...
É preciso que os participantes sejam numerosos, que se encontrem por acaso e que não tenham consciência das características do sistema no seu todo."
Davide Casaleggio

Num cenário de ilusões, nova ilusão tomou forma. Se o que mais buscamos na internet é o sentimento de popularidade e aprovação, por que não reforçar esse objetivo com gente de mentirinha?

Os primeiros a gostar da ideia foram os próprios veículos digitais, que viram suas audiências crescerem numa velocidade impressionante, tornando-os mais vendáveis para anunciantes. Quando o fenômeno esbarrou na ética, começaram a tomar providências para combatê-lo, embora sem a energia necessária. Algumas empresas de comunicação também tiraram proveito da audiência turbinada, comprando likes para suas campanhas. Muitos clientes ingênuos caíram nessa falsa impressão de sucesso, aplaudindo mediocridades e concedendo bônus imerecidos.

Nunca foi tão fácil fabricar aplausos. Milhões de perfis de usuários não humanos se misturaram às pessoas, os **robots**, também chamados de **bots** — pura ficção científica —, ajudando a multiplicar seguidores, forjar celebridades, espalhar ideias. Fazendas de robots foram criadas e se transformaram num próspero negócio. Quanto custa 1 milhão de likes? Dá pra fazer um desconto se eu comprar 3 milhões? Empresas de comunicação digital se especializaram em lidar com essa nova categoria, e alguns políticos fizeram a festa.

Nada melhor para convencer uma pessoa de qualquer coisa do que lhe mostrar uma multidão apoiando aquela coisa. Nada mais eficaz para destruir um rival do que bombardeá-lo com uma história comprometedora, não importa se real ou inventada, que reverbere nas redes e repercuta nos votos. Atacar adversários combinando robots e haters causa, no mínimo, uma dor de cabeça tão grande que já vale o esforço.

Outro lado perigoso dos robots é sua capacidade de pautar debates. Quando criam artificialmente hashtags, eles fazem com que os assuntos ali tratados sejam vistos pelo público e pela própria imprensa como os mais relevantes do momento. Essa prática serve não só aos ataques contra inimigos e louvores aos cúmplices, mas também ao desvio da atenção popular quando temas incômodos precisam ser encobertos. Se está em andamento a votação de algum projeto para aumentar impostos, por exemplo, pode-se encomendar aos exércitos de robots que discutam o aborto, ou o decote ousado de uma atriz, ou a declaração polêmica de um atleta.

Trollar também funciona. Nascidos no folclore escandinavo, trolls são seres da floresta, tipo ogros, que conjugam maldade e estupidez. Por misteriosos motivos, seu nome foi tomado por empréstimo para designar os gaiatos on-line, com direito a verbo específico. Trollar abrange desde brincadeiras inofensivas até ludibriar, tirar sarro, humilhar, desmoralizar. O troll da internet é antes de tudo um provocador, o enganador que causa confusão. Atuando num debate sério, com o apoio de aliados robóticos, ele consegue esvaziar o tema, tumultuar, subverter. Aliás, a definição técnica de troll subentende um híbrido entre ser humano e robot.

O vocabulário internetiano consagrou algumas novas palavras e ressignificou outras. **Lacrar**, por exemplo, partiu da inviolabilidade dos envelopes para se tornar sinônimo de calar a boca do interlocutor. Argumentos considerados arrasadores e irrespondíveis em um debate são chamados de lacradores. Seria só uma evolução vocabular se não se revestisse de agressividade, com ou sem ajuda de robots, para dar vitória a um dos debatedores independentemente da qualidade de sua argumentação. Se milhares de postagens celebram uma colocação como lacradora, ela pode ser o suprassumo da bobagem mas se consagrará como verdade definitiva.

No rastro da ressignificação veio o verbo **cancelar**. Do simples desmarcar compromissos transformou-se numa espécie de degredo, geralmente convocado pelos espalhadores de ódio contra celebridades que teriam cometido algum deslize. A penalidade para os condenados é a evasão maciça de seus seguidores, redução de audiência, perda de capacidade influenciadora. Políticos que rompem com antigos aliados são vítimas habituais do cancelamento. Celebridades que fazem declarações infelizes também.

Problemas suficientes? Há outro mais profundo: a desqualificação dos fatos.

Se existem até pessoas falsas, tudo pode ser falseado. Basta concentrar esforços em determinado assunto que ele entra na roda, mesmo que seja teoricamente indiscutível. Levanta-se uma dúvida, joga-se uma multidão artificial em cima dessa dúvida, e o que era fato consumado deixa de sê-lo. As baratas são agentes demoníacos que estão dominando o planeta? Elvis era um extraterrestre? Abóbora cura hepatite? O Império Romano foi inventado por roteiristas de Hollywood? O ataque às torres gêmeas foi uma jogada imobiliária? O papa é uma mulher disfarçada? Qualquer dessas dúvidas, por mais estúpida que pareça, uma vez insuflada, é capaz de provocar longos debates e convencer milhões de pessoas sobre sua procedência.

Sem os devidos controles, os fatos ficam ameaçados de extinção, o que nos condenaria a um universo feito de versões.

Tratados na intimidade como bots, os robots são doença grave neste novo mundo, uma anomalia criminosa, que se beneficiou da perplexidade gerada pelas novas tecnologias e do vazio jurídico em torno delas.

Somos todos personagens

Alguma estratégia, ainda que rudimentar ou até inconsciente, sempre existe. As redes sociais não servem apenas aos propósitos da autoestima. Elas também são úteis para fazer networking e comunicar expertise em diversas áreas de conhecimento. Se um dermatologista faz postagens insistentes sobre saúde da pele, os algoritmos o identificam como interessado no tema e fazem com que ele apareça para outras pessoas que demonstrem o mesmo interesse. Entre essas pessoas, certamente estarão outros dermatologistas, farmacêuticos e potenciais clientes. Tendo sabedoria em suas postagens, ele construirá imagem positiva em sua "tribo", o que poderá resultar em aumento de receita, propostas de emprego, oportunidades de aperfeiçoamento, convites para seminários, palestras etc. O mesmo se aplica a escritores que só postam sobre literatura, arquitetos que só comentam belos projetos, ou chefes de cozinha que caprichram na divulgação de segredos culinários.

Personagens bem construídos são a base de histórias de sucesso. E não estamos falando de enganar ninguém, apenas enfatizar os aspectos diferenciadores do personagem.

O contraponto desse uso é a exposição incompatível com o personagem. Não fica bem para pessoas cuja atividade requer decoro e cerimônia se apresentarem em situações exageradamente íntimas ou desleixadas. Um juiz ou juíza, por exemplo, aparenta menos respeitabilidade se vive publicando fotografias escrachadas, ou exibindo proximidade com gente de reputação duvidosa.

Estendamos agora o mesmo conceito a todos os usuários de redes sociais, independentemente de sua posição socioeconômica. Encontrarão mais dificuldade para ser levados a sério, fazer bons negócios e obter propostas de emprego aqueles que, por exemplo, se mostrarem consumindo bebida alcoólica em excesso. As razões são óbvias. Há locais na internet que requerem reflexão antes de ser visitados e, qualquer que seja o local, nunca é demais lembrar que suas postagens ficarão na rede para sempre. Pode parecer bobagem, mas a construção de personagens passa por vários itens, incluindo postura, atitude, gestual e figurino. Os personagens que criamos para nós no mundo virtual afetam diretamente o que buscamos ser na vida real.

Invertendo as posições, encontramos fenômenos como a californiana Lil Miquela, com cerca de 2 milhões de seguidores no Instagram, musicista cujos direitos estão aos cuidados da Creative Artists Agency. Ela seria só uma entre tantas estrelas da grande constelação artística — se fosse uma pessoa.

Lançou-se em 2016 no Instagram e rapidamente conquistou multidões com seu estilo, suas opiniões seguras sobre temas controversos e seu mistério. Seria ela real? Não era.

Surpreendentemente, a revelação posterior de que se tratava de uma personagem virtual não empanou o brilho de Lil.

Em 2017, ela emplacou a música "Not Mine", no Spotify. Na esteira do sucesso, tornou-se uma das importantes vozes do movimento antirracismo Black Lives Matter, e segue fechando contratos de patrocínio com diversas marcas.

Lil Miquela também concede entrevistas. Perguntada por um repórter da BBC sobre o que ela acha das celebridades virtuais, respondeu: "Acho que a maioria das celebridades da cultura pop é virtual. É desanimador ver como a desinformação e os memes deformam nossa democracia, mas isso demonstra o poder do virtual."

Não é exemplo isolado. Outros personagens, criados por desenvolvedores que se escondem no anonimato, vão ganhando espaço nas redes e influenciando pessoas de verdade.

REAL x VIRTUAL

Fato x fake

"Uma mentira pode dar a volta ao mundo enquanto a verdade leva o mesmo
tempo para calçar os sapatos."
Mark Twain

Em 4 dezembro de 2016, um norte-americano comum da Carolina do Norte chamado Edgar Maddison Welch, evangélico fervoroso, treinado como bombeiro voluntário e pai de dois filhos, saiu de casa portando seu celular e várias armas, inclusive um fuzil AR-15. Dirigiu seu Toyota por aproximadamente 600 quilômetros da pequena cidade em que morava, Salisbury, até os arredores de Washington. Estacionou perto da pizzaria Comet Ping Pong, saltou do carro armado até os dentes e entrou.

O restaurante, point de famílias onde avós e netos podem jogar pingue-pongue enquanto esperam por suas pizzas, estava bem cheio naquela tarde de domingo. Welch atraiu os olhares ao chegar com seu arsenal, provocando pânico e correria de clientes e funcionários. Ele caminhou, determinado, em direção a uma porta trancada e tentou abri-la de todos os modos, até que perdeu a paciência e fuzilou a fechadura com vários disparos. Buscava algo e sabia exatamente onde encontrar. Quando conseguiu entrar no cômodo protegido pela porta, decepção total. Seu alvo não estava lá.

Cercado pela polícia, o perplexo Welch largou as armas e se entregou. No depoimento que se seguiu à prisão, confessou estar convencido de que havia um porão atrás da porta arrombada por ele, onde crianças eram mantidas em cativeiro para sofrer abusos sexuais durante rituais perversos. Para aumentar sua revolta, essa barbaridade estaria sendo cometida pelo proprietário do restaurante em conluio com a candidata derrotada à presidência dos Estados Unidos, Hillary Clinton.

Adivinha de onde ele tirou essa história louca.

Tudo começou com o vazamento feito pelo WikiLeaks dos e-mails de John Podesta, um dos principais condutores da campanha presidencial de Hillary. Verificou-se intensa troca de mensagens com James Alefantis, dono da Comet Ping Pong, tratando de doações em apoio à então candidata.

Alguém não identificado sugeriu que as mensagens eram cifradas, e as palavras "pizza" e "pasta" serviam como códigos para "meninas" e "garotinhos".

Usando o máximo de boa-fé, podemos até considerar que tudo pode ter começado com uma brincadeira inconsequente, uma trollagem. Mas a boa-fé deixa de ter espaço a partir do momento em que a narrativa cai nas mãos de Alex Jones e Mike Cernovich, dois grandes apoiadores de Donald Trump. Eles estimularam o compartilhamento, primeiro na deep web, depois em áreas alcançáveis por incautos como Edgar Welch.

Terminada a eleição com a vitória de Trump, a teoria conspiratória continuou nas redes, inflando o espírito heroico do pobre Welch que, antes de sua tresloucada atitude, tentou recrutar parceiros falando em sacrificar a própria vida em prol das criancinhas, com o nobre objetivo de combater "um sistema corrupto que sequestra, tortura e estupra bebês e crianças em nosso próprio quintal". Esse mal-entendido, que poderia ter acabado em tragédia, custou-lhe quatro anos de cadeia.

O caso ficou conhecido como *Pizzagate*.

A vítima mais relevante da internet foi a verdade.

Teorias conspiratórias, como a que fisgou Welch, pipocam aos montes. Sites, blogs e canais especializados em propagar essas teorias alcançam índices de público que rivalizam com os especializados em pornografia.

Soltas de repente num mundo sem limites, as pessoas se acharam no direito de afirmar qualquer coisa, de dar asas à imaginação de forma irresponsável, e de acreditar nas histórias esdrúxulas que encontram sem submetê-las a mínimos critérios de checagem.

Conspiração com um Q a mais

Dois chans[1] na internet ganharam destaque entre os conspiradores por permitirem que os usuários compartilhem suas ideias anonimamente: 4chan e 8chan, ambos em inglês. Por conta dessa política de anonimato, passaram a tratar seus frequentadores pela abreviação "anon". Graças a eles, um usuário identificado apenas como "Q", a partir de uma postagem maldosamente dramática, criou o movimento QAnon.

Como a irresponsabilidade conspiratória levou o 8chan a ser fechado em agosto de 2019, depois de comprovada sua utilização para o planejamento de dois atentados (Christchurch, na Nova Zelândia, e El Paso, nos Estados Unidos), o 4chan seguiu alimentando sozinho os delírios QAnonianos. Tudo parte da crença na existência de um plano, engendrado no "Estado Profundo" por satanistas e pedófilos, para dominar o planeta. O plano estaria sendo executado por agentes infiltrados nos tribunais, na política, no meio artístico, nas religiões, nas empresas e na mídia tradicional.

Denunciando essa megaconspiração, o QAnon convoca seus seguidores para a guerra épica entre o bem e o mal, não sem antes alertá-los de que não participar resultará em sua futura escravidão e em abusos sexuais cometidos contra seus filhos.

Pedofilia virou lugar-comum nas acusações contra celebridades, instituições e políticos vitimados pelas teorias conspiratórias, como vimos no Pizzagate. É um crime repugnante, que aciona simultaneamente sentimentos religiosos e de proteção à família, provocando indignação imediata sem passar pelo crivo da racionalidade.

---

1 Chan é abreviatura de channel ("canal", em inglês), um fórum de discussão usado na internet, com interface simples para postagem de textos e imagens.

O plano combatido pelo QAnon parece extraído de alguma história ruim da Marvel, requerendo mobilizações urgentes para salvar o mundo, mas sua estrutura narrativa remete aos contos fantásticos do argentino Jorge Luis Borges. Quem lê, por exemplo, *Tlön, Uqbar, Orbis Tertius*, com suas minuciosas descrições e referências imaginárias misturadas com citações de personagens reais como Bioy Casares e George Berkeley, ignorando que tudo aquilo é ficção, pode acabar convencido de que existem um planeta Tlön e um país Uqbar, criados por um grupo de intelectuais chamado Orbis Tertius.

Quando falamos na *suspensão da descrença* como elemento básico do storytelling ficcional, mencionamos seu aproveitamento desonesto em narrativas que fingem ser reais, e ali surgiu um ruído. Lembra? Se a suspensão é essencialmente voluntária, o conceito não poderia se reproduzir fora da ficção à revelia do público.

No caso de teorias conspiratórias como as do QAnon, as ameaças que se pretende combater são escolhidas com tamanha precisão que provocam bloqueio cognitivo em pessoas mais vulneráveis. Afloram expressões como "fiquei cego de ódio" ou "quando mexe com minha família, eu não vejo mais nada". Cegado pelo falso perigo e pela veemência do alarme, esse público acaba suspendendo a descrença por imediato mecanismo de defesa e, a partir daí, não há mais limites para os enredos em que vai acreditar. Sendo uma suspensão atípica, porque obtida através de emergência imaginária, podemos renomeá-la como *supressão da descrença*. Assim, evitamos que a desonestidade real se movimente sob o mesmo manto da normalidade ficcional.

Ninguém sabe se *Q* é uma pessoa ou um grupo. Sua figura fora das profundezas da internet materializou-se num livro lançado em 2019, *QAnon: an invitation to the great awakening* (*Um convite para o grande despertar*). O livro não é assinado por um autor, mas por uma sigla, *WWG1WGA*, significando o slogan *Where We Go One We Go All*, que remete ao "um por todos e todos por um" dos três mosqueteiros. Por trás dessa sigla estão doze autores anônimos, doze anons, todos declarando manter atividade intensa no mundo digital. Por que não três, cinco, dez ou quinze? Talvez porque doze nos remeta ao número dos apóstolos de Cristo. É importante estimular a mística e o mistério para manter o encantamento das legiões fanáticas.

No mundo político, o efeito mais danoso dessa narrativa estapafúrdia até agora é o apoio a Donald Trump, extensivo a seus pares ideológicos em outros países. A ultradireita populista é apontada globalmente como ponta de lança do "grande despertar" contra o "império do mal". Esse foi o pilar da candidatura trumpista e o espírito do seu conturbado governo. Terminado o mandato, seguiu firme na campanha pela reeleição, que Trump só admitia vencer. Diante da iminente derrota, a reação foi imediata. PAREM A CONTAGEM!, gritou o presidente na internet. O argumento de que teria havido fraude eleitoral foi espalhado aos quatro ventos. Apesar disso, a apuração seguiu em frente, o resultado foi confirmado, e Joe Biden, candidato do Partido Democrata, tornou-se o novo presidente dos Estados Unidos.

Trump se recusou a aceitar, garantiu que havia vencido, alegou a existência de provas irrefutáveis sobre a atuação do tal império do mal capitaneado pelos rivais democratas, promoveu uma enxurrada de ações judiciais, exigiu recontagens. Todos os processos foram julgados improcedentes. Todas as recontagens confirmaram a derrota do magnata republicano. Mas os subterrâneos do QAnon continuaram em polvorosa.

Quarta-feira, 6 de janeiro de 2021. A sessão com o objetivo de certificar a vitória de Joe Biden no Congresso, um evento meramente protocolar, transformou-se em espetáculo dantesco.

Após discurso do presidente derrotado estimulando os seguidores que ele mesmo convocou pelas redes sociais a marcharem rumo ao Capitólio, um numeroso grupo de fanáticos invadiu o templo do Poder Legislativo sem encontrar policiamento à altura da situação. Tudo fora divulgado com bastante antecedência; era impossível ignorar o tamanho da ameaça. Mas as autoridades responsáveis pela segurança da cerimônia que oficializaria o resultado das urnas, por misteriosas razões, não tomaram os devidos cuidados. Diante de telespectadores incrédulos do mundo inteiro, os invasores desfilavam com fantasias exóticas, bandeiras confederadas dos tempos da Guerra Civil e camisetas com estampas neonazistas, quebrando vidraças, roubando objetos, fazendo fotos desrespeitosas nos gabinetes de deputados e senadores. Pouco antes de alcançarem o plenário, todos os parlamentares do Congresso fugiram por túneis para um abrigo subterrâneo, entre eles o próprio vice-presidente e líder do Senado, Mike Pence, recém-amaldiçoado por Trump por se recusar a usar artifícios que invalidassem ou postergassem os efeitos da eleição. A reação da equipe de segurança, apesar de tardia, evitou que os parlamentares fossem linchados. Cinco pessoas morreram. Um dos invasores, sem camisa, com o corpo tatuado, o rosto pintado e usando pelos de bisão e chifres na cabeça, lembrava a figura de um viking. Materializou-se nesse personagem o conceito de barbárie que permeou o episódio. Preso dois dias depois, ele foi identificado como Jake Angeli, 32 anos, porta-voz do movimento do QAnon, conhecido nas redes sociais pela alcunha de "Q Shaman".

Mentiras são mais excitantes

Com o crescimento das redes sociais, surgiu entre nós uma quase obrigação de ter opiniões sobre todos os assuntos.

A preocupação com o vexame de ser desmascarado em público foi cedendo espaço ao orgulho de prevalecer, de ganhar discussões no grito, repetindo argumentos mesmo que evidentemente inverídicos.

Pesquisas mostram que notícias falsas têm 70% mais possibilidades de compartilhamento, por ser superiores às notícias verdadeiras em originalidade e impacto. Essa descoberta soou como música para empresas e políticos sem princípios, que se aperfeiçoaram em espalhar boatos e criar enxames de adeptos capazes de destruir a imagem dos que se atreverem a discordar.

Dos boatos para a reconstrução da história foi um pulo. O mar revolto da estupidez permite tudo, inclusive refazer o passado, desqualificar o conhecimento acumulado, trazer de volta conceitos mortos, destruir qualquer vestígio de bom senso.

Há prazer nisso, quando deixamos transparente o que estamos fazendo. Quentin Tarantino nos presenteou com esse tipo de exercício em dois filmes: *Bastardos inglórios* e *Era uma vez em Hollywood*. No primeiro, ele nos leva de volta a Paris durante a ocupação nazista e faz com que um grupo independente de aliados consiga vingar os judeus matando Adolf Hitler. No segundo, ele nos faz passear pelo universo cinematográfico de Hollywood no final dos anos 1960, detalhando a progressão do grupo de Charles Manson em rota de colisão com os astros ao redor da atriz Sharon Tate, esposa do diretor Roman Polanski. Quando o público acredita que vai ver na tela a reprodução do bárbaro assassinato ocorrido em 1969, a história dá uma cambalhota e os assassinos são arrasados por um ator em crise existencial, interpretado por Leonardo DiCaprio, e seu inseparável dublê, interpretado por Brad Pitt. A catarse é deliciosa, e os filmes são excelentes.

Talvez esse gostinho catártico também exista para os que se dedicam a reescrever os fatos no submundo virtual. Faltam-lhes apenas a honestidade de assumir que se trata de um exercício, e a criatividade para dar a esse exercício algum valor artístico.

BEM x MAL

"Em qualquer sítio e a qualquer momento, podes ouvir: Tortura. E chamam-te. Podem designar-te para torturar ou para ser torturado. Não é necessário cometeres uma falha. Podem escolher-te aleatoriamente para sofreres. Quando te dizem: Tortura, não sabes se te chamam para torturar ou para ser torturado.

Depois de dizerem essa palavra, tens de os seguir. Não há uma terceira alternativa: ansiarás por torturar. As torturas são executadas no compartimento daquele que escolheram como carrasco. Por isso, quando vês que se dirigem para o teu compartimento não consegues evitar a alegria: cerras os punhos, dás um urro de satisfação."
Gonçalo M. Tavares, Jerusalém

Quem sabe o mal que se esconde nos corações humanos?

"O Sombra sabe" era a resposta à questão sobre o mal que se esconde nos corações humanos feita na abertura de um programa radiofônico muito apreciado na década de 1930.

A voz soturna que emitia a frase representava bem o ambiente de depressão econômica vivenciado entre duas grandes guerras. O óbvio de um herói era ser luz, mas o personagem que invadia o imaginário coletivo era o Sombra.

Ser mau contra os maus não é necessariamente bom. Não retira a maldade dos atos praticados, apenas a glorifica.

Dizem que o Sombra lançou as bases que possibilitaram o nascimento do Batman, definido inicialmente como *O cavaleiro das trevas.* Ambos são milionários que se mascaram para atuar contra o crime, vingadores, justiceiros, que aterrorizam aqueles que nos metem medo.

Todos nós temos um lado obscuro, geralmente reprimido em nome da civilidade. Somos atraídos por esse lado com frequência e nos assustamos quando ele vem à tona.

O que o ser humano é capaz de fazer em tempos de guerra, por exemplo, desqualifica a humanidade. Combatentes festejam a desgraça do inimigo, destroem vidas, prédios, lares, sonhos, tudo que encontram pela frente, e depois agradecem a Deus por esse poder destruidor. Hinos, bandeiras e orações se apresentam como justificativa ou, no mínimo, atenuante para qualquer barbaridade cometida.

O bem e o mal muitas vezes se confundem. Não é simples distinguir um do outro. Na verdade, ao que tudo indica, um não consegue viver sem o outro.

Para entender melhor nossa relação com a maldade, basta observar as crianças. É natural que uma criança se assuste e busque proteção diante de figuras com traços de malignidade, como bruxas, vampiros ou monstros. Tão natural quanto o prazer que ela sente quando usa fantasia ou máscara de uma dessas figuras e acha que está metendo medo nos adultos.

Quem impõe medo tem poder. Todos gostam de se sentir poderosos. O problema é que o medo só se constrói com maldade. Vivemos a contradição de temer o mal quando ele nos ameaça, e desejá-lo quando ele nos favorece. Isso é tão desconfortável do ponto de vista ético que preferimos fingir que não é verdade, ou — o que acontece com maior frequência — tentamos nos convencer de que nossos atos mais reprováveis são bons. No extremo dessa dicotomia, encontramos o torturador que se esforça para acreditar na nobreza do seu trabalho por estar tentando arrancar informações de suas vítimas para proteger a sociedade. Ou o pai que espanca o filho dizendo frases consoladoras como "É para o seu bem", "Dói mais em mim do que em você".

Não precisamos ir mais longe nos exemplos de crueldade para vislumbrar como é complexa a questão. Se nos perguntarmos sobre se gostaríamos ou não de ter uma empresa temida pela concorrência, ou sobre a satisfação de ver os adversários em pânico diante do nosso time de futebol, uma sombra logo se projetará sobre o pensamento, majestosa e sorridente. Entra aqui o componente da **competição** que se contrapõe à **cooperação**, negativo × positivo, destrutivo × construtivo, tendências conflitantes dentro de nós que transbordam para modelar a sociedade em que vivemos. Não tão extremas quanto as forças que as inspiram — bem e amor para cooperação, mal e ódio para competição —, mas descendentes diretas, disfarçadas e suavizadas.

O bem está para o mal assim como o amor está para o ódio. São potências contraditórias com alto poder de contágio. A diferença está na velocidade. Mal e ódio provocam reações instantâneas, se alastram muito mais rápido.

Depende da época e das circunstâncias

Lobotomia é bom ou mau?

Muito fácil responder hoje, quando vemos as doenças mentais com mais clareza e sabemos que é absurdo deixar uma pessoa em estado semivegetativo sob o pretexto de "cuidar" do seu cérebro.

Em 1949, a resposta seria outra. Nesse ano, o neurocirurgião português António Egas Moniz recebeu o Prêmio Nobel de Medicina por ter inventado a lobotomia. Não havia traço de maldade. Egas Moniz era um profissional competente, criador também da angiografia, figura exemplar cuja estátua se destaca em frente à Faculdade de Medicina da Universidade de Lisboa, homem sensível, autor de vários livros. Fernando Pessoa era um de seus pacientes. Naquela época, lobotomia era algo positivo, digno de aplauso. Até que o conhecimento mais profundo nos revelou o contrário.

Nem mesmo a legalidade nos garante se algo é bom ou mau. No início do século XX, os duelos já eram ilegais, mas, entre os aristocratas, um homem ferido em sua honra era considerado indigno se não desafiasse seu ofensor para duelar. E o outro seria um covarde se não aceitasse. A ritualização do duelo dava-lhe ares de extrema nobreza.

Pena de morte, nos países em que é aplicada, está prevista e regulamentada em lei. Mas seria moralmente defensável? Acredito que não existe justificativa para se tirar a vida de uma pessoa; portanto, o poder público torna-se assassino quando age dessa maneira. Mas há quem pense o contrário, porque a pena capital seria uma proteção para a sociedade. Onde estão o bem e o mal nesse confronto de ideias?

No tempo da Inquisição, as mulheres condenadas por bruxaria ardiam nas fogueiras enquanto muitos devotos davam graças a Deus por suas comunidades estarem se livrando dos espíritos malignos. Para aqueles devotos, a Inquisição era boa e merecia ser tratada como santa.

Ok, vamos para algo mais simples. Socar uma pessoa, quebrando-lhe o nariz e fazendo-a sangrar, é evidentemente algo ruim de se fazer. Não é aceitável que alguém se comporte dessa maneira, tanto que o Código Penal Brasileiro, assim como inúmeras leis de outros países, classificam essa prática como crime de lesão corporal. Mas se tal agressão acontecer durante uma luta de MMA, ela recebe aplausos, pode ser transmitida pela TV e render um bom dinheiro para lutadores e patrocinadores. A plateia que frequenta essas competições e a audiência que prestigia suas transmissões, de alguma forma, se assemelha aos que frequentavam o Coliseu enquanto gladiadores se matavam e cristãos eram devorados por leões. Tudo dentro da lei. Certo ou errado?

Quando estive na Tanzânia para dirigir um documentário que roteirizei em 1983, trouxe na bagagem pequenas esculturas de marfim para presentear a família. Eram vendidas em tendas de artesanato como produtos típicos do país, coisa banal para os tanzanianos. Hoje me envergonho por ter feito isso. A pessoa que eu era naquele ano desconhecia que elefantes morriam para a extração da matéria-prima usada nos suvenires que comprei. A partir desse fato, você pode concluir que sou (fui) mau, ou concordar com minha autopercepção de inocência ignorante.

Fascínio pelos vilões

"É estranho como o desagradável fica fixado na mente de forma muito mais vívida do que o oposto, que é a razão pela qual, suponho, é tão mais fácil para um escritor criar um vilão inesquecível do que um herói memorável. Infelizmente, o bem é menos interessante do que o mal, talvez porque seja menos variado, como o Céu é menos interessante do que o Inferno."
Theodore Dalrymple

Já abordamos esse tema no *Storytelling: histórias que deixam marcas*. A importância do vilão é fundamental para qualquer narrativa desde os tempos mais remotos. Quanto pior ele for, melhor fica a história. Até Deus, em seu poder absoluto, tem um ex-anjo dissidente para confrontá-lo. O bem contra o mal é jogo antigo, mas segue cada vez mais emocionante.

Com a evolução do storytelling foram-se borrando os limites desse antagonismo milenar para trazer ao primeiro plano os anti-heróis. Construídos com mais camadas, e capazes de atitudes surpreendentes que os roteiristas tratam como *misbehaviour*, eles se revelaram mais humanos e bem mais interessantes do que os personagens certinhos das histórias tradicionais. Esses anti-heróis desfilam por séries televisivas contemporâneas desde o ambíguo publicitário Don Draper de *Mad Men* (2007, Netflix), até o professor-traficante Walter White, de *Breaking Bad* (2008, AMC), ou o mafioso em crise existencial Tony, de *Os Sopranos* (1999, HBO).

A BOMBA EMBAIXO DA MESA

Ao lado desses três ícones do anti-heroísmo, surgiram outros mais vilanizados, como o psicopata assassino *Dexter* (2006, Showtime), o perturbador Norman Bates, de *Psicose*, cujo passado foi mostrado na série *Bates Motel* (2013, Netflix), a estruturadíssima quadrilha de assaltantes da produção espanhola *La Casa de Papel* (2017, Netflix), e os *Peaky Blinders* (2013, BBC), estes últimos com o trunfo de ser baseados em personagens reais.

É na passagem dos fatos reais para o universo das séries de TV que acabamos descobrindo o quanto a realidade compete em capacidade de surpreender com a ficção, e o quanto as personalidades criminosas podem atrair a atenção do público. Nesse nicho despontam séries como *Manhunt Unabomber* (2017, Discovery Channel) e *O assassinato de Gianni Versace*, da franquia *American Crime Story* (2018, FX).

Os anti-heróis não têm sido suficientes para saciar a fome de desvio comportamental do público. A tendência já fora sinalizada com o surgimento do canibal Hannibal Lecter em *O silêncio dos inocentes* (1991), passou pelo universo infantil com *Meu malvado favorito* (2010) e chegou a enaltecer em filmes de bastante sucesso a terrível *Malévola* (2014), que nos foi apresentada por tantos anos como abominável inimiga da Bela Adormecida. A maldade é sedutora e memorável.

Tome por exemplo a telenovela mais impactante dos últimos tempos. Em *Avenida Brasil* (TV Globo), campeã de audiência lançada em 2012, há muitos personagens interessantes, mas nenhum deles consegue ser tão memorável quanto a vilaníssima Carminha. Outro curioso caso novelístico da mesma emissora nasceu em 1988 com a personagem Odete Roitman, vilã mais lembrada do que o próprio folhetim em que atuava. Você se lembra do título da novela? Poucos lembram. Chamava-se *Vale Tudo*, e deixou a pergunta-chave de sua reta final, "Quem matou Odete Roitman?", gravada para sempre na história da televisão brasileira.

A mesma curiosidade que leva as pessoas a reter o fluxo do trânsito para observar em detalhes um acidente na estrada, ou que faz das notícias negativas o principal fator de vendagem dos jornais, se manifesta na curiosidade sobre até onde a perversidade humana consegue ir. A pergunta que inquieta o público nessas situações é "E se fosse eu?". Eu, no acidente, que desgraça! Eu, na notícia ruim, que perigo! Eu, vítima, como tentaria escapar? Eu, carrasco, seria capaz de tanto?

Sentir muito medo ou impor muito medo são dois lados da mesma moeda. Ambos ativam a adrenalina de que muita gente precisa para se sentir viva.

Histórias de guerra, de gângsteres e de terror nos pegam por esse nervo exposto da insegurança. Histórias de vingança fazem sucesso porque permitem ao público a catarse de rebater crueldade com mais crueldade, de liberar seus instintos selvagens com a consciência aquietada pela sensação de estar fazendo justiça. Como é saborosa a ideia de que se está praticando o bem ao praticar maldades. Talvez tudo o que você precisa para se tornar um monstro é de um belo pretexto.

Ver um filme sobre caras perversos, e sentir prazer ao vê-los em ação, não tem nada de errado. É um jeito saudável de expurgar venenos que circulam em nossa psiquê. Somos seres complicados. Tão complicados que conseguimos nos sentir bons mesmo quando estamos do lado mau. Tão ardilosos que sempre conseguimos argumentos para colocar o rótulo de ruim no lado que se opõe ao nosso.

A história nos mostra que Hitler se achava um sujeito do bem e que muita gente que o apoiou acreditava na sua bondade. Bastou que uma grande massa de pessoas fosse convencida de que judeus, homossexuais, negros e outros grupos cuidadosamente selecionados eram responsáveis por sua infelicidade, portanto maus, o que justificava plenamente que seu ódio acumulado se direcionasse a esses inimigos. Como diz Leandro Karnal:

> A tirania do bem é terrível. Quase todos os genocidas, de quaisquer espécies (assassinos em série, pessoas violentas, ou médicos adeptos da eugenia nos Estados Unidos da década de 1930), nunca agem em função do mal, sempre o fazem em função do bem. Por essa razão o bem também tem um poder de destruição muito grande. Em nome do bem posso fazer o mal e tudo está eximido.
>
> (...)
>
> A virtude e a ditadura do bem exibem uma enorme vaidade. Hoje as pessoas que mais odeiam são aquelas que usam a expressão "pessoas de bem".

É fácil se confundir, e muito cômodo deixar-se enganar. Sempre podemos encontrar justificativas para o injustificável. Ouvir histórias sobre esse malabarismo ético é aprender sobre a humanidade e manter-se preparado para escapar de armadilhas.

Bem-vindo a Gotham City

Algo muito estranho está acontecendo quando um assessor da presidência da República brasileira se manifesta nas redes sociais contra um personagem de ficção. O filme *Coringa*, de Todd Phillips, sobre o conhecidíssimo antagonista do Batman, interpretado por Joaquin Phoenix, foi o motivador do tal pronunciamento.

Lançado mundialmente em 2019, em vez de ser enxergado apenas como exemplo de narrativa ficcional, *Coringa* mexeu com percepções ideológicas. Mesmo se tratando da mais inequívoca fantasia, pessoas se deram o trabalho de identificar quem é de esquerda e quem é de direita na história. No caso, o velho Batman transformou-se em direitista, levando adultos supostamente inteligentes a externar seu repúdio ao famoso vilão, por certo temendo que ele angarie simpatizantes que coloquem em risco a imensa Gotham City em que vivemos.

Mas nem o enquadramento ideológico é pacífico quando os espíritos estão em guerra.

Na terça-feira, 8 de outubro de 2019, dois dos maiores jornais brasileiros estamparam artigos tratando do filme. Na *Folha de S.Paulo*, Joel Pinheiro da Fonseca intitula seu texto indo direto ao ponto: "*O Coringa é a extrema direita.*" E justifica sua posição dizendo que "a revolta social que o Coringa causa e na qual surfa tem o sentimento e a estética dos movimentos de extrema direita das democracias ocidentais contemporâneas". Enquanto isso, em *O Globo*, Arnaldo Bloch indaga "Quem tem medo do Coringa?", e proclama:

> O problema dos que têm problema com esse Coringa é o medo. Primeiro, o medo de sua humanidade e verossimilhança. Segundo, o pânico de enxergar que ele não é um psicopata. Um psicopata desconhece o sentido da empatia.
>
> (...)
>
> É medonho ver que o Coringa chegou com empatia para dar e vender. É quase um idealista da arte, da gentileza, do respeito ao cidadão, da solidariedade. É um dócil adversário dos embustes, da mentira, da exploração, até o momento em que a hipocrisia toma tamanho vulto que, torturado por seus delírios, "decide" que não há opção senão um violento cinismo.

Antes que esse fenômeno pareça restrito ao cenário brasileiro, sublinho que houve fortes reações publicadas no *New York Times* e no britânico *The Guardian*. Em grandes cidades norte-americanas, como Los Angeles e New York, o policiamento foi reforçado nas áreas próximas aos locais de exibição, temendo que o filme despertasse instintos homicidas em espectadores menos sensatos.

Não há registro de distúrbios relevantes durante a exibição do filme, mas o personagem tomou conta das ruas nas manifestações de protesto que estremeceram o mundo nesse longo alvorecer do novo milênio. Seja em Hong Kong, Beirute, Chile, Argentina, Bolívia, Brasil ou Palestina, pessoas que se sentem tão excluídas quanto o personagem ficcional exibem sua revolta caracterizadas como ele.

Algo parecido ocorreu em 2005 com o protagonista de *V de vingança*, também oriundo dos quadrinhos. O filme, dirigido por James McTeigue e roteirizado pelas irmãs Wachowski, fez com que a máscara do personagem V desfilasse em diferentes protestos ao redor do planeta.

Em 2017, os invasores da Casa da Moeda espanhola no seriado *La Casa de Papel*, com suas máscaras de Salvador Dalí, também surgiram em alguns protestos, assim como as aias da série baseada no livro de Margaret Atwood — mas aí já migramos do território dos vilões para o das vítimas.

O fato é que nenhuma outra aparição de personagens ficcionais em manifestações populares mereceu tanto destaque como o Coringa em 2019. A matéria de capa do Segundo Caderno de *O Globo*, em 9 novembro, assinada por Fabiano Ristow e Jan Niklas, ilustra bem a agudeza da situação quando nos pergunta: *Riso nervoso. Somos todos Coringas?*

Desequilíbrio emocional coletivo. Um personagem conhecido há longas décadas como assumido vilão de repente se torna um potencial herói. Um ser caricato, nascido da imaginação de Jerry Robinson, Bill Finger e Bob Kane, salta dos gibis da DC Comics dos anos 1940 para nos inquietar na segunda década do século XXI.

Ninguém se mobilizaria a esse ponto por causa de um personagem fictício se não estivéssemos nos defrontando com um surto de perversidade sem precedentes. O leitor pode me interpelar com períodos históricos de crueldade incomparável com o que vemos hoje. Concordo. Mas meu argumento se baseia exatamente nesse contra-argumento. Quando afirmo que vivemos uma situação sem precedentes é porque em nenhum outro momento houve tanta fartura de informação sobre os episódios mais infelizes da trajetória humana. E, apesar disso, estamos caminhando para o mesmo abismo.

Quando Hitler, Mussolini, Franco, Salazar, Stalin e outros líderes sanguinários surgiram no século passado, o mundo ainda não enxergava até onde sua insanidade os conduziria. Quando a onda de ditaduras sul-americanas eclodiu, éramos ignorantes em relação ao que se passava nos porões, as brutalidades cometidas em nome de uma crença política forjada por interesses obscuros.

O que ocorre em vários pontos do mundo atual é a repetição de um erro grotesco nos mínimos detalhes, reforçado pelo poder mobilizador das redes sociais, onde os vilões se sentem livres para defender a virtude de ser estúpido. Onde pessoas comuns se sentem autorizadas a saudar a maldade sem sequer tentar disfarçá-la.

RICOS × POBRES

"A história de todas as sociedades existentes
até hoje é a história da luta de classes."
Karl Marx e Friedrich Engels

Uma outra classe de luta

Tenho a impressão de que Marx e Engels exageraram na frase de abertura do *Manifesto comunista*, em 1848. No entanto, reconheço que perderia muito do seu efeito se fosse mais comedida, e concordo em colocar o conflito entre ricos e pobres como um dos principais na história humana. Não me refiro a luta de classes, porque não consigo digerir esse conceito.

Por mais classes que existam para separar as pessoas, o grande fator diferencial no fundo é a riqueza. Nobres × plebeus, patrões × empregados, burguesia × proletariado, latifundiários × camponeses — em todos esses confrontos destaca-se o poder econômico que faz um grupo prevalecer sobre outro numericamente superior, só que com menos dinheiro no bolso. Classe não me parece a melhor definição para a essência desse conflito, até porque é uma ideia que se estende a grupos de atividades que não têm nada a ver com posicionamento econômico. Classe artística, classe médica, classe militar, tantas classes existem onde podemos encontrar artistas ricos e pobres, médicos ricos e pobres, militares ricos e pobres, e assim por diante. Em suma, a questão se resume a ter ou não ter dinheiro.

Os autores do *Manifesto comunista* estavam sob os efeitos da Revolução Industrial e tiveram sua visão influenciada pela coisificação dos trabalhadores, tratados como instrumentos de produção. Daí sua oposição aos donos do capital e sua proposta de abolição da propriedade privada, almejando uma sociedade sem classes, totalmente controlada pelo Estado. Acho que foram simplistas no seu reducionismo, e ingênuos ao não considerar que a natureza humana se encarregaria de transformar os Estados totalitários em focos de opressão. Era evidente que os novos detentores do poder atuariam como classe dominante e privilegiada, repetindo o que antes combatiam.

Premissas maldefinidas conduzem a conclusões equivocadas e tendem a fixar posições, num jogo em que as peças se movem rapidamente sobre um tabuleiro que nunca está na mesma posição.

A ideia de luta de classes entrou em declínio a partir de 1945, quando o mundo recém-saído da Segunda Guerra Mundial acordou para a necessidade de prover o básico a todas as pessoas, independentemente da situação econômica dos beneficiados. O Estado de Bem-Estar Social (Welfare State) se revigorou para atenuar desigualdades e acalmar os ânimos, especialmente na Europa.

Prevaleceu a narrativa de que bastava estudar, caprichar na formação profissional, arregaçar as mangas e partir confiante rumo ao andar de cima da pirâmide social.

Rico opressor, pobre sofredor

Talvez ninguém tenha sido mais implacável na avaliação dos ricos do que Jesus Cristo. Os Evangelhos de Mateus (19:16-26), Marcos (10:17-30) e Lucas (18:18-30) narram seu encontro com um jovem cheio de riqueza que lhe pergunta o que deve fazer para ter a vida eterna. A resposta imediata diz respeito à observância dos mandamentos, coisa que o jovem encara com a tranquilidade de quem está em dia com sua consciência. Animado com a retidão do interlocutor, Jesus lhe propõe que se desfaça dos seus bens e passe a segui-lo. Aí a disposição do rapaz esmorece e ele vai embora. Comentando com seus discípulos o diálogo que acabara de ocorrer, Jesus faz sua crítica: "É mais fácil um camelo passar pelo fundo de uma agulha do que um rico entrar no Reino de Deus."

Os discípulos entenderam aquilo como proclamação condenatória. O acesso dos ricos às graças divinas acabara de ser vetado. Ouviram então do mestre que "para Deus tudo é possível".

Exegetas se debruçaram sobre esse texto, trazendo interpretações amenizantes, mas, metáforas e hipérboles à parte, o saldo final é sempre negativo.

Numa outra passagem do Evangelho, Jesus volta a atacar: "Ninguém pode servir a dois senhores, porque ou odiará a um e amará o outro, ou dedicar-se-á a um e desprezará o outro. Não podeis servir a Deus e à riqueza" (Mateus 6:24). É uma evidente declaração de incompatibilidade, atenuável com a consideração de estar se referindo à maneira como a fortuna costuma ser encarada pelos ricos, e não à riqueza em si. Em outras palavras, o Messias estaria alertando para os males da ganância, da avareza e do excessivo foco nos bens materiais, não necessariamente apontando o dedo para os contemplados pela prosperidade. Sempre se encontra uma brecha para escapar.

Em Lucas 12:16-21, temos nova advertência:

> Havia um homem rico cujos campos produziam muito. E ele refletia consigo: Que farei? Porque não tenho onde recolher a minha colheita. Disse então ele: "Farei o seguinte: derrubarei os meus celeiros e construirei maiores; neles recolherei toda a minha colheita e os meus bens. E direi à minha alma: ó minha alma, tens muitos bens em depósito para muitíssimos anos; descansa, come, bebe e regala-te." Deus, porém, lhe disse: "Insensato! Nesta noite ainda

exigirão de ti a tua alma. E as coisas que ajuntaste, de quem serão? Assim acontece ao homem que entesoura para si mesmo e não é rico para Deus."

Para não deixar dúvidas sobre sua posição, Jesus completa o bombardeio com a seguinte parábola:

Havia um homem rico que se vestia de púrpura e linho finíssimo, e que todos os dias se banqueteava e se regalava. Havia também um mendigo, por nome Lázaro, todo coberto de chagas, que estava deitado à porta do rico. Ele avidamente desejava matar a fome com as migalhas que caíam da mesa do rico. Até os cães iam lamber-lhe as chagas. Ora, aconteceu morrer o mendigo e ser levado pelos anjos ao seio de Abraão. Morreu também o rico e foi sepultado. E estando ele nos tormentos do inferno, levantou os olhos e viu, ao longe, Abraão e Lázaro no seu seio. Gritou, então: "Pai Abraão, compadece-te de mim e manda Lázaro que molhe em água a ponta de seu dedo, a fim de me refrescar a língua, pois sou cruelmente atormentado nestas chamas." Abraão, porém, replicou: "Filho, lembra-te de que recebeste teus bens em vida, mas Lázaro, males; por isso ele agora aqui é consolado, mas tu estás em tormento. Além de tudo, há entre nós e vós um grande abismo, de maneira que os que querem passar daqui para vós não o podem, nem os de lá passar para cá." (Lucas 16:19-26).

Quatro pontos chamam especial atenção nessa narrativa:

1) O homem rico não merece nem a consideração de ter um nome. A história apresenta três personagens, mas só dois têm seus nomes mencionados: Lázaro e Abraão.
2) Não há qualquer registro de falha de caráter do rico. Ele parece ter ido para o inferno simplesmente por ser rico. Com o mendigo Lázaro acontece o oposto, pois parece ter sido levado ao

paraíso pelo simples fato de ser pobre. Podemos supor que o rico foi insensível ou indiferente ao sofrimento do pobre, e até identificar nesse aspecto uma definição do que seria o **pecado social** tão incômodo para os ricos de hoje. Podemos também supor que Lázaro teve o mérito de suportar estoicamente as privações da mendicância, o que o revestiria de heroísmo. As duas suposições justificariam o destino pós-morte de cada um, mas, como somos obrigados a supor, o que sobressai são os indícios de que há um defeito latente no "ser rico", assim como existe virtude automática em "ser pobre".

3) O que se lê nas entrelinhas da parábola é o princípio cristão da necessidade do sofrimento para se chegar à recompensa eterna. As dores ou prazeres temporais seriam compensados por prêmios ou tormentos infinitos. Que excelente negócio é trocar um punhado de anos recheados de dor por uma eternidade em êxtase! Desse princípio decorre tanto o alento esperançoso aos sofredores quanto um impulso ao conformismo dos povos, que interessa a governantes e exploradores de situações injustas em geral. Atende, portanto, aos anseios imediatos de polos opostos. Também é dele que vem a facilidade para coletar doações em benefício de instituições religiosas de todos os tipos, inclusive as que se transformaram em mera picaretagem para a locupletação de seus pregadores. "Se a riqueza é um problema que pode te levar ao suplício eterno, livra-te desse peso transferindo seus bens para mim." Simples.

4) A profundidade da frase de Abraão, quando afirma existir "um grande abismo" entre quem sofre e quem desfruta, ou seja, entre inferno e céu. É esse o abismo da desigualdade social que vemos ampliar-se a passos largos.

Ainda que não houvesse tantas citações contra a riqueza no discurso de Jesus, sua vida é nitidamente vinculada à pobreza. A cena do seu nascimento diz tudo.

Deixe de lado a poesia do presépio, tire as canções natalinas da trilha sonora e encare a situação de um casal desabrigado, sem qualquer assistência, com parto emergencial acontecendo numa estrebaria, entre animais que pisoteiam estrume. Não há condições mínimas de higiene e conforto. O único lugar utilizável como berço para o recém-nascido é a manjedoura gosmenta onde bois e jumentos se abastecem de feno.

Pouco tempo depois, essa família, que é sustentada pelo esforço do pai carpinteiro, se vê forçada a fugir de seu país rumo ao Egito, para escapar do tirano Herodes. Não há relato de como foi seu padrão de vida nesse período, mas supõe-se que foi péssimo.

Passada a ameaça de Herodes e tendo retornado à sua terra, toda a trajetória de Jesus é acompanhada por gente modesta. Seus discípulos são arregimentados nas camadas populares, sua vida pública é um constante deslocamento entre cidades sem ter onde ficar. Como ele diz: "As raposas têm suas tocas e as aves do céu, seus ninhos, mas o Filho do homem não tem onde repousar a cabeça" (Mateus 8:20).

A imagem negativa dos ricos não é exclusividade bíblica. Eles estão normalmente associados à opressão, ao abuso, à arrogância, ao egoísmo, à ganância, à vaidade, ao desperdício, a uma longa lista de características ruins. Há injustiça nessa generalização, como há em todas as generalizações. Mas a fartura de histórias reais sobre enriquecimento sem mérito e uso da riqueza para oprimir, humilhar e prejudicar os menos favorecidos é impressionante.

Somando-se a isso a tendência natural de torcermos pelos mais fracos, a disputa narrativa se desequilibra. Com direito a um bônus: pobres podem sonhar em ser ricos, sem o peso da negatividade que paira sobre seus antagonistas endinheirados. Pobre que se torna rico é trama de redenção, recompensa paradisíaca antecipada. Pelo menos no início da virada é assim.

O outro lado da moeda

Os que estão com a vida ganha e querem que as coisas continuem como estão têm duas teses confortáveis para se apoiar: a da predestinação e a do mérito. Elas frequentemente se misturam e sempre encontram algum endosso na religião.

Predestinação seria a mão de Deus concedendo a bênção da riqueza, o que torna tudo imediatamente justo e indiscutível. É uma tese frágil, mas, quando bem trabalhada por pastores habilidosos, opera milagres. Se a riqueza for conquistada graças a algum dom ou talento especial, foi Deus quem concedeu. Se alguém enriqueceu num golpe de sorte, foi Deus quem atuou. Enquanto isso, o Reino dos Céus assume a forma de uma grande conta bancária que só está ao alcance daqueles escolhidos que demonstram sua fé com generosas contribuições para os cofres da Igreja. Você é pobre? Culpa sua. Se tivesse fé suficiente, teria feito doações mais substanciais e já estaria entre os protegidos de Deus.

A tese do mérito é mais estruturada. Nela se baseia o conceito de meritocracia, tão querido dos empresários e economistas liberais. Sua formulação é sedutora: quem merece mais, ganha mais. Dentro desse merecimento, cabem características genéticas, talentos inatos, formação acadêmica, determinação e esforço. Darwinismo social puro. Soa simples e parece justo. Os mais aptos e mais fortes ganham o prêmio da riqueza nesta vida que nada mais é do que uma constante competição.

Um trecho isolado do Evangelho, conhecido como a "parábola dos talentos", é interpretado como apoiador da ideia meritória. Curiosamente, apesar de ser relatado num período em que o sistema bancário ainda não existia, sua tradução oficial presenteia os bancos com um *branded content* especial:

> Será também como um homem que, tendo de viajar, reuniu seus
> servos e lhes confiou seus bens. A um deu cinco talentos; a outro,

dois; e a outro, um, segundo a capacidade de cada um. Depois partiu. Logo em seguida, o que recebeu cinco talentos negociou com eles; fê-los produzir, e ganhou outros cinco. Do mesmo modo, o que recebeu dois, ganhou outros dois. Mas o que recebeu apenas um foi cavar a terra e escondeu o dinheiro de seu senhor. Muito tempo depois, o senhor daqueles servos voltou e pediu-lhes contas. O que recebeu cinco talentos aproximou-se e apresentou os outros cinco: "Senhor, disse-lhe, confiaste-me cinco talentos; eis aqui outros cinco que ganhei." Disse-lhe seu senhor: "Muito bem, servo bom e fiel; já que foste fiel no pouco, eu te confiarei muito. Vem regozijar-te com teu senhor." O que recebeu dois talentos, adiantou-se também e disse: "Senhor, confiaste-me dois talentos; eis aqui os outros dois que lucrei." Disse-lhe seu senhor: "Muito bem, servo bom e fiel; já que foste fiel no pouco, eu te confiarei muito. Vem regozijar-te com teu senhor." Veio, por fim, o que recebeu só um talento: "Senhor, disse-lhe, sabia que é um homem duro, que colhes onde não semeaste e recolhes onde não espalhaste. Por isso, tive medo e fui esconder teu talento na terra. Eis aqui, toma o que te pertence." Respondeu-lhe seu senhor: "Servo mau e preguiçoso! Sabias que colho onde não semeei e que recolho onde não espalhei. Devias, pois, levar meu dinheiro ao banco e, à minha volta, eu receberia com os juros o que é meu. Tirai-lhe este talento e dai-o ao que tem dez. Dar-se-á ao que tem e terá em abundância. Mas, ao que não tem, tirar-se-á mesmo aquilo que julga ter. E a esse servo inútil, jogai-o nas trevas exteriores; ali haverá choro e ranger de dentes." (Mateus 25: 14-30).

Parábola semelhante é apresentada no Evangelho de Lucas (19: 12-17), mas o texto não é tão claro quanto o de Mateus, e os "talentos" da história são substituídos por "minas". Chamar a moeda de "talento" conduz à predestinação, tanto que o homem rico distribui inicialmente suas cotas "segundo a capacidade de cada um". Esse conhecimento prévio da diferença de capacidade entre seus servos aumenta a crueldade da reação do senhor quando retorna de viagem. Ele já sabia que o servo que recebeu apenas um talento tinha menos condições de obter resultados diferentes do que apresentou. Por que então chamá-lo de "servo mau e preguiçoso"?

Está aí a hipotética preguiça do pobre contraposta ao esforço do rico, com toda a truculência do capitalismo selvagem. Tira-se do pobre, que é jogado sem recursos nas trevas exteriores, para dar ao mais rico. Considerando que essa parábola se propõe a explicar os critérios do Reino dos Céus, é surpreendente sua semelhança com os procedimentos de qualquer empresa desalmada. Uma brecha e tanto para os defensores do capitalismo selvagem.

Tudo se ameniza quando entendemos a metáfora como estímulo à não acomodação, à coragem para arriscar e ao empreendedorismo. Fica perfeito se interpretamos as moedas distribuídas pelo Senhor como os dons espirituais que somos convocados a desenvolver e aprimorar durante a vida. Mas os símbolos escolhidos e a dureza dos detalhes reforçam a lógica dos bem-aquinhoados.

"Sou rico porque mereço" é uma frase libertadora para quem defende seus privilégios. "Você é pobre porque não trabalha nem se esforça o bastante" é uma variável da falta de fé como justificativa para a escassez de bênçãos. Em outras palavras, tudo o que acontece de errado é culpa sua.

Atração e apropriação

João da Baiana, no início do século XX, tornou-se figura incômoda para a elite carioca ao desfilar armado em certos ambientes. Sua arma era um pandeiro, que em certa ocasião chegou a ser confiscado pela polícia em nome da ordem pública.

Casos como esse ilustram como foram os primeiros passos do samba na cultura brasileira. Estigmatizado desde o século XIX como coisa de pobres, negros, vagabundos e marginais, o ritmo que melhor representa o Brasil sofreu muito até alcançar o prestígio atual. Como isso aconteceu? Através do fascínio que despertou nas classes ricas. Vencida a resistência inicial, o samba foi apropriado pela cultura oficial, incensado pela mídia, tornado produto de exportação.

A história das escolas de samba é parecida. Nascidas nas favelas e subúrbios cariocas, com seus parcos recursos, elas davam aos menos favorecidos a oportunidade de se vestir como reis e rainhas, curtirem um gostinho de nobreza com tempero de irreverência. Organizaram-se os desfiles, formaram-se torcidas, instalou-se o espírito de competição, e pronto: estávamos diante do Maior Espetáculo da Terra, empacotado pela abordagem turística, com ingressos inacessíveis aos pobres e participação nos desfiles vendida a peso de ouro aos ricos.

Com o funk não é diferente. Na direção pobre-rico, o ritmo vai sendo assimilado pelas festas chiques. Na direção rico-pobre, surgem os representantes do funk ostentação, cobertos de joias e usando roupas exóticas, num comportamento que remete ao do mestre-sala e da porta-bandeira rodopiando seus brilhos na avenida.

Ricos e pobres vivem trocando de posição. Não conseguem resistir à atração recíproca que tanto os incomoda como encanta.

Como não poderia deixar de ser, criaram-se mitos em torno dessa relação de mão dupla. Um dos mitos mais famosos é o da feijoada, atribuída à inventividade dos escravos no aproveitamento das partes menos nobres dos porcos abatidos por seus senhores. Há controvérsias quanto a essa origem, mas a versão é deliciosamente sedutora. Sair da senzala para o posto de maior destaque da culinária brasileira é um arco dramático irresistível para os storytellers.

Sendo real ou inventada essa narrativa, não há como negar o processo de gourmetização da feijoada. Grandes restaurantes se esmeram em versões cada vez mais elaboradas do prato. Aliás, "gourmetização" é a maneira encontrada pelos ricos para encarecer os hábitos populares de forma a colocá-los fora do alcance dos pobres. Um jeito eficiente de preservar seu desejo de exclusividade. Os drinques e comidinhas populares de bares conhecidos como *pé-sujo* ganham versão gourmetizada nos chamados *pé-limpo*, onde a decoração é mais refinada e os preços bem mais salgados.

No âmbito da moda, os ricos tendem cada vez mais ao despojamento, ainda que um jeans desbotado e rasgado em lojas de classe A custe muito mais que uma peça do mesmo gênero e confeccionada com o mesmo tecido numa loja mais simples. Assinatura do estilista, caimento da peça e pequenos detalhes fazem enorme diferença no *look* e na conta. Apesar da ressalva em torno dos diferenciais, o fato significativo é que ricos e pobres hoje se vestem de maneira bem mais parecida do que antigamente. Essa proximidade estética atua tanto no design dos tênis a partir do *street basketball* do mercado norte-americano, que migram de baixo para cima, quanto no desejo de posse dos jovens marginalizados brasileiros, que se constrói de cima para baixo. Daí os assaltos, alguns resultando em morte, com o singelo objetivo de roubar um tênis de grife.

A disputa no território ficcional

Na floresta inglesa de Sherwood, durante o século XII, um hábil arqueiro comanda seu grupo especializado em roubar dos ricos para doar aos pobres. É um herói mítico, de existência real improvável, cuja fama ultrapassou as fronteiras do seu país para se eternizar no mundo. Nome: Robin Hood. Profissão: ladrão. Quer dizer então que... Sim, temos um herói que se dedica rotineiramente ao crime e ao pecado de roubar. Como suas vítimas são pessoas ricas, o público pouco se importa com a ilegalidade do herói. E torce por ele, especialmente por saber que o fruto de seus roubos será repartido com pessoas necessitadas. Por desviar dinheiro de quem tem muito para quem tem pouco, Robin Hood é entendido como justiceiro social.

Na década de 1950, o edifício *Balança Mas Não Cai* povoava o imaginário dos ouvintes da Rádio Nacional. Os moradores desse prédio fictício eram personagens engraçados que faziam a alegria da audiência. Entre os residentes fixos, havia um muito rico, que recebia com frequência a visita de um primo muito pobre. As conversas entre os parentes em posições sociais tão distantes sublinhavam a miséria de um, que se contentaria com uma pequena refeição, e a insensibilidade do outro, que se esquivava de conceder qualquer ajuda, sempre se fazendo de desentendido e esbanjando uma simpatia forçada.

Em 1968, o programa foi levado para a televisão, fazendo com que os intérpretes dos queridos primos ficassem ainda mais famosos. Paulo Gracindo e Brandão Filho formaram uma dupla inesquecível que atuou na TV por cerca de quinze anos migrando entre as emissoras Globo e Tupi. Com a morte de Paulo Gracindo, o personagem do primo rico chegou a ser interpretado por Chico Anysio, contracenando com o mesmo Brandão Filho em seu programa *Chico Total*.

O humor do quadro *"Primo Rico, Primo Pobre"* conquistou o Brasil, não só por suas virtudes histriônicas, mas pela inteligência de sua crítica à desigualdade social no país. "Primo, você é ótimo!" era o bordão de encerramento dito pelo primo pobre. Ironia perfeita, acessível a todos os tipos de público, para consolidar a péssima reputação dos donos do dinheiro.

Outros personagens marcantes que registraram o embate entre ricos e pobres no humor brasileiro foram Justo Veríssimo, apresentado ao público em 1991 por Chico Anysio, e Caco Antibes, levado à televisão por Miguel Falabella a partir de 1996, no programa *Sai de Baixo*. O primeiro, atuante nos programas *Estados Anysios de Chico City* e *Zorra Total*, era um político que odiava pobres e dizia absurdos como "Quero que pobre se exploda!". O segundo, ex-membro da aristocracia paulistana, apesar de falido, trapalhão e envolvido em infinitas maracutaias, não perdia a pose. Ele abusava de expressões em inglês e se achava um legítimo representante da supremacia ariana. De sua lista de bordões, destaca-se "Eu tenho horror a pobre".

Lembra do *grande abismo* mencionado na parábola bíblica de Lázaro, que analisamos há pouco? Ela é mostrada com nitidez em quatro trabalhos audiovisuais de grande sucesso: o filme norte-americano *Titanic*, de James Cameron; a série britânica *Downton Abbey*, de Julian Fellowes; o longa-metragem mexicano distribuído pela Netflix *Roma*, de Alfonso Cuarón; e a grande surpresa do Oscar 2020, o sul-coreano *Parasita*, de Bong Joon-ho. Para simplificar a conversa no quesito "premiação", vou me limitar aos Oscars conquistados pelos filmes, sem enumerar outros importantes reconhecimentos recebidos por todos eles. Como a série *Downton Abbey* não disputa o Oscar, ela será a única sem premiação mencionada, embora tenha conquistado invejável quantidade de troféus nos certames em que obras televisivas são elegíveis. Prêmio aqui é só um detalhe ilustrativo, sem estabelecer hierarquias.

Começamos com *Titanic*. Vencedor de onze estatuetas em 1998, como a de Melhor Filme e Melhor Diretor. História de amor embarcada no navio que comoveu o mundo com seu dramático naufrágio. O público sabe desde o início que o navio vai afundar e que a mulher da história de amor vai escapar, porque ela é a narradora. Resta saber como eram as relações entre os passageiros naquela viagem, e aí somos apresentados às diferenças entre os que viajavam na primeira classe e os que viajavam na terceira. Na primeira, tudo é luxo, conforto e tratamento prioritário, inclusive para acesso aos botes salva-vidas. Na terceira, tudo é reduzido ao mínimo possível, inclusive a possibilidade de sobrevivência em caso de acidente. A primeira classe, onde obviamente viajavam os ricos, é no alto do navio, o céu. A terceira, onde viajavam os pobres, é lá embaixo, praticamente no porão, o inferno. A história de amor acontece entre uma mulher da primeira classe, que já se relaciona com um detestável homem do mesmo nível social no momento do embarque, e um jovem da terceira classe, que lhe desperta uma paixão irresistível. Esse amor teoricamente impossível é o fio condutor da narrativa. Sua impossibilidade teórica se deve basicamente a distância social entre os amantes. Nas três classes do *Titanic*, temos a representação da pirâmide social com as tradicionais classes alta, média e baixa, em paralelo com o destino previsto para as almas: céu, purgatório e inferno. Destaque para os prazeres descobertos pela moça rica em sua rápida visita ao mundo dos pobres: as festas da terceira classe eram muito mais animadas e espontâneas do que as oferecidas aos sofisticados membros da primeira. *Titanic*, em sua mistura de romance e catástrofe, supera os padrões do estilo para se tornar uma bela metáfora da existência humana. Todos a bordo do mesmo planeta, sofrendo com divisões artificiais e rumando para um desfecho fatal.

Em *Downton Abbey*, o clima é mais leve. Na gigantesca mansão que dá nome à série, acompanhamos os dramas cotidianos de uma família aristocrática inglesa, os Crawleys, e sua dedicada equipe de criados, nos primeiros anos do século XX. É um mergulho na intimidade dos mundos opostos que convivem naquele latifúndio: os patrões em cima, os criados embaixo. O que sobressai nessa narrativa é a convergência, o respeito ao *status quo* e a aceitação da distância social sem mais questionamentos. Os ricos ali são cordiais e generosos, e os pobres que os servem são cooperativos e solidários. Há intrigas pessoais, disputas hierárquicas, ambições e vaidades como em todo agrupamento humano. Nos raros momentos em que o incômodo da inferioridade social se manifesta entre os serviçais, ele vem revestido de um verniz fleumático que suaviza tudo. *Downton Abbey* é um excelente trabalho, repleto de informações históricas, que nos permite compreender o conformismo dos personagens com os costumes vigentes na época e imaginar como aquela realidade influenciou alguns comportamentos que persistem até hoje.

Partimos agora para *Roma*, não aquela dos césares, mas um distrito situado na região de Cuauhtémoc, área norte da cidade do México. A história se passa nos anos 1970, quando o México sofria os efeitos da chamada Guerra Suja entre um governo que abusava da repressão militar para enfrentar grupos guerrilheiros de esquerda. Nesse ambiente de opressão, somos apresentados a uma família de classe média e à forma como uma empregada doméstica se insere naquele contexto. A empregada é praticamente parte da família, mas em nenhum momento se atreve a abusar do afeto que lhe dedicam. Sua sobrevivência depende da estabilidade daquela família, que começa a sinalizar decadência. É sob o ponto de vista dessa empregada, a submissa Cleo, que observamos o desenrolar de um enredo profundo, sufocante e poético, que proporcionou a *Roma* a conquista de três Oscars em 2019: Melhor Diretor, Melhor Fotografia e Melhor Filme Estrangeiro.

Quatro anos antes, em 2015, outro filme já havia exposto com extrema sensibilidade a situação da empregada que vive como apêndice dos patrões. Diferente na forma e no enredo, mas muito semelhante no tema e nas emoções que provoca, *Que horas ela volta?*, de Anna Muylaert, é uma preciosidade do cinema brasileiro, que compõe com *Roma* um quadro perfeito da dependência dos trabalhadores domésticos a seus contratantes latino-americanos.

E chegamos a *Parasita*. Definido por seu diretor como "uma comédia sem palhaços; uma tragédia sem vilões" ou simplesmente como "um filme estranho", ele nos traz uma fábula com mistura de gêneros, inserindo na tragicomédia elementos de suspense e horror. O resultado dessa abordagem pouco usual é uma crítica impiedosa e pessimista às disparidades sociais, feita de forma tão alegórica e descompromissada com a plausibilidade que parece ironizar a imaturidade das plateias contemporâneas.

A história se passa entre duas famílias: os Kims, vivendo com dificuldades financeiras, sem emprego, numa residência suburbana onde falta muita coisa, menos os celulares (detalhe importante nesses tempos em que a tecnologia se transforma em necessidade primária); e os Parks, vivendo com fartura numa mansão superequipada em bairro nobre. Essas famílias são espelhadas até na sua formação: marido, mulher e um casal de filhos. Encontram-se por acaso, quando o filho da família pobre consegue uma oportunidade de dar aulas de inglês à filha da família rica. Encantado com o padrão de vida de seus patrões, ele começa a identificar oportunidades para encaixar sua irmã e seus pais no grupo de empregados mantido na casa. Isso requer muitas mentiras e estratagemas: eles escondem seu parentesco, falseiam capacitações profissionais e montam intrigas para desalojar os funcionários antigos de seus postos. Os pobres que protagonizam esse filme fogem ao padrão dos indefesos habituais. São trambiqueiros inescrupulosos e não têm consideração sequer com os outros pobres de quem roubam os empregos. Por outro lado, os ricos são de uma ingenuidade absurda, caindo em todas as armadilhas com incrível facilidade, cegos para a realidade que os cerca e preservando uma dose de simpatia que disfarça preconceitos arraigados. Concluído o plano embusteiro, a família Kim passa a viver como parasita da família Park, que por sua vez também pode ser entendida como parasita que se beneficia de um sistema social injusto.

Os golpistas Kims são surpreendidos quando a ex-governanta, que teve seu ganha-pão surrupiado por eles, aparece durante a ausência dos patrões para revelar a existência de um bunker secreto embaixo da casa, onde seu marido desempregado se esconde há muito tempo. Alimentar e manter oculto aquele homem subterrâneo é um novo complicador. Cria-se o impasse entre dois núcleos de pobreza pelo direito de continuar pegando carona no mundo dos ricos. A ex-governanta, que descobriu as artimanhas dos atuais servidores da casa, tenta trocar seu silêncio pela manutenção do marido no esconderijo atual. Temos assim um reforço de universos contrastantes: casa rica x casa pobre, casa rica x subterrâneo (de novo a metáfora dos planos superior e inferior). A situação insustentável desemboca num final de fúria sanguinolenta.

Parasita conquistou as estatuetas de Melhor Roteiro Original, Melhor Diretor, Melhor Filme Estrangeiro e Melhor Filme. Foi o primeiro filme estrangeiro a conquistar o prêmio máximo em toda a história do Oscar.

O desfecho apresentado por *Parasita*, sugerindo que o abismo social só se desfaz pela reação violenta do oprimido, também está em filmes como o norte-americano com espírito indiano *O tigre branco* (2021), dirigido por Ramin Bahrani, e o brasileiro *Bacurau* (2019), dirigido pela dupla Kleber Mendonça/Juliano Dornelles. A mesma ideia transita na literatura, onde se destaca *Torto Arado* (2019), do baiano Itamar Vieira Junior, que arrebatou grandes prêmios e uma multidão de leitores com seu romance de estreia. Partindo da realidade dos quilombolas na Chapada Diamantina, o livro costura com refinada sensibilidade as discriminações racial e social.

Não é necessária tanta explicitude e radicalização para o conflito entre riqueza e pobreza marcar presença.

A *Cinderela*, que todos conhecemos dos contos infantis, reúne um conteúdo arquetípico bem mais profundo do que aparenta. Tanto que sua história remonta à China da era pré-cristã, aparece na França pelas mãos de Charles Perrault, em 1697, e também é contada na Alemanha nos anos 1800, pelos irmãos Grimm. Foi adaptada para ópera, balé, poesia, teatro, cinema e televisão. As versões cinematográficas são as mais abundantes, com destaque para a primeira, do francês Georges Méliès, em 1899, e para a mais conhecida, o desenho animado da Disney, de 1950.

Mas o que essa historinha romântica contada para crianças está fazendo no meio de nossa conversa adulta? Primeiro, está demonstrando como um drama social pode se disfarçar de romantismo.

A BOMBA EMBAIXO DA MESA

Cinderela é ancorada no vaivém que atormenta ricos e pobres. Filha única de uma família bem posicionada socialmente, ela perde a mãe. Seu pai se casa pela segunda vez com uma mulher que já tem duas filhas de um relacionamento anterior, e ele pouco depois morre. A menina que tinha tudo fica órfã aos cuidados de uma madrasta usurpadora que a trata como escrava. Queda brusca no status social. Ela passa a morar no sótão, o submundo daquela que era sua própria casa. Surge a oportunidade de um baile em que um príncipe vai escolher a futura esposa. Todas as jovens do reino são obrigadas a comparecer. A pobre menina nem tem roupa adequada para o evento. Socorrida pela fada-madrinha, ela consegue magicamente um belo vestido, sapatos de cristal e carruagem para transportá-la, só que o encanto tem prazo de validade. Se não sair da festa até meia-noite, tudo se desfará e o vexame será inevitável. Cinderela arrasa no baile, o príncipe se apaixona por ela, mas não tem tempo de ao menos perguntar seu nome. A fuga se impõe à meia-noite, quando tudo se encaminha para que nossa protagonista seja a grande escolhida. Na pressa, ela perde um dos sapatos. Os dias seguintes são de busca pela dona do sapato de cristal perdido na festa. O príncipe faz questão de reencontrar a moça que tocou seu coração. Todas as jovens do reino se habilitam, as filhas da madrasta de Cinderela se agitam e a escondem no sótão. Um ajudante do príncipe percebe o cativeiro, exige que o sapato seja experimentado na menina, e bingo! Tudo resolvido. Decadência seguida de resgate social.

O ponto nevrálgico cinderelesco é encontrado numa grande diversidade de histórias, como a do filme *Uma linda mulher*, de Gary Marshall, lançado em 1990, em que uma prostituta interpretada por Julia Roberts é salva do submundo pelo milionário interpretado por Richard Gere. Há uma reciprocidade de benefícios entre eles; já o milionário também é salvo de seu vazio existencial.

Outro exemplo de grande impacto é o da telenovela *Cheias de Charme*, de Filipe Miguez e Isabel de Oliveira. Lançada pela Rede Globo em 2012, ela encantou o público com a divertida história de redenção das Empreguetes, trio musical formado por empregadas domésticas (vividas por Leandra Leal, Taís Araújo e Isabelle Drummond) que se encontram por mero acaso. Cansadas das explorações impostas por suas patroas, elas se lançam ao estrelato, para desespero da cantora Chayene, vilã interpretada por Cláudia Abreu. Dentre as Empreguetes, destaca-se a personagem Cida, por ter uma situação de orfandade e desamparo muito próxima da Cinderela original. É uma cinderelice a mais dentro da trama cinderelesca.

Histórias de órfãos costumam combinar tragédias afetivas, econômicas e sociais. Charles Dickens é a mais exuberante referência dessa combinação, como atestam, entre outros exemplos, as desventuras do seu *Oliver Twist*.

No teatro musical, a história de *Annie* aponta para todos os perigos em torno da orfandade, inclusive os interesses escusos da megera que comanda o orfanato onde ela vai parar. Quem salva a pequena protagonista de suas agruras é um supermagnata.

O estado de miséria intensa é mostrado com especial dramaticidade em *Os miseráveis*, de Victor Hugo, em *Vidas secas,* de Graciliano Ramos, ou na experiência da imigrante Macabéa em *A hora da estrela*, de Clarice Lispector.

Imigrantes em busca de sucesso na cidade grande sempre rendem histórias tocantes, como *Perdidos na noite*, filme de John Schlesinger que arrebatou as plateias em 1969.

Manifestações mais sutis do problema também funcionam. O constrangimento social demonstrado na literatura russa, por exemplo, é arrebatador. Em *Os irmãos Karamazov*, de Dostoievski, há dois personagens com situações distintas de humilhação por não correspondência às expectativas da sociedade. O primeiro se encontra numa trama secundária: o capitão reformado Snieguiriov que, massacrado pela penúria de sua família, aceita ajuda financeira do personagem Aliocha, a pretexto de reparação por ofensas praticadas por seu irmão Dmitri. Logo em seguida, porém, atira o dinheiro de volta porque não suporta o peso da humilhação. O segundo caso acontece dentro da trama principal, com o protagonista Dmitri, que se lança numa procura desenfreada por dinheiro, diante da vergonha de ficar em débito com sua noiva Catierina.

Notas do subsolo, do mesmo autor, é outra brilhante demonstração do sentimento de inferioridade que as diferenças de status costumam provocar.

O tema do dinheiro paira sobre todos os gêneros, para todos os públicos, de todas as idades. Das ridículas atitudes do *Tio Patinhas* no mundo Disney às engraçadas situações da *Família Buscapé*, série televisiva que brilhou nos anos 1960 ao mostrar a dificuldade de uma família caipira para se integrar ao universo da riqueza depois de descobrir petróleo em suas terras. Das peripécias de *Arthur, o milionário sedutor*, de Steve Gordon (1981), estrelado por Dudley Moore, às trapalhadas de *Até que a sorte nos separe*, de Roberto Santucci (2012), estrelado por Leandro Hassum.

Pode-se extrair os mais diversos sentimentos da polarização econômica. Ricos decadentes, tentando se habituar à nova situação de pobreza, são tão trágicos ou cômicos quanto pobres ascendentes tentando se habituar à repentina riqueza. Quantas histórias de magnatas que despencam. Quantos relatos de personagens que ganham prêmios ou são surpreendidos com uma herança deixada por parente distante.

Há os testes de caráter como em *Proposta indecente*, de Adrian Lyne, onde um bilionário se oferece para resolver os problemas financeiros de um casal desde que seja autorizado a dormir uma noite com a mulher do outro. Há as disputas entre herdeiros, casais em processos de divórcio, sócios litigantes, jogadores, investidores e caçadores de tesouros. Há os roubos de obras de arte em museus, as corridas atrás de ouro e pedras preciosas, planos mirabolantes para limpar os cofres de cassinos, sequestros por resgates polpudos, assaltos a bancos, grandes golpes de todos os tipos para embolsar fortunas de todos os tamanhos. Mafiosos, traficantes, todos os apostadores de todas as histórias contadas em todas as formas de arte têm o mesmo objetivo primordial: dinheiro.

A vida nos ensina que, para atingir a meta de escapar da pobreza ou ampliar os tentáculos da riqueza, as pessoas são capazes de tudo. Daí essa fonte inesgotável de tramas e possibilidades narrativas.

Money makes the world go around

> "Dinheiro é algo que podes trocar pelas coisas que precisas ou queres. Como comida, livros ou brinquedos. Para ganhares dinheiro, tens de arranjar alguma coisa para fazer (trabalho). Mas tem de ser algo útil e importante o suficiente para poder ser considerado um emprego. Quem tem o poder de decidir se uma coisa é útil ou não são as pessoas muito ricas que querem ficar ainda mais ricas. Por isso, as coisas que são consideradas úteis são as que podem fazer as pessoas ricas ainda mais ricas."
>
> João Sobral

Liza Minnelli eternizou a música "Money Money" no filme *Cabaret*, de Bob Fosse. Interpretando uma dançarina e cantora norte-americana que brilha em Berlim no momento da ascensão do nazismo, ela brindou o mundo com um clássico sobre a força motriz do dinheiro. Freb Ebb (letrista) e John Kander (compositor), responsáveis pela trilha da peça apresentada na Broadway em 1966, que deu origem ao filme, provavelmente não tinham ideia de que estavam criando um hino para os críticos da mentalidade monetarista. E ao dizerem em outra canção do mesmo musical que "life is a cabaret", quase acertaram em cheio novamente. Trocando *cabaret* por *cassino*, a frase seria perfeita.

A BOMBA EMBAIXO DA MESA

Como se não bastasse o dinheiro (cujo valor já sabemos ser pura ficção) ter assumido o controle da humanidade, outra autoridade fictícia entrou em cena para complicar ainda mais a história. Chama-se *mercado financeiro* ou simplesmente *Mercado*.

Diferentemente do dinheiro, que é objeto de desejo e instrumento de poder, o Mercado é um personagem, espécie de divindade. Ele é movido a expectativas, fica nervoso, tranquilo, otimista ou pessimista, dependendo do que acha que vai acontecer, ou do que gostaria que acontecesse. Aos pobres mortais resta o esforço para adivinhar que expectativas são essas, e prever as oscilações de humor desse deus temperamental.

Há regras que tentam organizá-lo, contê-lo, decifrá-lo, mas o Mercado é sensível demais, vulnerável e ardiloso demais, esquizofrênico demais. Deixa-se influenciar por fatos e boatos sem distinguir uma coisa da outra.

Se uma epidemia na China ameaça reduzir a produtividade do parque industrial chinês, é natural admitirmos que isso pode afetar o Produto Interno Bruto (PIB) daquele país, e reverberar em sua balança comercial, provocando queda nas exportações. Essa queda pode deixar vários países desabastecidos de alguns produtos fornecidos por esse grande exportador, e diminuir a capacidade financeira da China para cumprir suas metas de importação, desfalcando as receitas dos muitos países que negociam com ela. Qualquer pessoa sensata entende essa mecânica e consegue manter em primeiro plano a preocupação com a saúde dos atingidos pela epidemia, assim como a contenção do vírus. Acontece que o Mercado não tem compromisso com a sensatez, nem com a hierarquia de valores humanos. Sua reação é especular sobre essa possível cadeia de efeitos econômicos, antecipando resultados negativos que talvez nem sejam tão desastrosos quanto os previstos, e garantindo que o mundo inteiro entre em crise antes da hora. O pânico faz com que investidores procurem todo tipo de proteção, inclusive no guarda-chuva cambial do dólar, acarretando valorização exagerada dessa moeda que, por sua vez, desbalanceia todo o comércio internacional, fazendo com que, por exemplo, o trigo importado pelo Brasil de um país que não é nem China, nem Estados Unidos, fique mais caro, e que dona Maria, humilde habitante de uma cidade do interior, que não entende nada de câmbio e balança comercial, tenha o preço do seu pãozinho aumentado, sem nenhuma necessidade.

Ok, epidemias são fatos graves que tendem a gerar sobressaltos justificáveis, até porque não respeitam fronteiras. Vamos então imaginar algo banal, como uma frase infeliz de um presidente da República durante um evento qualquer. Digamos que o chefe da nação X faz alguma brincadeira que soe como crítica aos juros praticados em seu país. Mesmo que a legislação do país não permita ao presidente qualquer ingerência sobre a taxa de juros, o Mercado faz questão de enxergar nessa crítica um sinal de possível mudança, e começa a se movimentar como se a mudança fosse iminente. Graças a essa precipitação, os juros do tal país podem ser forçados a mudar, e o Mercado acaba provocando a mudança que temia.

Situações cada vez mais comuns, como autoridades postando bobagens nas redes sociais, podem sinalizar que o país onde aquelas autoridades atuam está deixando de ser sério e, portanto, perdendo credibilidade. Daí para uma fuga massiva de capitais é um pulo. O mesmo princípio se aplica a representantes de qualquer grande empresa, que podem provocar terremotos com um deslize verbal.

O Mercado é ansioso, voraz, mesquinho, fofoqueiro e oportunista. Move-se de forma atabalhoada, mas tem operadores que sabem extrair vantagens de suas oscilações. São profissionais capazes de estimular estouros de boiadas em direção a investimentos ruins, só para tirar proveito da valorização artificial desses investimentos, ou para se beneficiar da queda nos preços do investimento bom que ficou esquecido no outro lado. São mestres da especulação, que se valem tanto de verdadeiros como de falsos alarmes para tirar algum proveito do corre-corre.

A ética predominante no Mercado é a do lucro. Se a economia de um país, ou de uma empresa, está rumando para o precipício enquanto proporciona ganhos imediatos, o Mercado finge não ver o desastre que se aproxima e trata de sugar tudo o que for possível a curto prazo. Bolhas são bem-vindas, inconsistências econômico--jurídicas são bem-vindas, até golpes de Estado são bem-vindos. Ganhar é a única coisa que importa.

Símbolo máximo do cassino financeiro mundial, a rua que abriga a bolsa de valores de Nova York foi tema de dois grandes trabalhos cinematográficos. Em 1987, Oliver Stone levou às telas *Wall Street*, que nos traz o relacionamento de um jovem corretor da bolsa, interpretado por Charlie Sheen, com um magnata, vivido por Michael Douglas. Da boca desse ricaço inescrupuloso chamado Gordon Gekko saem pérolas como "o dinheiro nunca dorme" e "a ganância é boa".

Pelas mãos de Martin Scorsese, recebemos a história de outro corretor da bolsa de valores, baseada no livro de memórias de Jordan Belfort: *O lobo de Wall Street*. Lançado em 2013 e estrelado por Leonardo DiCaprio, o filme aborda a ascensão criminosa do protagonista e retrata um mundo onde os excessos de sexo e drogas são aceitos como normais. Causou impacto, gerou polêmica e conquistou o recorde do uso da expressão "foda-se" no cinema ficcional *mainstream*. Não cheguei a conferir, mas há registros de 506 repetições dessa expressão durante o filme, o que seria apenas overdose de vocabulário chulo se não tratasse de uma atividade que parece gritar *fuck you!* para o mundo enquanto persegue seus objetivos sem ligar para as consequências.

O Mercado é uma abstração que tem nos bancos sua face mais tangível. Fiéis intermediários entre a divindade mercadista e seus devotos, os bancos atuam como guardiãs de nossas economias particulares, ponto de acesso a um vasto cardápio de investimentos, receptores de contas diversas, fonte de recursos adicionais através de empréstimos, e algozes no momento de cobrar o que emprestaram. Por cumprirem essa multiplicidade de papéis, sobreviverem graças a taxas e juros cobrados de seus clientes, serem ricos e superprotegidos pelos governos, e historicamente exercerem seus direitos de forma implacável, os bancos carregam a imagem de vilões.

Essa aura de vilania leva alguns célebres assaltantes de bancos a contarem com a simpatia do público. A dupla Butch Cassidy e Sundance Kid e o casal Bonnie e Clyde são exemplos clássicos de ladrões idolatrados. Levados da vida real para o cinema, alcançaram grande sucesso. Em 1967, Arthur Penn nos mostrou o casal de gângsteres vivido pelos astros Warren Beatty e Faye Dunaway. Dois anos depois, George Roy Hill colocou na telona os galãs Paul Newman e Robert Redford como protagonistas de *Butch Cassidy and the Sundance Kid*. Embalados pela trilha sonora de Burt Bacharach, eles encantaram as plateias com um filme inesquecível.

Alguém poderia alegar que Cassidy e Sundance são personagens do início do século XX, e que Bonnie e Clyde construíram sua carreira criminosa durante a Grande Depressão instalada nos Estados Unidos a partir de 1929. Ou seja, teriam facilitada sua romantização por um contexto histórico muito diferente do atual, quando os bancos não chegavam nem perto da evolução que hoje apresentam.

O mesmo argumento pode conduzir à conclusão oposta se considerarmos que a complexidade crescente do cenário mundial só faz aumentar a degradação da imagem de bancos e banqueiros. A cada crise econômica, não importa de que tamanho, essa imagem sofre mais desgaste, seja porque a crise manifeste seus efeitos na conta bancária das pessoas, seja porque a crise tenha sido causada pelo próprio sistema bancário. Exemplo deste último caso é o grande abalo de 2008, nascido nos Estados Unidos, com o estouro da bolha do crédito imobiliário e a consequente quebra do banco Lehman Brothers, para logo se espalhar pelo mundo num efeito dominó devastador. Uma crise causada diretamente pelos bancos através de negócios insustentáveis, muito bem retratada em dois filmes lançados em 2011: *Grande demais para quebrar*, de Curtis Hanson, e *Margin Call*, de J. C. Chandor.

Lançada a sombra da dúvida sobre o sistema, tudo fica passível de questionamento. Na minissérie da BBC em cooperação com a HBO, *Years and Years* (2019), criada por Russel T. Davies, entre muitos outros temas inquietantes, levanta-se a hipótese de uma corrida desenfreada de clientes para sacar seu dinheiro dos bancos ingleses. Diante da corrida, acontece uma sucessão de tragédias. Os bancos não têm dinheiro suficiente para atender ao movimento brusco de grande porte, deixando seus clientes desamparados e enlouquecidos. Se isso é certo ou não, depende do ponto de vista, mas o fato concreto é que as pessoas colocam dinheiro vivo no banco e passam a tê-lo apenas virtualmente, porque tudo o que entra numa instituição bancária se transforma em aplicações, empréstimos, expectativas, previsões e, por que não, ficções. Só um pequeno percentual fica disponível para saque.

Outra série televisiva bem mais leve, porém fortemente questionadora, é *La Casa de Papel*. Criada por Álex Pina para estrear na rede de TV espanhola Antena 3 em 2017, ela ganhou o mundo através da Netflix, e levou o Emmy Internacional de Melhor Série Dramática em 2018. Tudo se concentra num mega-assalto à Casa da Moeda na Espanha. Contrariando a narrativa tradicional de grandes assaltos, *La Casa de Papel* não perde muito tempo mostrando os preparativos, vai em alta velocidade para o grande evento, sem deixar o público informado sobre o plano dos assaltantes. Vamos descobrindo sua estratégia à medida em que a ação se desenrola.

A estrutura da série é rica em simbolismos. Destacam-se: 1) a intenção de abrangência global nos codinomes adotados pelos oito ladrões que executam a complexa operação sob as ordens do líder conhecido apenas como "Professor": Tóquio, Berlim, Moscou, Helsinque, Oslo, Denver, Nairóbi e Rio; 2) o disfarce usado pelo grupo e imposto aos 67 reféns capturados no interior da Casa da Moeda: macacão vermelho com máscara de Salvador Dalí — usam o mestre do surrealismo, de nacionalidade espanhola, para sublinhar a crítica do autor ao que há de mais surreal no conceito econômico-financeiro mundial; e 3) o título da série, ironizando a inconsistência do papel desempenhado pelas Casas da Moeda.

Apesar das muitas e inevitáveis semelhanças com outras obras do gênero, e das situações espetaculosas-inverossímeis-ingênuas que permeiam a série, *La Casa de Papel* se destaca por uma premissa inovadora: os assaltantes pretendem emergir do outro lado de sua aventura com € 2,4 bilhões sem causar danos a qualquer pessoa, empresa ou instituição. Eles simplesmente querem ficar dentro da Casa da Moeda o tempo suficiente para imprimir essa fortuna em dinheiro novo que, a rigor, não pertence a ninguém. Isso lhes dá uma aura robinhoodiana que, complementada pelo brilhantismo e bom caráter exagerado da quadrilha, não deixa espaço para que o público torça pela polícia.

Olhada sem a devida atenção, *La Casa de Papel* pode ser classificada como entretenimento romântico-aventureiro juvenil. Essa percepção se desfaz quando descobrimos o alerta para a possibilidade de qualquer governo imprimir dinheiro a seu bel-prazer. A experiência demonstra que emitir moeda sem lastro real na economia gera inflação, a economia tem regras que devem ser respeitadas, espera-se que todos os países se comportem com responsabilidade, e ponto. Quem controla isso? Ninguém. Sem fazer muito alarde, *La Casa de Papel* mete o dedo nessa ferida que está aí diariamente a nos perturbar. Como observou o economista

Gustavo Franco, ex-presidente do Banco Central brasileiro, numa entrevista concedida à revista *Exame*, em 2013:

> O problema da emissão livre de moeda são os exageros. Parece uma pequena mágica aceitarmos um pedaço de papel como se fosse o ideal supremo de nossa existência. É uma espécie de bruxaria, que virou um paradigma da vida moderna. Não acho que isso seja espúrio nem fraudulento por si só. É problemático quando feito de maneira abusiva. É o mesmo com a energia nuclear, que foi inventada com um fim, mas também produziu tragédias.

Graças a uma trama ficcional, somos convidados a revisitar a ficção original do dinheiro que, com o abandono da exigência do lastro em ouro no século passado, tornou-se mais fictício do que nunca.

Sim, o assunto parece demasiadamente sério para um produto audiovisual com o formato e a estética de *La Casa de Papel*. Talvez por reconhecer isso, ela confirme sua vocação de seriedade ao resgatar como hino de seus protagonistas a famosa canção *Bella Ciao*, entoada pela resistência italiana durante o regime fascista de Benito Mussolini.

Os assaltantes de *La Casa de Papel* não são apenas assaltantes, são heróis da resistência dedicados a desmascarar o sistema. Seu plano ambicioso na trama ecoa a visão igualmente ambiciosa do argumentista e dos roteiristas que o conceberam.

DEUS x DIABO

"O significado específico de Deus depende do que for
mais desejável para uma pessoa."
Erich Fromm

Politeísmo x monoteísmo

Não é a primeira vez que me declaro religioso, católico, ex-integrante e palestrante da Juventude Franciscana. Acho prudente declarar isso quando faço análises sobre religiosidade, porque sempre há o risco de ser apedrejado como herege blasfemador.

Comecemos pela origem do ser humano, reconhecendo que não é nenhum demérito o nosso pertencimento à espécie dos primatas. Religião é uma coisa, ciência é outra. Aos criacionistas, sugiro considerar que cientistas também são filhos de Deus que, iluminados pela sabedoria divina, nos revelam a evolução da espécie. Isso concilia tudo.

Origens é o título que o historiador David Christian escolheu para seu livro, onde ele afirma que

> (...) nos últimos séculos, o aumento dos contatos interculturais mostrou o quanto todas as histórias das origens e religiões estão incrustadas nos costumes e ambientes locais. É por isso que a globalização e a disseminação de novas ideias corroeram a fé no conhecimento tradicional. Até os verdadeiros crentes começaram a perceber que havia várias histórias das origens que diziam coisas

muito diferentes. Algumas pessoas reagiram com defesas agressivas, até violentas, de suas próprias tradições religiosas, tribais ou nacionais. Mas muitas perderam a fé e a convicção e, junto com elas, perderam o rumo, o senso do seu lugar no universo.

Mais adiante, no mesmo livro, ele complementa:

O que é essa estranha multidão com que viajamos? Qual é o nosso lugar nesse desfile? De onde ele partiu, para onde está indo, e como finalmente desaparecerá?

Hoje, nós humanos podemos contar a história do desfile melhor do que nunca. Podemos determinar com notável precisão o que nos espreita lá fora, a bilhões de anos-luz da Terra, assim como o que aconteceu há bilhões de anos. Podemos fazer isso porque temos muito mais peças do quebra-cabeça do conhecimento, o que torna mais fácil imaginar o quadro inteiro. Trata-se de uma conquista espantosa e muito recente.

O desconhecido é tão assustador quanto os novos conhecimentos. Daí a sensação de que os humanos não têm opção a não ser transcender. Viver é complexo, morrer é perturbador. Tem que haver alguma coisa além de nascer, crescer, reproduzir e partir. Tudo é imenso demais para caber em nossa minúscula existência.

A falta de conhecimento do homem primitivo levou-o a atribuir poder divino às forças da natureza e a criar histórias sobre espíritos existentes em montanhas, florestas, rios, árvores, animais... As histórias sobre esses espíritos formaram conceitos de divindades, muitas delas mais ameaçadoras do que acolhedoras, várias conflitantes entre si, formando uma superpoderosa rede de intrigas que afetava diretamente o dia a dia das pessoas. O assombro gerado por essas divindades levou à conclusão de que elas precisavam de sacrifícios para se acalmar, com muito sangue derramado em troca de dias com menos pragas agrícolas, epidemias e guerras. Eram seres oprimidos e chantageados por deuses criados à sua imagem e semelhança. Estavam no primeiro dos três estágios de adoração propostos por Arnold Toynbee no livro *An Historian's Approach to Religion*: o estágio de adoração da **natureza**. Os outros dois possíveis direcionamentos de devoção religiosa, segundo o historiador britânico, seriam a adoração ao **próprio homem** ou a uma **realidade divina absoluta**. Estes dois últimos direcionamentos frequentemente se fundem num só.

Após o surgimento dos primeiros agrupamentos politicamente organizados, os deuses foram moldados como defensores de cada grupo, e seu padrão de comportamento era tão desumano quanto eram aquelas comunidades. É a forma mais comum de adoração ao próprio homem, divinizando realizações grupais. Cada cidade ou estado poderia ter um deus para chamar de seu, e a reputação desse deus era construída principalmente nos campos de batalha. Se meu grupo acumula mais vitórias é sinal de que meu deus é mais poderoso.

Alguns desses deuses são óbvios, como Atena, deusa de Atenas, e Roma, deusa do Império Romano. Esses deuses, chamados paroquiais, conviviam com várias outras divindades em um grande panteão, liderado pelo grego Zeus e seu equivalente romano, Júpiter. Outros povos, porém, se apoiavam em deuses não diretamente ligados a seus nomes. Os cananeus, por exemplo, ostentavam a força do temido Baal, enquanto os judeus apostavam todas as fichas em Javé, o tetragrama YHWH, também conhecido entre nós como Jeová. Sim, o Deus israelita, maior âncora do movimento monoteísta, que se expandiu pelo mundo ocidental como o único, portanto dispensando qualquer nome além de Deus, esse Todo-poderoso que chegou até o século XXI com raríssimos concorrentes, era em sua origem um Deus paroquiano com jurisdição restrita ao povo de Israel. O paroquianismo é, de alguma forma, preservado pela religião judaica até hoje.

O processo de expansão do Deus de Israel requereu um gigantesco trabalho narrativo e muita habilidade adaptativa, sendo a prova mais fulgurante da excelência do storytelling judaico. Graças aos israelitas, temos um Deus a quem podemos recorrer quando nos sentimos em perigo, precisamos tomar decisões importantes, estamos carentes de inspiração ou apenas nos preparamos para mais um dia de trabalho.

Os primeiros deuses pós-adoração da natureza foram concebidos por pessoas cuja experiência com o poder se resumia a soberanos que se impunham pelo medo, geralmente pavimentando seu caminho com o sangue dos súditos. Daí a profusão de divindades sanguinárias, inspiradas na monarquia brutal, algumas delas contando com estruturas espirituais militarizadas. Parte dessa concepção acabou sendo adotada pelo Deus judaico-cristão, cujos anjos, arcanjos, querubins e serafins se assemelham a uma tropa de apoio com hierarquia bem delineada. Certos integrantes desse exército divino são bastante conhecidos, como Miguel, Rafael, Uriel, Samuel e Gabriel, o campeão de popularidade, que não só anunciou o nascimento de Jesus como teria sido o revelador do Corão a Maomé. O mesmo arcanjo em duas religiões diferentes, servindo ao mesmo Deus, que numa dessas religiões é tratado como Alá.

Há no Antigo Testamento um rico elenco de personagens que transitam por diferentes credos religiosos e nos oferecem argumentos para esvaziar preconceitos e rejeições que a ignorância procura instalar entre cristãos, judeus e muçulmanos, por exemplo.

Tudo estava aparentemente sob controle até o surgimento de Jesus Cristo, que fez tremer as bases do Antigo Testamento com a atenuante de deixar abertas as portas para a conciliação, declarando que não veio para contestar e sim para cumprir o que estava previsto pelos profetas. Sendo reconhecido desde então por seus seguidores como o Filho de Deus que prometeu a vinda do Espírito Santo para reforçar o que havia ensinado, flexibilizou-se a tese do Deus único. Na ótica do cristianismo, passamos a ser comandados pela Santíssima Trindade, proclamada oficialmente pelo Credo de

Niceia em 325, que se resume à aparente contradição de considerarmos um Deus único formado por três elementos: Pai, Filho e Espírito Santo. Dogmas e mistérios fazem parte do universo religioso, mas não há como negar que esse monoteísmo carrega em si algum vestígio de politeísmo.

A opção cristã pela trindade não chega a ser inédita. A tríade egípcia Amon, Rá e Ptah é apresentada como possível introdutora da ideia. Entre os romanos, o topo da cadeia divinal era a tríade capitolina formada por Júpiter, Juno e Minerva. No hinduísmo temos a trimúrti dos deuses Brahma, Vishnu e Shiva. Não faltam exemplos anteriores ao cristianismo para ilustrar esse ponto, que fica bem mais complexo quando convocamos a presença dos santos.

No catolicismo, que foi a matriz de onde surgiram todas as outras formas de cristianismo, os vários santos reconhecidos pela Igreja acabam por formar um aparato de interlocutores privilegiados com Deus. Esses santos se tornam especialistas em determinados assuntos — Santo Antonio, o casamenteiro; São Judas Tadeu, o das causas impossíveis; Santa Luzia, que cura doenças dos olhos, e assim por diante —, assumindo papéis semelhantes aos dos deuses do politeísmo, que também tinham suas especialidades. Para ilustrar com apenas quatro divindades romanas, temos Marte, deus da guerra; Juno, deusa dos casamentos; Netuno, deus do mar; e Mercúrio, deus do comércio e dos negócios, cujo nome deriva da palavra latina *merx*, de onde também vem *mercadoria*. A lista é longa, e todos esses deuses têm equivalentes na mitologia grega.

Além da semelhança nas especialidades, os santos são frequentemente eleitos como padroeiros de países e cidades, o que gera devoção especial, feriados e celebrações. Nossa Senhora Aparecida, padroeira do Brasil; São Sebastião, protetor do Rio de Janeiro; e São Paulo, protetor da maior metrópole brasileira, sua homônima, e por aí vai. Lembrou dos deuses paroquiais? Pois é.

A BOMBA EMBAIXO DA MESA

Antigo x Novo Testamento

"A noção de história como uma análise crítica dos fatos observáveis e verificáveis do passado é um produto da era moderna; teria sido um conceito totalmente estranho para os escritores dos evangelhos, para quem a história não era uma questão de descobrir fatos, mas de revelar verdades."

Reza Aslan

A Bíblia é uma coleção de livros, 73 ao todo, escritos em épocas muito distintas por diversos autores, com estilos literários que variam entre fragmentos de epopeia, narrações propriamente históricas, listas genealógicas, narrações episódicas ou romanceadas, oráculos proféticos e sermões, textos legislativos, poemas e orações, ensaios filosóficos, um canto de amor e cartas. Essa listagem de estilos não é fruto de análises distanciadas da religiosidade, foi extraída de um exemplar validado pelo Centro Bíblico Católico, da 115ª edição, produzida pela editora Ave-Maria, pertencente à Congregação dos Missionários Claretianos.

O Antigo Testamento registra um período primitivo da humanidade. Suas narrativas são repletas de episódios chocantes, situações fantásticas que parecem extraídas de contos de fadas, contatos diretos com Deus e fixação de regras rígidas de conduta, impregnadas pelo momento sociopolítico-cultural em que foram escritas. Tudo foi registrado e selecionado pela comunidade judaica ao longo de sua história e à luz de suas tradições. E nada impede que narrativas de outros povos tenham influenciado algumas de suas passagens.

A antiquíssima epopeia suméria de Gilgamesh, que remonta pelo menos a 1200 a.C., nos apresenta o personagem Uta-napíshti que, avisado pelos deuses sobre um iminente dilúvio, abandonou seus pertences e construiu uma embarcação, onde foram abrigados casais de animais. Ele, sua mulher e a bicharada que ambos conseguiram arrebanhar foram os únicos sobreviventes desse imenso dilúvio. Flutuaram por algum tempo e, quando a chuva passou,

Uta-napíshti soltou uma pomba para ver se conseguia sinais de terra firme. A pomba voltou, assim como a andorinha lançada a seguir. Na terceira tentativa, feita com um corvo, finalmente a resposta foi positiva, com o retorno do pássaro trazendo um galho no bico. Final feliz. Troque o nome do personagem sumério por Noé e poucos detalhes precisarão de ajuste.

Na análise estilística feita pelo filólogo alemão Erich Auerbach em seu livro *Mimesis*, a literatura do Antigo Testamento oscila entre a lenda, o registro histórico e a teologia histórica interpretativa. São muitas e conflitantes pretensões para uma coletânea de textos que se propõe como verdade irrefutável.

É no Antigo Testamento, produzido em ambiente patriarcal por representantes de um povo ávido pela conquista de um território, cansado de ser oprimido e carente de autoafirmação, que os profetas estabelecem o checklist que mais tarde seria conferido a fim de validar Jesus como o Messias. Nesse checklist, destacam-se nascer de uma virgem e ser descendente do rei Davi. Essas duas exigências são tecnicamente excludentes, já que a descendência entre os judeus só era considerada pelo vínculo paterno. Isso pressupõe que, se Jesus nascesse de uma virgem, ele não poderia ser descendente de Davi. Mas o narrador bíblico encontrou um jeito de fazer José ser avisado em sonho sobre a gravidez milagrosa de Maria e assim convencido a aceitá-la como esposa. Essa descendência atípica, que dribla a regra, fica evidente no Evangelho de Mateus. Ao fazer a genealogia de Jesus a partir de Abraão, ele vem usando o mesmo formato de frase: Abraão gerou Isaac. Isaac gerou Jacó. Jacó gerou Judá e seus irmãos. Judá gerou Tamar, Farés e Zara. Farés gerou Esron... Sempre gerou, gerou, gerou, passando por Davi e toda a sua descendência, até chegar em José. Nesse ponto, a sequência de "gerou" se interrompe, para identificar José apenas como "esposo de Maria, da qual nasceu Jesus".

Para nós, nenhum desses detalhes de pré-qualificação do Filho de Deus tem relevância, mas, para os autores dos livros do Novo

Testamento, era uma questão essencial. Detalhes comprobatórios forçavam esses escritores a malabarismos narrativos.

A primeira questão a ser levantada é a originalidade de sua história, já que a sinopse da vida de Cristo apresenta impressionantes coincidências com a de outras divindades que prestigiaram os humanos visitando a Terra. O deus indiano Krishna, o egípcio Hórus, o grego Dionísio e o persa Mitra, todos seriam frutos de engravidamentos milagrosos. Por mais que a fé se mantenha irredutível, é razoável considerarmos que, ao menos em parte, os relatos bíblicos podem ter sido inspirados por matrizes arquetípicas testadas e aprovadas por outros povos. Essas matrizes, enriquecidas pelo fascínio pessoal de Jesus e a competência narrativa judaica, teriam encontrado naquele momento histórico o terreno propício para sua explosiva propagação. É uma hipótese que em nada desmerece a pregação cristã e seus excelentes resultados no campo ético-moral.

A grande novidade trazida por Jesus, responsável por nada menos que a divisão da história mundial em antes e depois dele, foi a mudança de um Deus ameaçador para um Deus paternal, do Deus-rei para o Deus-amor. Ou seja, a migração de um Criador ciumento e repressor, que proibia o acesso ao fruto da árvore da ciência do bem e do mal (Gênesis, 2, 15-17), ou que se preocupava em atrapalhar os homens que tentavam construir a Torre de Babel (Gênesis, 11, 1-9), para um Deus Pai focado na recuperação de filhos pródigos e num plano de salvação para todos, um Deus que perdoa, consola e acolhe. Foi a introdução do amor e da piedade no rol dos valores humanos mais nobres, a prescrição do perdão como curativo para todos os males praticados.

Com Jesus, nos tornamos filhos desse Deus generoso. A partir de Jesus, os menos favorecidos na escala social ganham destaque, os doutores da lei são postos em xeque, as autoridades são relativizadas, a pompa do nascimento divino é substituída por uma cena de escassez, a entrada triunfal em Jerusalém ironiza a postura dos poderosos ao ser feita no lombo de um jumentinho. Os humildes enfim conquistam o direito ao protagonismo. Esse é o recado fundamental do Novo Testamento, algo absolutamente revolucionário, que prescinde de qualquer checklist fixada no Antigo.

A expansão do ideário cristão, com potencial para deixar preocupados todos os detentores de poder, contou com o talento e a habilidade negocial de São Paulo, um militar romano convertido ao cristianismo. Em uma de suas muitas cartas, a autointrodução e saudação que ele faz aos destinatários têm muito a nos dizer:

> Paulo, servo de Jesus Cristo, escolhido para ser apóstolo, reservado para anunciar o Evangelho de Deus; este Evangelho Deus prometera outrora pelos seus profetas na Sagrada Escritura, acerca de seu Filho Jesus Cristo, nosso Senhor, descendente de Davi quanto à carne, que, segundo o Espírito de santidade, foi estabelecido Filho de Deus no poder por sua ressurreição dos mortos; e do qual temos recebido a graça e o apostolado, a fim de levar, em seu nome, todas as nações pagãs à obediência da fé, entre as quais também vós sois os eleitos de Jesus Cristo, a todos os que estão em Roma, queridos de Deus, chamados a serem santos: a vós, graça e paz da parte de Deus, nosso Pai, e da parte do Senhor Jesus Cristo! (Romanos 1, 1-7).

Paulo se dirige aos romanos, o povo opressor de Israel sob cuja dominação Jesus foi assassinado. Enquanto se legitima como porta-voz dos cristãos, ele não perde a oportunidade de ratificar a posição de Jesus na árvore genealógica de Davi para, logo em seguida, destacar sua ressurreição dos mortos. O texto termina explicitando seu objetivo de levar a mensagem cristã a todas as nações pagãs, entre as quais se inclui o gigantesco Império Romano. Um plano pra lá de ambicioso.

Junto com o surpreendente acolhimento dos algozes oficiais, há um detalhe discriminatório que coloca sob o rótulo de paganismo todos os não cristãos. Esse detalhe viria a provocar momentos lamentáveis no futuro.

O que causa mais estranheza na epístola paulina é a preocupação em citar o rei Davi, inserindo um ingrediente político que a rigor deveria estar enterrado nos baús do Antigo Testamento.

Davi é uma figura emblemática da história israelita, a partir de sua vitória sobre o gigante Golias. Sua vida conturbada é descrita com riqueza de detalhes no Livro de Samuel. A reputação de Davi resistiu até à traição de enviar Urias para a morte na guerra, objetivando ficar com a esposa dele, Betsabé, com quem já havia cometido adultério. Hoje em dia, talvez ele não resistisse ao julgamento das redes sociais, mas o fato é que Davi, a despeito desse grave erro, consolidou-se como um soberano adorado. Apesar de discussões sobre tratar-se de uma lenda ou de um personagem real que teria vivido por volta do século X a.C., sua estrela tornou-se ícone identitário dos judeus, e a metáfora do jovem frágil abatendo o enorme Golias com uma pedrada na cabeça se encaixa perfeitamente na performance histórica dos judeus. Nada mais adequado para simbolizar um povo cuja principal força está em saber atingir as cabeças do mundo com sua narrativa certeira.

Davi é um personagem cheio de simbolismo, multifacetado, e com falhas de caráter que o aproximam dos anti-heróis do storytelling moderno. No mais, chamam especial atenção as passagens bíblicas em que Jesus, a despeito de sua declarada divindade, é tratado como "filho de Davi". Tal insistência estimulou manifestações como a que se lê numa das paredes internas do majestoso Mosteiro dos Jerônimos em Lisboa, escrita em português arcaico:

(...) Ó Christo, ó rei, A Ti glória perene,
a Ti honra e louvor.
Inclita prole de David, ó Christo,
Tu és Rei dos Judeus;
Bemdito Rei, que o Senhor em nome
á Terra vens dos Céus.

Obviamente, o Filho de Deus ser aclamado como filho de qualquer autoridade terrena é um *downgrade* considerável, mas isso ilustra o componente político das Sagradas Escrituras e a íntima relação estabelecida entre religião e monarquia. O que se vê de modo bastante explícito no texto bíblico é uma narrativa que não mede esforços para atribuir aos judeus o privilégio de ser o "povo escolhido", que mantém linha direta com Deus, o povo a quem Deus entregou os dez mandamentos, único povo a fazer um pacto com o Altíssimo, materializado na famosa Arca da Aliança.

No Livro de Gênesis (12, 1-7), encontramos uma espécie de transação imobiliária. Deus promete a Abraão que sua posteridade seria dona do território de Canaã. Não era um território livre, os cananeus viviam lá, portanto os judeus teriam recebido autorização divina para tomar as terras de outro povo, algo bastante exótico para um livro que se propõe a lidar com valores espirituais. Soa estranho que Deus, com a agenda carregada de temas urgentes e relevantes, resolva participar de disputas fundiárias, estimulando invasões.

Por fim, no Livro do Apocalipse, o paraíso chega a ser chamado de Nova Jerusalém.

Há os que aceitam tudo isso como verdade incontestável e os que relativizam as constantes intervenções divinas em favor do povo judeu. Na minha humilde perspectiva, trata-se de storytelling em causa própria.

Sacrifícios

Sempre me incomodou a ideia dos sacrifícios oferecidos aos deuses. Por que um Ser que pode tudo precisaria exigir o padecimento humano ou de qualquer animal? De onde teria vindo essa ideia horrível de que deuses têm sede de sangue?

Apesar da já comentada inspiração nos reis impiedosos da época em que as mitologias foram criadas, nada parece justificar a

A BOMBA EMBAIXO DA MESA

tenebrosa invenção de oferecer vidas em sacrifício para que outras vidas fossem beneficiadas. Um Deus que cobra imposto tão alto para oferecer proteção seria uma espécie de miliciano sanguinário infernizando a comunidade humana.

Os astecas, maias e incas matavam pessoas para agradar seus deuses. Os celtas faziam o mesmo, os vikings também, assim como os habitantes de Ur, atual Iraque. Há registros arqueológicos de sacrifícios humanos também na China e entre várias tribos espalhadas pelo mundo. Mas os relatos que nos atingem mais diretamente vêm da Bíblia. É lá que encontramos o sanguinário deus Baal, adorado por fenícios e cartagineses, mas especialmente pelos cananeus sobre quem Javé se manifesta através do profeta Jeremias: "Macularam este lugar com o sangue de inocentes, e ergueram o lugar alto a Baal para, em honra dele, queimarem os seus filhos em holocausto" (Jeremias, 19:5). A proximidade geográfica com Canaã levou alguns israelitas a adotarem a divindade vizinha, o que teria deixado Javé muito aborrecido. O Deus israelita era tão oposto ao cananeu que Baal chegou a ser enquadrado na categoria "demônio". Por que será, então, que esse Deus, tão maior e melhor que seu concorrente diabólico, permitia que lhe fosse oferecido o sacrifício de animais? E qual o sentido da exigência feita a Abraão para que lhe oferecesse a vida de Isaac?

Vamos ao relato bíblico:

> Depois disso, Deus provou Abraão, e disse-lhe: "Abraão!" "Eis-me aqui", respondeu ele. Deus disse: "Toma teu filho, teu único filho a quem tanto amas, Isaac; e vai à terra de Moriá, onde tu o oferecerás em holocausto sobre um dos montes que eu te indicar." No dia seguinte, pela manhã, Abraão selou seu jumento. Tomou consigo dois servos e Isaac, seu filho, e, tendo cortado a lenha para o holocausto, partiu para o lugar que Deus lhe tinha indicado. Ao terceiro dia, levantando os olhos, viu o lugar de longe. "Ficai aqui com o jumento", disse ele aos seus servos; "eu e o menino vamos até lá mais adiante

para adorar, e depois voltaremos a vós". Abraão tomou a lenha do holocausto e a pôs aos ombros de seu filho Isaac, levando ele mesmo nas mãos o fogo e a faca. E, enquanto os dois iam caminhando juntos, Isaac disse ao seu pai: "Meu pai." "Que há, meu filho?" Isaac continuou: "Temos aqui o fogo e a lenha, mas onde está a ovelha para o holocausto?" "Deus", respondeu-lhe Abraão, "providenciará ele mesmo uma ovelha para o holocausto, meu filho". E ambos, juntos, continuaram o seu caminho. Quando chegaram ao lugar indicado por Deus, Abraão edificou um altar; colocou nele a lenha, e amarrou Isaac, seu filho, e o pôs sobre o altar em cima da lenha. Depois, estendendo a mão, tomou a faca para imolar o seu filho. O anjo do Senhor, porém, gritou-lhe do céu: "Abraão! Abraão!" "Eis-me aqui!" "Não estendas a tua mão contra o menino, e não lhe faças nada. Agora eu sei que temes a Deus, pois não me recusaste teu próprio filho, teu filho único." Abraão, levantando os olhos, viu atrás dele um cordeiro preso pelos chifres entre os espinhos; e, tomando-o, ofereceu-o em holocausto em lugar de seu filho. Abraão chamou a este lugar Javé-yiré, de onde se diz até o dia de hoje: "Sobre o monte de Javé-yiré". (Gênesis, 22:1-14).

Desde as missas dominicais de minha infância, esse texto soa como um conto de terror.

Há crueldade na descrição dos detalhes, fazendo crescer a tensão. Coisa de especialista em *thriller*. Seu protagonista é um pai tão convencido de estar cumprindo missão divina que em nenhum momento questiona ou tenta argumentar. Ele ouve a voz, que podia ser fruto de alucinação, e a reconhece como sendo a voz de Deus. Isso lhe basta para seguir, implacável, rumo ao assassinato do próprio filho. Mais tarde, quem o impede de cumprir o que havia planejado é um anjo, outra voz, que se expressa como se fosse Deus ao dizer "não me recusaste teu próprio filho, teu filho único". Estaria Abraão misturando as vozes, confundindo-se em alucinações, ou trata-se de uma falha do narrador?

Pequenos detalhes tornam-se relevantes quando o assunto é tão grave. Deus encomendar a morte de uma criança é gravíssimo.

Ao esclarecer que tudo se tratava de um teste, o anjo fornece um cordeiro para ser sacrificado em substituição ao menino. Ou seja, mesmo depois de se livrar do conceito de assassino, Javé segue com sede de sangue. Aliás, a expressão Javé-Yiré escolhida por Abraão para batizar o local significa "o Senhor proverá" — ele arranjará outra vítima para que os fiéis não precisem eliminar sua prole.

Dificilmente encontraremos um texto com tantas evidências da necessidade de interpretação, contextualização e relativização da mensagem bíblica. Assimilar essa leitura sem os devidos filtros é admitir algo muito preocupante num cenário de radicalização e cegueira religiosa. Nunca se sabe o estado mental de quem lê e as consequências que esse tipo de texto pode provocar.

Decantada a narrativa, restam as evidências arquetípicas, a mensagem de fidelização e confiança na providência divina, o repúdio aos sacrifícios humanos oferecidos a outros deuses e o paralelo entre Abraão e Deus. O primeiro sendo poupado da tragédia pelo segundo, que mais tarde enviaria seu próprio filho para o supremo sacrifício. Note-se que Isaac foi substituído por um cordeiro, e que Jesus Cristo é interpretado ritualisticamente como o Cordeiro de Deus, aquele que tira o pecado do mundo. O cordeiro providenciado por Deus para salvar a vida de Isaac é um *teaser* do drama que se desenrolará no Novo Testamento.

No campo mitológico, tudo se harmoniza. Na interpretação literal, restariam perguntas como: De que serve o sangue, seja de pessoas ou de cordeiros, a um Deus? Por que, sendo o criador e planejador de tudo, Deus forçaria Abraão a passar por uma situação tão terrível? Por que esse mesmo Deus mais tarde aplicaria tal situação a si mesmo, alinhavando um plano de salvação da humanidade que culminasse com o sacrifício do seu próprio filho?

Pelo viés do storytelling, faz sentido concluir que a estratégia salvadora divina foi nos proporcionar uma história cheia de lições e rica em interpretações, onde a ignorância e a maldade humana são apresentadas em cores vivas contrapondo-se à simplicidade do amor. Uma história em que o protagonista é punido por suas boas ações, traído, abandonado, humilhado, torturado e morto. Uma história inesquecível e atemporal, que nos ajuda a encarar os absurdos da vida e manter acesa a esperança de que, quando tudo parecer perdido, acontecerá uma grande virada e seremos salvos.

Histórias ingênuas para um público narrativamente imaturo

Há um quê de infantilidade nos relatos religiosos, algo muito comum na literatura ancestral, cujos conteúdos e estilos precisavam estar ao alcance de um público que engatinhava como receptor de narrativas. Esse traço de ingenuidade combina com nosso apego à infância. Nascemos mais frágeis que a maioria dos animais, dependemos do aleitamento materno por muito mais tempo, e somos incapazes de nos cuidar sozinhos durante um longo período. Tal realidade física deixa marcas fortíssimas na alma. Mesmo depois de adultos, nada é mais confortante do que a lembrança do colo materno e das histórias mágicas que nos eram contadas.

A junção dessas duas imaturidades — narrativa e psicológica — permite nosso convívio, por exemplo, com os cabelos que davam força a Sansão, a baleia que engoliu Jonas e a arca de Noé, em cujo relato (Gênesis, 6/8) encontramos preciosidades como: "Naquele tempo viviam gigantes na terra."

Qualquer desses exemplos nos levaria a fascinantes viagens interpretativas. Escolhi mergulhar com Jonas para ver até onde chegamos.

Trata-se de um profeta que, enviado por Deus para Nínive a fim de alertar seus habitantes sobre os excessos de iniquidades que aconteciam por lá, resolve fugir de navio para Társis. Difícil admitir que um profeta não soubesse que seu plano de fuga do Deus onisciente e onipresente seria um fracasso, mas lá se foi ele. A bordo do navio, em mar aberto, Jonas e seus companheiros de viagem ficaram à mercê de uma tempestade terrível. Na lógica dos outros passageiros do navio, a tempestade significava a fúria de algum deus. Cada um começou a rezar para seus deuses, enquanto Jonas dormia no porão. Acordado pelo capitão, ele foi estimulado a evitar o naufrágio invocando seu Deus, já que os deuses dos outros não davam ouvidos às suas preces. A oração de Jonas também não funcionou. Os marinheiros, então, decidiram tirar a sorte para descobrir quem era a causa do mal que estavam enfrentando. Bingo! O sorteio apontou para Jonas. Ele confirmou que estava em débito com seu Deus e, perguntado sobre como resolver o problema, sugeriu ser lançado ao mar. Após um pequeno debate, foi o que decidiram fazer. Jonas foi jogado para fora do navio ao encontro da morte, para que os demais sobrevivessem. Imediatamente, a tempestade se acalmou e Jonas, que a tripulação pensou estar se afogando, foi engolido por uma enorme baleia. Depois de passar três dias e três noites no ventre daquele animalzão, Jonas foi vomitado na praia. Recuperando-se desse baita susto, ele recebeu novamente a ordem divina para ir a Nínive. Lição aprendida. Dessa vez ele cumpriu sua missão sem pestanejar (Jonas, 2: 1-11, 3:1-3).

Há na mitologia dos esquimós um personagem trapaceiro chamado Corvo, que também foi engolido por uma baleia. Os zulus contam a história de uma mãe engolida com seus dois filhos por um elefante. Chapeuzinho Vermelho, na versão original alemã, foi engolida pelo Lobo Mau. Todos retornaram inteiros do aparelho digestivo dos seus deglutidores e tiraram boas lições dessa experiência.

Confirmando a infantilidade de relato, o famoso boneco de madeira Pinóquio, escrito por Carlo Collodi em 1883 e consagrado pelo desenho animado da Disney em 1940, entre os diversos problemas que enfrenta enquanto vai enfileirando mentiras e vendo seu nariz crescer, também é engolido por uma baleia. Seu criador, o amoroso Geppetto, não reproduz a ira divina, nem tem qualquer influência sobre os percalços encontrados pelo boneco no seu caminho para se tornar gente, apenas sofre e o acolhe como filho. Uma remota alusão ao Deus Pai do Novo Testamento.

Ok. Mas de que simbolismo, afinal, estamos falando?

O ventre da baleia, ou de qualquer outro animal, representa o túmulo e, ao mesmo tempo, o útero materno. Ser engolido é perecer ou quase morrer, ser devolvido é ressuscitar, sobreviver, renascer. Jonas, ao ser vomitado, renasceu. Foram três dias até que isso acontecesse, o mesmo tempo que Jesus levou para ressuscitar.

Visitar o ventre da baleia é conhecer outra dimensão, como a mansão dos mortos, mas também tem um sentido de proteção, da providência divina agindo quando tudo parece perdido. Jonas se afogaria se não fosse colhido pelo cetáceo que Deus lhe enviou. O mesmo Deus que o puniu e assustou teve o cuidado paterno de protegê-lo.

Olhando com atenção, o interior das catedrais e dos claustros remete ao interior das baleias. Especialmente na arquitetura gótica, a sensação orgânica fica bastante perceptível. Dentro dessas construções, estamos teoricamente a salvo do mundo exterior (gárgulas e demônios ficam do lado de fora), e somos estimulados a refletir sobre a condução de nossa vida e buscar a reconciliação com Deus.

O mitologista norte-americano Joseph Campbell lança importante luz sobre o tema ao afirmar:

> Uma vez no interior do templo, pode-se dizer que ele morreu para a temporalidade e retornou ao Útero do Mundo, Centro do Mundo, Paraíso Terrestre. O simples fato de todos poderem passar fisicamente pelos guardiães do templo não invalida sua importância; pois, se o intruso for incapaz de compreender o santuário, então permaneceu efetivamente do lado de fora. Todos os que são in-

capazes de compreender um deus veem-no como um demônio e, assim, se protegem de sua aproximação. Portanto, alegoricamente, a entrada num templo e o mergulho do herói pelas mandíbulas da baleia são aventuras idênticas; as duas denotam, em linguagem figurada, o ato de concentração e de renovação da vida.

O universo e seu roteiro religioso

Na mitologia persa, que embasa o zoroastrismo, o criador do universo se chama Aúra-Masda, e teve muita dificuldade para realizar esse trabalho porque havia um deus do mal, Arimã, que jogava contra. Ambos já andavam às turras antes de tudo existir.

Na mitologia grega, partimos do caos para encontrar um elenco de divindades com relações bem complicadas. Zeus, que se apresenta no topo da cadeia divinal, teria usurpado o poder de seu pai Chronos, que nutria o péssimo hábito de devorar seus filhos. A vizinhança do condomínio Olimpo vivia em pé de guerra, e quem sofria as consequências eram os pobres mortais.

Os antigos egípcios tentaram várias versões, incluindo a formação de organizações divinas que teriam atuado coletivamente na grande tarefa criadora: Enéades (nove deuses), Ogdoádes (oito deuses) e as Tríades de que já falamos ao passar pela Santíssima Trindade.

Um pouco mais agradável, porque revestido de poesia, é o mito da Mãe Cósmica, conhecida na Índia como Kali, na China como Nu Kua, e na Síria como Tehom.

Feminilizar o grande poder criador é um caminho que a Mãe Natureza nos ensina.

Se enveredarmos pelo caminho das religiões africanas, encontraremos fartura de divindades, que variam segundo sua região de origem. Tarefa complexa demais para nosso escopo. Importante

DEUS × DIABO

lembrar que a forte presença afrodescendente no Brasil, fruto da migração forçada durante a escravatura, tornou populares entre nós os orixás, intermediários entre o deus supremo dos iorubás, Olorum, e a humanidade. Graças ao sincretismo religioso, o ritual de oferecer flores a Iemanjá no último dia do ano, por exemplo, ganhou destaque na cultura brasileira. Mesmo os devotos de outras crenças sabem que esse orixá feminino é a Rainha do Mar, cuja figura se confunde com a Virgem Maria do catolicismo, mais especificamente em suas versões como Nossa Senhora da Conceição e Nossa Senhora dos Navegantes.

São muitas as cosmogonias a nos oferecer narrativas sobre a criação primordial. Há entre elas o ponto comum da busca por uma explicação, do assombro e da concordância a respeito de sermos o resultado de uma força superior irresistível.

A versão judaica, bem mais simples e direta que suas concorrentes, está no Livro de Gênesis, que abre o Antigo Testamento. Consagrada no mundo ocidental, ela nos apresenta um Deus que vai dando as ordens para que tudo seja criado: Faça-se a luz! Faça-se um firmamento entre as águas! Façam-se luzeiros no firmamento dos céus! E assim por diante. Deus ordena, o universo acontece. Até que, de repente, ele parece estar acompanhado em sua tarefa, porque se expressa no plural: Façamos o homem à nossa imagem e semelhança. Depois de ter criado todo o universo, todos os astros, toda a flora e fauna, sem o apoio de ninguém, exatamente na hora de criar o ser humano, Deus coloca um ou mais interlocutores em cena, provavelmente anjos. Sendo esse o caso, abre-se mais uma questão sobre quando e em que circunstâncias foram criados os anjos. Como não queremos complicar ainda mais a história, melhor deixar esse detalhe de lado. Pode ter sido apenas um descuido dos escritores, dos tradutores ou revisores, ou uma mensagem cifrada para os religiosos mais esclarecidos a fim de que não tomem esse relato ao pé da letra. Incongruências gritantes talvez não sejam falhas, mas avisos.

A BOMBA EMBAIXO DA MESA

O antagonista de Deus

"E as ideias instruídas do senhor me fornecem paz. Principalmente a confirmação, que me deu, de que ϲ Tal não existe; pois é não? O Arrenegado, o Cão, o Cramulhão, o Indivíduo, o Galhardo, o Pé-de-Pato, o Sujo, o Homem, o Tisnado, o Coxo, o Temba, o Azarape, o Coisa-Ruim, o Mafarro, o Pé-preto, o Canho, o Dubá-Dubá, o Rapaz, o Tristonho, o Não-sei-que-diga, O-que--nunca-se-ri, o Sem-Gracejos... Pois, não existe! E, se não existe, como é que se pode se contratar pacto com ele?"
Riobaldo, protagonista de *Grande sertão: veredas*, de João Guimarães Rosa

Chegamos ao personagem que muita gente tem medo até de mencionar. Num dos maiores clássicos da literatura brasileira, Guimarães Rosa coloca na voz do jagunço Riobaldo os dois pontos mais marcantes da relação popular com a figura do demônio: o medo, que enseja a tentativa de se convencer da sua inexistência; e a proliferação de nomes, que possibilita referir-se a ele sem o risco de invocá-lo diretamente. A lista apresentada no trecho que extraí do livro está longe de ser completa. Faltam alguns engraçados, como Capiroto, Cabrunco, Beiçudo, Rabudo, Rabo-de-Seta, Maioral, o Cujo, Tranca-Rua, Zé Pilintra, Trinca-Seis. E os clássicos: Capeta, Diabo, Satanás e Anticristo. Há outros além desses, evidenciando que, no quesito "quantidade de nomes", Deus está perdendo para seu rival.

A existência de Satã é um grande enigma, pois, sendo Deus o criador de tudo, também teria criado o representante do mal. E, tendo Deus poder absoluto, nenhum adversário seria capaz de perturbá-lo como o demônio parece conseguir. Independentemente da versão teológica escolhida para explicar esse personagem, destaca-se a necessidade do conflito para termos história. Sem ele, estaríamos fadados a uma dimensão espiritual pra lá de monótona. Ou seja, narrativamente falando, o diabo é um mal necessário.

João relata o momento da ruptura:

> Houve uma batalha no céu. Miguel e seus anjos tiveram de combater o Dragão. O Dragão e seus anjos travaram combate, mas não

DEUS x DIABO

prevaleceram. E já não houve lugar no céu para eles. Foi então precipitado o grande Dragão, a primitiva Serpente, chamado Demônio e Satanás, o sedutor do mundo inteiro. Foi precipitado na terra, e com ele os seus anjos. (Apocalipse, 12: 7-9)

Demônios, segundo a narrativa cristã, são um grupo de anjos amotinados, liderados por Lúcifer, cujo nome significa "portador de luz" ou "estrela da manhã". Esse personagem só aparece na Vulgata, tradução da Bíblia para o latim feita por São Jerônimo, mais tarde revista e transformada na versão que hoje conhecemos. Expulsos da corporação celestial, os "anjos caídos" passaram a sabotar o plano divino e buscar a perdição humana.

São poucos e obscuros os momentos em que esse episódio é mencionado na Bíblia atual, como é o caso do texto a seguir:

Então! Caíste dos céus, astro brilhante, filho da aurora! Então! Foste abatido por terra, tu que prostravas as nações! Tu dizias: Escalarei os céus e erigirei meu trono acima das estrelas. Assentar-me-ei no monte da assembleia, no extremo norte. Subirei sobre as nuvens mais altas e me tornarei igual ao Altíssimo. E, entretanto, eis que foste precipitado à morada dos mortos, ao mais profundo abismo. (Isaias 14: 12-15).

A exemplo do que ocorre com os anjos, os demônios têm personalidades distintas e nomes próprios, como: Abaddon, Alastor, Aariel, Azazel, Barão, Belzebu, Botis, Dagon, Drekavac, Grigori, Havres, Incubo, Jinn, Kali, Leviatã, Lúcifer, Mara, Mephisto, Minotauro, Morfeu, Naamah, Ukobach. Há nesse elenco exemplares extraídos das mitologias cristã, judaica, hindu, islâmica, budista e grega.

O lugar onde vivem os demônios é o destino dos condenados pela Justiça Divina. Chama-se Inferno, uma espécie de presídio onde todas as penas são perpétuas, há fogo e tortura por todo lado, e um cheiro de enxofre insuportável.

A mais conhecida e minuciosa descrição do reino dos eternos padecimentos não se encontra em livros religiosos. Está na epopeia intitulada *A divina comédia*, do grande poeta italiano Dante Alighieri. Narrada em primeira pessoa e tendo o próprio autor como protagonista, a obra conta a viagem de Dante pelos três reinos do outro mundo: Paraíso, Purgatório e Inferno. Mas a descrição pormenorizada deste último, com seus nove círculos destinados a tipos de pecados específicos e diferentes categorias de pecadores, fez com que o Inferno de Dante ganhasse notoriedade quase igual à da obra em que se insere. Merece destaque a legião de demônios chamada Malebranche, especializada em guardar a vala dos corruptos, o que deixa no ar uma dúvida entre haver rigor maior para os praticantes da corrupção ou um tratamento privilegiado. Para tristeza dos desonestos e vingança da grande massa de prejudicados, a primeira hipótese é a mais provável.

Graças a essa riqueza descritiva, e ao natural poder de fixação de tudo o que provoca horror, os detalhes infernais são mais conhecidos que os celestiais.

A atividade principal do capeta é produzir tentações. Até Jesus foi tentado quando jejuou no deserto por quarenta dias. O diálogo entre o Filho de Deus e o Príncipe das Trevas é apresentado em Mateus (4: 1-11) e Lucas (4: 1-13). Marcos trata desse episódio bem rapidinho e João não toca no assunto.

Nenhuma outra participação diabólica na Bíblia se compara à do Livro de Jó (1: 6-12), que descreve a negociação entre Deus e Satanás em torno do protagonista, homem de conduta irretocável. O diálogo coloca o Todo-poderoso na desconfortável posição de tentado e — pior ainda — vencido pelas provocações do seu oponente a ponto de permitir que ele faça um monte de maldades com Jó, só para checar até onde resiste sua fidelidade. A informalidade, quase camaradagem, entre eles é uma extravagância narrativa só admissível nas comédias. Perceba que é Deus quem puxa a conversa para, em seguida, comentar sobre as qualidades de Jó:

> O Senhor disse-lhe: "De onde vens tu?" "Andei dando volta pelo mundo", disse Satanás, "e passeando por ele." O Senhor disse-lhe: "Notaste o meu servo Jó? Não há ninguém igual a ele na terra: íntegro, reto, temente a Deus, afastado do mal." Mas Satanás respondeu ao Senhor: "É a troco de nada que Jó teme a Deus? Não cercaste como de uma muralha a sua pessoa, a sua casa e todos os seus bens? Abençoas tudo quanto ele faz e seus rebanhos cobrem toda a região. Mas estende a tua mão e toca em tudo o que ele possui; juro-te que te amaldiçoará na tua face." "Pois bem!", respondeu o Senhor. "Tudo o que ele tem está em teu poder; mas não estendas a tua mão contra a sua pessoa." E Satanás saiu da presença do Senhor.

Recebida a autorização divina, Satanás sai destruindo o patrimônio de Jó e matando sua família. A desgraceira não abala a fidelidade da vítima. Satanás volta à presença do Senhor com a mesma conversa mole, dessa vez obtendo permissão para torturá-lo com uma lepra terrível. Coitado do Jó, sofre horrores por causa desse bate-papo trivial. E pobre de quem não enxerga nisso um artifício literário, porque há de ficar muito inseguro, achando que Deus cai fácil na lábia do tinhoso.

Quando não está inventando tentações, intrigas e tragédias, o demônio de vez em quando resolve se apossar das pessoas. Tais possessões renderam alguns sucessos ficcionais, como a franquia cinematográfica *O exorcista*, lançada em 1973 pela Warner com o blockbuster que se tornou um dos mais lucrativos filmes de terror de todos os tempos.

Uma terceira forma de atuação do demo é o pacto. Pessoas ávidas pelo sucesso se disporiam a negociar sua alma, recebendo a glória terrena em troca das consequências a ser enfrentadas no pós-morte. O personagem Fausto, trazido do folclore alemão para o poema épico teatral de Goethe, ganhou o mundo a partir de 1806. Sua trágica negociação com Mefistófeles tirou o sono de muita gente.

São evidentes as lições de vida por trás de todas essas narrativas, assim como a flutuação do tamanho do demônio em relação a Deus. Tentar Jesus, por exemplo, é compreensível em termos humanos e aumenta nossa identificação com Ele, mas soa como absurdo teológico. A não ser que o diabo seja definido como outra espécie de divindade, um deus do mal, algo que faz mais sentido em outras culturas povoadas de deuses aterrorizantes. O Kama-Mara ou simplesmente Mara, da mitologia budista, é uma dessas divindades diabólicas, que usa seus poderes para combater e tentar destruir o Buda. Se anjos maus são demônios, deuses maus, com muito mais razão, também devem ser.

No mais, a mesma necessidade antropomórfica, que nos leva a retratar o Deus onipotente como um idoso barbudo envolto em túnicas, faz com que o diabo seja imaginado como figura horrenda, que tem chifres, rabo pontudo e olhos avermelhados, empunhando o tridente que usa para torturar suas vítimas. Deus é nossa imagem e semelhança, o demônio é a imagem que repelimos. Com Deus mergulhamos no abraço paternal, com o demônio caímos nas garras de um monstro.

O desenho dos personagens decorre da tradição ancestral de carregar nos traços, a mesma tradição que nos legou belos heróis e formosas princesas duelando com ogros feiosos e bruxas narigudas. Para as primeiras plateias era necessário sinalizar visualmente quem eram os bons e os maus da história. Essa explicitude visual atravessou os séculos, ganhou espaço nos contos de fadas e deu margem a vários preconceitos estéticos, até que narradores recentes, como William Steig, criador do divertido *Shrek*, descobriram que o público já está preparado para enxergar os personagens com outros olhos.

DEUS x DIABO

Religiosidade com múltiplas utilidades

"Nos dias que se seguiram, os beleguins de Dufief começaram a deter os acusados. Alguns confessaram negar a existência do purgatório, outros questionaram a transubstanciação (a crença de que o pão e o vinho da comunhão se tornam o corpo e o sangue de Cristo) e admitiram atos de iconoclastia (destruição de imagens de Cristo e santos). O interrogatório de Dufief foi minucioso e, até o final da primavera, embora muitos tenham sido libertados ou escapado apenas com o banimento e o confisco de bens, um punhado deles foi considerado culpado de heresia e condenado: uma mulher foi enterrada viva, dois homens foram decapitados e um foi queimado na fogueira. Ninguém que tenha assistido às execuções públicas ficou em dúvida sobre a penalidade para quem questionasse a autoridade religiosa ou política dos Habsburgo."
Jerry Brotton

As religiões existem para "re-ligar" a humanidade com Deus. Nobre função. Considerado a maior religião do planeta, o cristianismo carrega triunfalmente essa bandeira. Embora defensor da virtude, a energia que o levou a dominar o mundo ocidental nem sempre foi virtuosa.

Talvez a principal fonte da vulnerabilidade cristã seja a forma de exposição dos textos bíblicos, que mesclam orientações sublimes do Novo Testamento com relatos de barbárie do Antigo Testamento, sem filtro, nem bula. A elasticidade interpretativa e a profusão de conceitos contraditórios existentes nos textos sagrados, importantes para sua perpetuação em permanente invólucro de mistério, vêm permitindo que alguns dos momentos mais sanguinários e cruéis da história mundial aconteçam sob "as bênçãos de Deus". Essa tem sido a premissa defendida pelos protagonistas de tais acontecimentos. Nas palavras de Aldous Huxley: "Quase não há um só crime em grande escala na história que não tenha sido cometido em nome de Deus."

Foi assim no extermínio das populações indígenas no período dos Grandes Descobrimentos, nos massacres perpetrados pelas Cruzadas, na fúria homicida da Santa Inquisição, e nas investidas do fascismo em várias regiões do planeta.

A BOMBA EMBAIXO DA MESA

Quando não propostos ou diretamente apoiados pela religião, vários dos momentos vergonhosos atravessados pela humanidade foram viabilizados pelo silêncio cúmplice dos que se dizem representantes de Deus. Não precisamos de outros exemplos além do que nos traz a escravidão, que contou até com templos onde escravizados ficavam apartados no fundo enquanto seus proprietários ocupavam os lugares da frente.

Responsável direta por muitos dos avanços que permitiram o convívio harmonioso nos agrupamentos humanos, a filosofia cristã também responde pela consolidação de lamentáveis tabus. Acreditar num determinismo divino para o papel social e sexual de homens e mulheres, por exemplo, ajuda na estruturação de núcleos familiares e reduz a selvageria na busca pela satisfação erótica. Contudo, esse mesmo determinismo estigmatiza opções sexuais fora da dualidade clássica e provoca reações agressivas incompatíveis com uma sociedade civilizada. Ou seja, o mesmo ensinamento diminui a violência em um ponto para aumentá-la no outro.

Cristianismo, judaísmo e islamismo são conhecidos como "religiões do livro", por se pautarem por textos definidos como escrituras sagradas. A sacralização desses textos resulta num dever de obediência e adoração, que tende a causar desvios como o *fundamentalismo textual*. Embriagados por esse fundamentalismo, alguns crentes tentam impor interpretações literais enquanto se agarram à suposição de que os textos são imutáveis e fixos. Outros, um pouco mais flexíveis, admitem a necessidade de interpretação dos textos, desde que feita por um grupo restrito com delegação especial para essa tarefa. Em ambos os casos, os devotos ficam subjugados a um único viés interpretativo, que os impede de aproveitar toda a riqueza de significados das escrituras e os escraviza aos conceitos de uma outra época, congelados no passado, condenados à atrofia espiritual.

Para ampliar nosso campo de visão, é importante ouvir a mensagem de um brilhante ateu, o escritor português José Saramago, no artigo intitulado "O fator Deus", cujo trecho final podemos ler a seguir.

> (...) Não é um deus, mas o "fator Deus" o que se exibe nas notas de dólar e se mostra nos cartazes que pedem para a América (a dos Estados Unidos, não a outra...) a bênção divina. E foi o 'fator Deus' em que o deus islâmico se transformou, que atirou contra as torres do World Trade Center os aviões da revolta contra os desprezos e da vingança contra as humilhações. Dir-se-ia que um deus andou a semear ventos e que outro deus responde agora com tempestades. É possível, é mesmo certo. Mas não foram eles, pobres deuses sem culpa, foi o 'fator Deus', esse que é terrivelmente igual em todos os seres humanos onde quer que estejam e seja qual for a religião que professem, esse que tem intoxicado o pensamento e aberto as portas às intolerâncias mais sórdidas, esse que não respeita senão aquilo em que manda crer, esse que depois de presumir ter feito da besta um homem acabou por fazer do homem uma besta.
> Ao leitor crente (de qualquer crença...) que tenha conseguido suportar a repugnância que estas palavras provavelmente lhe inspiraram, não peço que se passe ao ateísmo de quem as escreveu. Simplesmente lhe rogo que compreenda, pelo sentimento de não poder ser pela razão, que, se há Deus, há só um Deus, e que, na sua relação com ele, o que menos importa é o nome que lhe ensinaram a dar. E que desconfie do 'fator Deus'. Não faltam ao espírito humano inimigos, mas esse é um dos mais pertinazes e corrosivos. Como ficou demonstrado e desgraçadamente continuará a demonstrar-se.

Tão logo foram estruturadas as primeiras narrativas religiosas, ficou evidente o quanto de poder elas proporcionam. Controlar ou estar diretamente conectado com as forças celestiais é ter mais proteção neste mundo, e ingresso garantido na felicidade eterna. Em troca desses bens, muitas pessoas estão dispostas a abrir mão de praticamente tudo, a começar pelo dinheiro. É aí que se unem os interesses celestiais com os terrenos, e a coisa se complica.

Têm sido frequentes os conflitos enfrentados pela Igreja católica, provocando alguns cismas e trazendo à tona figuras emblemáticas. Logo no início, quando a Igreja ainda se escondia nas catacumbas e contabilizava seus primeiros mártires, Pedro e Paulo se desentenderam. Nem a nomeação como primeiro papa, feita por Jesus com o solene "Eu te declaro: tu és Pedro, e sobre esta pedra edificarei a minha Igreja" (Mateus 16: 18), foi suficiente para evitar o confronto. Resolvidas as arestas entre os dois líderes, o ideário cristão conquistou mais adeptos, até que seu maior adversário — o Império Romano — cedeu aos seus encantos no século IV. Constantino, imperador que surgiu em pleno ambiente politeísta, apresentando-se primeiro como protegido de Hércules e depois sob os cuidados do Deus Sol Invicto, após vencer uma difícil batalha em 312, começou a dar sinais de simpatia pela doutrina de Cristo. Alguns anos mais tarde, decidiu que o cristianismo seria a religião oficial de Roma. Foi uma reviravolta estrondosa, que catapultou a cristandade a um patamar impensável. A expansão tornou-se irresistível, e a ambição, também. Imbuídos da convicção de ser os donos da verdade, e seguidores do único Deus verdadeiro, os cristãos saltaram da clandestinidade para o apetite conquistador característico dos romanos. Se antes lutavam para sobreviver, agora sentiam-se no direito de impor. O empreendimento foi bem-sucedido. A nova religião ganhou o nome de Católica Apostólica Romana, e se estruturou nos moldes imperiais, tendo o papa como monarca supremo, os cardeais como ministros, os bispos e vigários, responsáveis por territórios específicos e interdependentes, algo parecido com governadores e prefeitos. Sediada na Santa Sé em Roma, a Igreja enriqueceu, estabeleceu parcerias políticas, acumulou poder. E onde existe poder existe disputa.

Em 1054, o chamado Grande Cisma do Oriente fez nascer a Igreja ortodoxa grega. Foi assim que o Império Bizantino deixou de se submeter a Roma, passando a ter sua própria Igreja sediada em Constantinopla.

No final dos anos 1100 e início dos 1200, um jovem chamado Francisco, da cidade italiana de Assis, não se conformou ao ver o cristianismo afastar-se de seus princípios fundadores. Sentindo-se convocado por Deus para reconstruir Sua Igreja, ele abriu mão da fortuna de sua família e iniciou a pregação pela simplicidade, o desapego pelos valores mundanos, a contemplação e defesa da natureza, resumindo seus propósitos na singela saudação: paz e bem. A resistência inicial do clero não conseguiu conter a atitude apaixonada de Francisco. Morto em 1226, aos 44 anos de idade, ele foi canonizado dois anos depois e deixou como legado uma das mais importantes ordens religiosas em atividade até hoje.

Não demorou muito até acontecer o Grande Cisma do Ocidente, provocado por um imbróglio político na disputa pelo papado que culminou com a bizarra eleição de três papas simultâneos. Dessa confusão surgiu uma nova sede católica em Avignon, na França, que passou a competir com Roma no período de 1309 a 1377.

Malabarismos políticos continuaram acontecendo, gerando uma profusão de intrigas e interesses conflitantes. Somando-se a isso as arbitrariedades da Santa Inquisição e a venda de indulgências, criou-se o caldo perfeito para a Reforma Protestante. Liderada pelo monge alemão Martinho Lutero, a ruptura aconteceu em 1517. Logo em seguida, João Calvino acentuou o rompimento sistematizando a doutrina cristã protestante com seus escritos, mas criando uma segunda linha de pensamento no protestantismo, por discordar de alguns pontos defendidos pelos luteranos. Ou seja, os que se rebelaram contra a Igreja católica já nasceram divididos.

Em resposta ao duro golpe, foi convocado o Concílio de Trento, em 1545, de onde surgiu um pacote de medidas repressivas, como a ampliação do Tribunal do Santo Ofício e uma relação de livros proibidos. Começava a Contrarreforma, que trouxe a reboque algumas novas ordens religiosas, dentre elas a Companhia de Jesus.

Brigas e mais brigas, revoltas e conspirações, em boa parte geradas por objetivos nada cristãos. Assim evoluiu o catolicismo, bem como seus dissidentes. Depois de se digladiarem com episódios de indescritível brutalidade, católicos e protestantes seguiram se subdividindo em intermináveis linhas de pensamento. A fartura de possibilidades atraiu os oportunistas. Em busca do dinheiro fácil, oradores ardilosos fundaram seitas com mentalidade empresarial, verdadeiras máquinas de arrecadação de donativos e dízimos. Algumas tornaram-se corporações multinacionais, emulando a Igreja católica em seus piores defeitos, como se lidassem com um mero modelo de negócio.

Sem os freios institucionais e éticos das Igrejas com I maiúsculo, os representantes das seitas oportunistas entraram na política, onde estimulam a ignorância, reforçam preconceitos, aliam-se aos exploradores de gente humilde, confundem seus crentes com mentiras e meias-verdades, semeiam discriminação, ampliam a miséria, formam bancadas parlamentares. Sem os critérios de formação necessários a quem se propõe a orientar pessoas, os pastores de tais seitas são recrutados até nos presídios e treinados como vendedores, sujeitos a metas, remunerados por sua performance arrecadatória.

Graças a esse tipo de pregadores, chegamos a discursos que juntam cristianismo com violência, oração com opressão, evangelho com corrupção.

MASCULINO × FEMININO

"Os homens fazem os deuses; as mulheres adoram-nos."
James Frazer

Pecado original do mundo patriarcal

Desde que Adão e Eva foram expulsos do paraíso, o sexo tem sido ponto de discórdia e motivador central nas grandes decisões. A famosa cena do Livro de Gênesis atribuiu ao ato sexual o rótulo de "pecado original". Uma cena incongruente, onde Deus recrimina o desejo que ele mesmo inventou e sem o qual a multiplicação dos humanos ficaria inviabilizada, comprometendo o sucesso de sua obra criadora. Um momento em que Deus, movido por estranha fúria, sai distribuindo maldições contra as mulheres, os homens e as serpentes. Entre essas maldições figuram para a mulher as dores do parto e a submissão ao marido; para o homem, a necessidade de trabalhar duro resumida na frase "Comerás o teu pão com o suor do teu rosto."

Passada a bronca divina, a transgressão original ficou barata para o homem e muito onerosa para a mulher.

Salta aos olhos a insistente mensagem de superioridade do masculino sobre o feminino, muito conveniente para os patriarcas que elaboraram essa narrativa. Bastaria a sugestão de que Deus só pensou em criar a mulher porque sentiu que o homem precisava de uma companheira, fazendo-a surgir a partir de uma costela de

A BOMBA EMBAIXO DA MESA

Adão. Bastaria a ordem em que a Bíblia nos diz que Deus criou os seres vivos do planeta:

> Tendo, pois, o Senhor Deus formado da terra todos os animais dos campos, e todas as aves dos céus, levou-os ao homem, para ver como ele os havia de chamar; e todo o nome que o homem pôs aos animais vivos, esse é o seu verdadeiro nome. O homem pôs nomes a todos os animais, a todas as aves dos céus e a todos os animais dos campos; mas não se achava para ele uma ajuda que lhe fosse adequada. (Gênesis 2: 19-20).

Segundo a Sagrada Escritura, a ideia de criar a mulher só ocorreu a Deus depois de ter criado todos os animais, e mesmo assim porque Ele estava preocupado em arranjar uma ajudante para Adão. Difícil imaginar uma posição menor e mais acessória do que essa no ranking criacional.

Ainda no Antigo Testamento, encontramos no livro do Levítico (12:1-6) um tratamento bastante diferenciado no preceito religioso para o pós-parto. Se nasce um menino, a mãe é considerada impura durante sete dias, e depois passa trinta e três dias no sangue de sua purificação. Se nasce uma menina, a exigência é dobrada: duas semanas de impureza, e 66 dias no sangue de sua purificação. Deduz-se desse texto que trazer mulheres ao mundo é algo, no mínimo, inconveniente, indesejável, maculador. Um ponto de vista alinhado com o Alcorão, que afirma, sem meias-palavras: "Os homens são superiores às mulheres."

O texto bíblico usa metáforas e necessita de todas as relativizações culturais e contextuais de que já falamos, mas — importante insistir — sua interpretação literal provocou uma avalanche de absurdos sobre seguidores do islamismo, judaísmo e cristianismo, e a partir dessas religiões contaminou o convívio social.

Como explicar, por exemplo, a proibição de mulheres no sacerdócio da Igreja católica? O que justifica tamanho conservadorismo numa época em que mulheres, ainda que em percentual muito baixo, presidem países, empresas e tribunais, atuam nas forças armadas e demonstram estar aptas a exercer qualquer função? Essa determinação não partiu de Jesus Cristo, portanto, só teria amparo nas posturas do Antigo Testamento lidas sob uma ótica obtusa, preconceituosa ou misógina.

Com sua estrutura monárquica, onde o poder absoluto se concentra nas mãos de um papa, a Igreja encarna o pensamento patriarcal, o mesmo que enxerga como ideal a família em que o homem se impõe pela força física e econômica, dando as ordens enquanto cumpre seu papel de provedor. Nessa família idealizada, cabem à mulher apenas a maternidade e os cuidados do lar. Não que a maternidade seja pouca coisa, muito pelo contrário. Digo "apenas" pelo resultado limitador dessa distribuição de tarefas: ao homem, o mundo; à mulher, a casa.

A analogia familiar da divindade cristã, colocando-nos como filhos de um Deus Pai Todo-poderoso, sem que haja figura feminina participando da Santíssima Trindade, se reproduz nas mais diversas situações, em busca de objetivos nem sempre louváveis.

Palavras sujas

As dificuldades para acolher o sexo como algo bom e natural continuam gritantes em nossos dias. Há uma rejeição latente que se manifesta em vergonhas exageradas e vocabulário chulo. É sintomático falarmos de sexo com palavras menos nobres que denotam primitivismo. Quando uma pessoa afirma que *comeu* a outra, sem se dar conta, está comparando o intercurso sexual ao canibalismo e estabelecendo uma comparação direta com a satisfação do paladar. Quando amigos trocam confidências sobre quem estão *pegando*, fica evidente a relação predatória entre caçador e presa. Quando copular é sinônimo de *foder*, acabam-se as dúvidas sobre a conotação negativa que paira sobre o ato procriador. Os significados de frases como "Você está fodendo a minha vida" e "Na lua de mel foderemos enlouquecidamente" são totalmente opostos, mas o verbo é o mesmo. Podemos rebater esse raciocínio usando a ambivalência da versão adjetiva, já que "um professor foda" pode ser tanto um brilhante conhecedor de sua matéria quanto um carrasco com seus alunos, ou "uma viagem foda" pode ser tanto maravilhosa quanto desastrosa. Só não podemos é ignorar o teor de vulgaridade que permeia esse pacote semântico.

O "fazer amor", pregado pelos hippies em oposição ao "fazer guerra", vai se perdendo nos confins da memória. Era bem mais poético, mesmo maculando a superioridade do *amor* com a mecanicidade do *fazer*. Gradativamente, o sexo foi se dissociando do amor, a superficialidade física prevalecendo sobre a profundidade afetiva.

No extremo oposto do sexo como expressão de afeto está sua deformação como ato de violência. O estupro, crime com alta incidência no Brasil e em várias partes do mundo, rebaixa o homem a um nível de bestialidade pré-histórica e, mais uma vez, sublinha a crueldade imposta às mulheres. Além dos danos físicos e psicológicos imediatos, há a humilhação no ato de registrar a ocorrência do crime e durante todo o processo de investigação. É comum a tentativa de culpar a vítima por ter um corpo sexy, ou usar roupas provocantes, ou simplesmente estar sozinha em tal lugar e em tal hora, como se o fato de ser mulher restringisse sua liberdade. É triste ver homens que debocham das vítimas e ver mulheres que endossam justificativas para o comportamento selvagem masculino.

A culpa é das mulheres

Desde os antigos casamentos negociados entre o pai e o pretendente da donzela, passando pelo romantismo dos trovadores até os dias mais carnais em que vivemos, segue em alta a percepção do sexo

MASCULINO x FEMININO

como algo sujo, constrangedor, vergonhoso. Algo que pesa especialmente sobre as mulheres, herdeiras de Eva, agentes da tentação. Disso decorre o patrulhamento constante sobre seu corpo, seja por destoar dos padrões estéticos dominantes, seja pelas vestimentas que revelariam demais ou de menos, dependendo da cultura.

Mesmo depois da contribuição trazida pela psicanálise para o entendimento da relevância do sexo em nossa vida, o assunto mantém seu potencial de incômodo, contradições e hipocrisias, e segue desfavorável às mulheres. Homens com vida sexual muito ativa são vistos como "pegadores" e podem até se gabar de suas conquistas. Para as mulheres, o exercício da sedução é condenado como imoral.

E a mitificação da virgindade feminina? Até o início do século XX, manter o hímen intacto era essencial para as mulheres que zelavam por sua reputação e pretendiam um casamento digno. O fracasso nessa missão envergonhava sua família e, não raro, provocava reações violentas dos pais.

Aberrações como a extirpação do clitóris são praticadas há milênios em algumas regiões da África, no Oriente Médio e no Sudeste Asiático, com o objetivo de impedir o prazer sexual da mulher e assim facilitar a preservação da virgindade.

Diante da prostituição, o posicionamento social segue sua tendência de parcialidade. Condena-se a prostituta, mas absolve-se o homem que a contrata.

Bordéis do início do século XX eram pontos de encontro dos homens ricos e autoridades. O Bataclan, eternizado por Jorge Amado em seu romance *Gabriela, cravo e canela*, foi fundado em 1920 com o nome de uma casa de espetáculos parisiense. Hoje é atração turística na cidade baiana de Ilhéus.

Para o Antigo Testamento, o sexo só é admissível quando objetiva a procriação. Ou isso, ou nada. E ainda assim jogando sobre o bebê resultante dessa relação a marca do pecado original, outro conceito que diz muito sobre o mal-entendido do Gênesis. Pode haver algo mais insustentável do que acusar um recém-nascido de pecador?

Da exclusividade reprodutiva do sexo decorre a repressão às outras formas de prazer erótico. Nada de oral, anal ou manual. Religiões costumam ser obcecadas pelo policiamento da intimidade.

Carregando o mundo no útero

"A mulher? É muito simples, dizem os amadores de fórmulas simples: é uma matriz, um ovário; é uma fêmea, e esta palavra basta para defini-la. Na boca do homem o epíteto 'fêmea' soa como um insulto; no entanto, ele não se envergonha de sua animalidade, sente-se, ao contrário, orgulhoso se dele dizem: 'É um macho!' O termo 'fêmea' é pejorativo não porque enraíza a mulher na Natureza, mas porque a confina no seu sexo. E se esse sexo parece ao homem desprezível e inimigo, mesmo nos bichos inocentes, é evidentemente por causa da inquieta hostilidade que a mulher suscita no homem; entretanto, ele quer encontrar na biologia uma justificação desse sentimento."

Simone de Beauvoir

Não é fácil ser fêmea num mundo comandado por machos. A força física e a agressividade estimulada pela testosterona levaram os primeiros homens de nossa espécie a partir pro ataque, buscando a satisfação de seus desejos sem maiores considerações pelas parceiras. Essa mesma truculência foi exercida sobre outros machos menos aptos ao combate, para tomar-lhes território, autoridade, pertences e mulheres. A parceira sexual de um homem foi por muito tempo considerada parte do seu patrimônio, como se deduz do último dos Dez Mandamentos entregues por Deus a Moisés: "Não cobiçarás a casa do teu próximo; não cobiçarás a mulher do teu próximo, nem seu escravo, nem sua escrava, nem seu boi, nem seu jumento, nem nada do que lhe pertence" (Êxodo 20: 17). Além da coisificação da mulher, é notável a desconsideração da possibilidade de qualquer desejo por parte dela nesse texto bíblico. Uma interpretação estritamente literal poderia nos levar a concluir que as mulheres não eram destinatárias do famoso decálogo, ou que seu desejo por homens comprometidos está liberado. Nada disso. Além da interpretação extensiva ter sido aplicada para incluí-las na proibição ao desejo pelo homem da próxima, o sexto mandamento, "Não cometerás adultério", foi mais rigoroso com elas do que com eles. A lei judaica punia só as adúlteras, não os adúlteros, com a morte por apedrejamento, aberração jurídica que persiste até hoje em alguns países islâmicos.

Esse quadro de depreciação feminina gerou uma série de distorções. A mais chocante delas é o sentimento de maldição que por muitos anos atormentou os casais que não geravam filhos homens. Graças a tal sentimento a história registra o afogamento de meninas recém-nascidas pelos próprios pais em várias culturas antigas.

Séculos e séculos de inferiorização deixaram sequelas graves no tratamento recebido pelas mulheres em todos os pontos do planeta. Salvo raras e louváveis exceções, a regra geral continua a ser o privilégio dos homens em questões-chave, como salários, acesso a postos de comando e participação política.

Relatório da Organização das Nações Unidas (ONU) divulgado em setembro de 2019 demonstra que, na faixa etária de 25 a 54 anos, pouco mais de 50% das mulheres são economicamente ativas, contra 96% dos homens. A justificativa apresentada para esse resultado é o triplo papel de mãe, esposa e dona de casa que sobrecarrega a vida feminina. Fácil de entender. Mas seria justo em pleno século XXI?

Talvez por manobra do destino para evidenciar a injustiça dessa discriminação, o primeiro grande romance da história mundial foi escrito por uma mulher. Já mencionamos anteriormente *Genji Monogatari*, também conhecido como *Romance de Genji*, escrito por uma dama de companhia da corte japonesa chamada Murasaki Shikibu. Faltou dizer que se trata da história de amor entre um príncipe rebaixado e uma jovem (muito jovem) aristocrata, que inaugurou a incursão literária no fluxo mental dos personagens, e revelou com poesia e sofisticação as complexas formalidades e exigências da vida na corte. Não foi tarefa simples. Atuando num país de rígidas tradições por volta do ano 1000, ela precisou manobrar e até se fingir de ignorante para não atrair a intolerância masculina ou a rejeição da sociedade. Tomou o cuidado, por exemplo, de fazer sua história se passar um século antes, evitando ferir suscetibilidades do clã Fujiwara que dominava a vida cortesã na época.

Há nesse livro uma interessante descrição das barreiras colocadas entre homens e mulheres. Começavam com muralhas que, uma vez superadas, levavam a cercas de madeira que, uma vez vencidas, conduziam a venezianas de bambu, cortinas de tecido, biombos de papel, até que, ultrapassados todos os obstáculos, só restasse o leque a ser erguido para ocultar o rosto da mulher e proteger seus lábios de investidas mais ousadas. Mais do que descrição, uma metáfora perfeita da rigidez de costumes a preservar distâncias e resguardar papéis sociais.

Outro exemplo de convenção social, que cumpre o mesmo papel metafórico, são as muitas camadas de roupas usadas pelas mulheres naqueles tempos.

O mais incômodo, entretanto, é a idade da dama por quem o príncipe do livro se apaixona. Ela tem apenas dez anos, e é raptada em casa pelo protagonista. O que hoje para nós é combinação de pedofilia com sequestro soou na época como arroubo romântico.

Com suas mil páginas, o *Romance de Genji* abriu novos caminhos para a escrita, mostrando que um trabalho de ficção, além de provocar emoções e registrar os costumes do seu tempo, pode fornecer muita informação útil aos leitores, tornar-se um manual de etiqueta (como foi o caso), e sinalizar para o mundo que mulheres têm tanta capacidade quanto os homens para produzir obras de peso. No seu país de origem, causou tamanho furor que outras escritoras começaram a publicar seus diários, fazendo com que os romances autobiográficos ficassem associados à feminilidade. Prova disso é que o primeiro homem japonês a se arriscar em publicação do gênero, com o livro *Diários de tosa*, se fez passar por mulher.

Acima de todos os debates em torno da relação homem-mulher, há um celebrado consenso: a maternidade. Diante dela todos se curvam. Contra ela não há argumento. Consagra a indispensabilidade da mulher como perpetuadora da espécie e permite a demonstração de uma resistência à dor que os homens tremem só de imaginar. A maternidade une o físico ao espiritual, transformando o corpo feminino em altar viabilizador de outra vida e com autossuficiência na produção do leite que sustentará essa vida em seus primeiros meses.

Lições aprendidas desde a infância

Mal começa a interagir com o mundo, a maioria das crianças recebe uma carga de expectativas comportamentais a ser carregada pelo resto da vida.

Sobre os ombros dos meninos recai o elogio/cobrança da força física e da valentia. "Mostra que você é forte", "Tá com medo de quê?", "Homem não chora" são frases comuns no universo infantil masculino, que se complementam com brincadeiras de luta e atividades físicas intensas. Tudo herança de um tempo em que homens eram criados para os campos de batalha e esperava-se que entrassem em luta corporal contra outros homens que invadissem seu território ou ameaçassem algum membro de sua família. Essa herança cultural, estimulada pelos traços genéticos e hormonais que aumentam o tônus muscular e o impulso competitivo dos homens, segue atuante. Por conta dela, vários episódios violentos acabam acontecendo só porque alguns homens se sentem na obrigação de cumprir o papel guerreiro que acreditam lhes caber.

Até bem pouco tempo, armas de brinquedo eram comuns entre os presentes oferecidos aos meninos. Brincadeiras de polícia e ladrão teatralizavam ações de captura, tiroteio e morte. Esses brinquedos que exaltam a letalidade caíram em desuso, mas seguem ativos os super-heróis com seus apetrechos de combate, os robôs poderosos e os carros que aceleram o imaginário sobre motores potentes, alta velocidade, colisões e capotagens. Nos videogames, toda brutalidade é possível.

Violência e exposição ao risco acabam se incorporando ao conceito de masculinidade. Não por acaso, os homens tendem a ser mais imprudentes na condução de veículos, a se meter em mais brigas e a viver menos do que as mulheres.

Sobre as meninas, o foco é beleza. *Bela adormecida, A bela e a fera, A bela da tarde, Uma linda mulher.* "Espelho meu, existe alguém mais bela do que eu?" Histórias infantis e adultas tendem a realçar a estética feminina como valor absoluto.

"Olha como ela está linda!", ouve a menininha desde seus primeiros contatos com o mundo. A mãe a enfeita, sua vaidade é reforçada, sua obrigação de agradar aos olhares do mundo vai se tornando um fardo. A coisa chega a um nível tão exagerado que a maior ou menor beleza da mulher atinge também os brios do homem que supostamente a ama. O cavaleiro delirante Dom Quixote não admitia que alguém declarasse existir mulher mais bela que sua sonhada Dulcineia, qualquer tentativa nesse sentido era tomada como ofensa pessoal. Personagens reais, menos delirantes do que o cavaleiro dos moinhos de vento, ainda hoje se gabam da beleza de suas parceiras. Nos Estados Unidos, amigos gentilmente se referem às esposas uns dos outros como "your beautiful wife". Tudo conspira para que a estética, leia-se "atratividade", seja o grande mérito a ser buscado pelas mulheres. Feias são as bruxas, as perversas, as malditas.

Tal construção narrativa é responsável pelo tormento de estar sempre com o cabelo bem-cuidado, as unhas pintadas, a roupa bem escolhida, os adornos em perfeita harmonia. Virtudes como caráter e inteligência ficam relegadas ao segundo plano.

MASCULINO x FEMININO

Aprofundando o mérito da questão, quatro verbos passaram a resumir a expectativa em torno de homens e mulheres. Aos machos cabe CONQUISTAR e PROVER, às fêmeas cabe SEDUZIR e CUIDAR.

Os quatro verbos se conectam em duplas: *conquistar* está para *seduzir* assim como *prover* está para *cuidar*.

Do lado masculino, o papel de *conquistador* inclui a herança batalhadora, a luta por ascensão social, a suposição de que cabe ao homem tomar as iniciativas de abordagem às parceiras sexuais desejadas, o fincar bandeiras simbolizado pela penetração fálica. E o papel de *provedor* se resume na obrigação de obter os recursos necessários à sobrevivência e ao conforto, tanto individual como familiar.

Do lado feminino, o papel de *sedutora*, inaugurado por Eva, se apresenta na vaidade, na valorização do corpo sensual, nas roupas, maquiagens e perfumes. Já dizia a música "Perigosa", sucesso das Frenéticas no final dos anos 1970: "Sei que eu sou bonita e gostosa. E sei que você me olha e me quer."

O papel de *cuidadora* é exercitado intensamente desde a infância com os brinquedos oferecidos às meninas: bonecas e mais bonecas, com diversos kits de interação incluindo mamadeiras, roupinhas, panelinhas, tudo estimulando ensaios para os papéis de mãe e dona de casa, que se resumem a um permanente cuidar.

A origem do conflito, que vamos chamar de folclórico, entre masculino e feminino está na cobrança de parte a parte pelo cumprimento de expectativas. Como ninguém é perfeito, as expectativas nunca são plenamente cumpridas, gerando críticas e pequenas implicâncias cotidianas que se consolidam em generalizações. O papel conquistador do homem, passando pelas variáveis de violência que já comentamos, se converte sob a ótica feminina em adjetivos como grosseiro, bagunceiro, descuidado e insensível. O papel sedutor da mulher, com o consequente zelo pela aparência, se converte aos olhos dos homens em adjetivos como fútil, superficial, gastadeira e fresca. Os dois outros papéis:

provedor para eles e cuidadora para elas, quando não atendidos, provocam acusações que se resumem ao rótulo de "fracassado". Ao final desse processo de erosão, resta a percepção recíproca de chatice, alimentada pelo desgaste natural dos relacionamentos de longa duração. E assim características complementares, que deveriam contribuir para o conceito romântico de *cara-metade*, acabam conspirando para o afastamento.

Opressor contra oprimida

A narrativa masculina, como demonstram os textos bíblicos visitados no início deste capítulo, colocou um peso esmagador sobre as mulheres. Rotuladas como seres inferiores, elas passaram séculos dependendo do casamento que, no passado, era decidido praticamente à sua revelia. Bastava o pretendente se apresentar ao pai da moça e ser considerado um "bom partido".

As mulheres foram tratadas como mercadorias, que se valorizavam na proporção da beleza e da juventude, e perdiam valor se não fossem mais virgens. Os casamentos eram planejados como grandes negócios e, nas monarquias europeias antigas, foram responsáveis por importantes manobras de poder.

Em todas as camadas sociais, ficar solteira era uma humilhação, sinônimo de não ser atraente ou interessante para nenhum homem. Casar era o único destino sonhado, algo muito claro nos contos de fadas com seu final clássico "e foram felizes para sempre". Só que a felicidade era reservada para poucas.

Uma vez casadas, as mulheres seguiam dependentes dos maridos, econômica e socialmente. O acordo tácito era: ele entra com o dinheiro; ela entra com a disponibilidade para o sexo, a manutenção de uma aparência desejável e respeitável, o decoro, a organização da casa, o preparo das refeições, o cuidado dos filhos. O homem financiador, a mulher serviçal. Era comum o homem perder o interesse sexual pela esposa e colecionar casos extraconjugais, assim como era comum a mulher fingir não perceber o adultério do marido em homenagem ao cumprimento da sua obrigação de não deixar faltar nada em casa. A relação, supostamente pautada pelo afeto, virava submissão. Quando manifestavam insatisfação, as mulheres ou eram tratadas como crianças pirracentas, ou compensadas com algum presentinho. Qualquer que fosse a discussão, a última palavra sempre era do homem.

Apesar desse desequilíbrio de forças, o casamento se consolidou no imaginário popular como um sonho para a mulher e um pesadelo para o homem. Não satisfeito com o papel de opressor, o homem ainda se faz de vítima, o coitado que abre mão da liberdade. Para rapazes às vésperas do matrimônio, consagrou-se a expressão "ele vai se enforcar": o *sim* nupcial passou a simbolizar um *não* para a alegria de viver.

É sintomático, quando falamos em poligamia, que só nos venha à memória a possibilidade de um homem casado com várias mulheres. Na verdade, a poligamia (casamento múltiplo) se subdivide em poliginia (um homem com diversas mulheres) e poliandria (uma mulher com diversos homens), mas essa última hipótese só tem registro em raras culturas. A poliginia, muito disseminada em países onde predomina o islamismo, foi adotada pelo profeta Maomé. Não por acaso, nesses países o tratamento dispensado às mulheres é acentuadamente restritivo.

O Antigo Testamento trata a poligamia com naturalidade, ao relatar, por exemplo, que Esaú era casado com Judite e Basemate (Gênesis 26: 34), e Jacó tinha como esposas as irmãs Raquel e Lia (Gênesis 29: 1-30). Mas a orientação da lei de Moisés, que vigorava entre os judeus no tempo de Jesus, era monogâmica e só permitia duas formas de desfecho do casamento: a viuvez ou a carta de repúdio, prerrogativa exclusiva do marido. Esse repúdio, ou divórcio de mão única, era uma espécie de carta de demissão que deixava a mulher numa vexaminosa situação de penúria.

A BOMBA EMBAIXO DA MESA

Feminismo e machismo

> "Não desejo que as mulheres tenham poder sobre
> os homens, mas sim sobre si mesmas."
> Mary Wollstonecraft

Ao contrário do que induz a interpretação vocabular superficial, não existe simetria entre machismo e feminismo. Enquanto o primeiro é comportamental, impregnado de distorções culturais, e com tendência à perenidade, o segundo é reivindicatório, consiste na luta por equivalência de direitos e oportunidades, e tende à extinção tão logo suas reivindicações sejam atendidas.

Segundo o dicionário inglês Oxford, a primeira aparição do termo *feminismo* aconteceu em 1675, mas seu significado era diferente do que temos hoje. Referia-se, entre outros sentidos inexpressivos, a mulheres que usavam muitos casacos de peles. O movimento feminista como o conhecemos atualmente só surgiu no século XIX. Falando em dicionário, voltamos a recorrer ao nosso Aurélio para esclarecer as coisas. No verbete *feminismo*, temos: "Movimento daqueles que preconizam a ampliação legal dos direitos civis e políticos da mulher, ou a equiparação dos seus direitos aos do homem." E no verbete machismo: "Atitude ou comportamento de quem não aceita a igualdade de direitos para o homem e a mulher, sendo contrário, pois, ao feminismo." Um é movimento, outro é atitude.

Feminismo teria sido usado pela primeira vez com o significado atual pelo filósofo francês Charles Fourier, em 1837. E *machismo*, no sentido que temos hoje, foi lançado pelas feministas na segunda fase do movimento, durante os anos 1960. Na realidade, ambos já existiam muito antes de ser nomeados.

Todas as mulheres que fugiram às limitações impostas pelas leis e costumes em qualquer época se enquadram no conceito de feministas. Joana d'Arc, que viveu apenas 19 anos (entre 1412 e 1431), exemplifica bem essa categoria. Contrariando todas as regras, apresentou-se como voluntária para atuar junto com as tropas francesas na Guerra dos Cem Anos travada contra a Inglaterra. Mostrou-se uma líder de mão-cheia e estrategista brilhante, mudando os rumos da guerra e possibilitando a coroação do rei Carlos VII, até então impossibilitado pelos ingleses de assumir o trono. Capturada por franceses simpatizantes do inimigo, foi entregue ao governo inglês e julgada pelo bispo Pierre Cauchon, que despejou sobre ela várias acusações religiosas por conta de declarações nas quais a ré se dizia inspirada por São Miguel, Santa Margarida e Santa Catarina. O julgamento resultou em condenação à morte na fogueira por heresia. Depois de executada a sentença, em 30 de maio de 1431, a mesma Igreja católica que a matou decidiu rever o processo. A revisão concluiu pela inocência, proclamando a jovem combatente mártir da Igreja em 1456. Joana d'Arc foi canonizada em 1920 pelo Vaticano e figura hoje como um dos santos padroeiros da França.

No século IV d.C., uma mulher bem menos famosa que a santa francesa teve presença marcante em Alexandria. Chamava-se Hipátia e foi a primeira mulher reconhecida como matemática, expertise que ela acumulava com os conhecimentos de filosofia e astronomia. Tornou-se tão admirada que passou a exercer influência política, especialmente sobre Orestes, governador do Egito, na época sob domínio romano. A posição ocupada por Orestes fazia dele a principal autoridade em Alexandria. Tendo o governador ordenado a execução de um monge cristão, o desejo de vingança projetou-se naquela mulher que se destacava demais e mantinha notória proximidade com o homem que eles não podiam atingir diretamente. Hipátia foi atacada na rua por uma multidão de cristãos e arrastada até uma igreja, onde a torturaram até a morte. Seu corpo foi lançado numa fogueira. A vida nunca foi fácil para as feministas.

O marco inicial do movimento assumidamente feminista aconteceu com as *sufragistas*, que sacudiram o mundo na passagem do século XIX para o século XX.

A ideia surgiu um pouco antes, com a escritora inglesa Mary Wollstonecraft, que começou a questionar a proibição do voto feminino em 1792. Seus textos fomentaram reflexões, que gradativamente foram se transformando em indignação, e irromperam nas ruas nos anos 1880 sob a liderança de Emmeline Pankhurst, fundadora da União Social e Política das Mulheres. Diversos grupos afins ganharam forma com multiplicidade de pautas, entre elas o direito à propriedade imobiliária, também vedado às mulheres na época. Até que em 1897 a educadora Millicent Fawcett fechou o foco no tema prioritário, fundando a União Nacional pelo Sufrágio Feminino. Foi uma luta difícil. A combativa senhora Pankhurst enfrentou várias temporadas na prisão, encarou a repressão do governo e inspirou suas companheiras a confrontar os adversários de diversas maneiras, inclusive fazendo greves de fome. Uma dessas companheiras, Emily Davidson, sacrificou a vida pela causa, atirando-se sob as patas do cavalo do rei George V durante um *derby* em 1913.

Cinco anos depois da comoção causada por essa morte, o voto feminino finalmente foi admitido pela legislação britânica, mas restrito às mulheres com idade acima dos 30 anos. Só em 1928 a idade mínima das mulheres com direito a voto foi reduzida para 21 anos, equiparando-se à dos homens.

As décadas de luta das sufragistas britânicas influenciaram o mundo inteiro. Os Estados Unidos se renderam às reivindicações sufragistas pouco depois dos ingleses, em 1920. No Brasil, após muitas iniciativas em diferentes estados, o direito feminino de votar e ser votada foi reconhecido em 1932. Na Suíça, o voto das mulheres foi conquistado muito depois, em 1971. No Kwait, só em 2006. Na Arábia Saudita, a luta seguiu até 2015.

MASCULINO x FEMININO

Tirando os países retardatários excepcionais, a chamada *primeira onda do feminismo* fechou seu ciclo pouco depois da Primeira Guerra Mundial, com o direito ao voto encabeçando suas principais conquistas.

Com a ascensão do nazismo, prosperaram teses mirabolantes, como a que associou os judeus ao feminismo numa imaginária ação antigermânica. A professora e escritora Charu Gupta explica que os nazistas "acreditavam que o movimento das mulheres fazia parte de uma conspiração judaica internacional para subverter a família alemã e, assim, destruir a raça alemã. O movimento, alegavam, encorajava as mulheres a afirmar sua independência econômica e a negligenciar sua tarefa de produzir filhos".

Passado o pesadelo da Segunda Guerra, em 1949, um livro de Simone de Beauvoir, *O segundo sexo*, traria o feminismo de volta aos holofotes em grande estilo.

A *segunda onda* veio com a pílula anticoncepcional em 1960.

Aconteceram a Revolução Sexual e o Movimento pela Libertação Feminina. Nesse tsunami sociocultural, grandes mudanças foram implementadas nos costumes, e a lista de reivindicações das mulheres ganhou estatura compatível com o momento. A luta agora era por um novo papel na sociedade, pelo fim de todo tipo de discriminação, pelo direito ao divórcio em condições de igualdade com os homens, por garantias legais equivalentes às dos homens no trabalho e no mundo dos negócios, pelo direito ao exercício pleno da sexualidade e de tomar decisões sobre o próprio corpo, incluindo-se nesse último item o até hoje controverso aborto.

Muito foi conquistado em assuntos menos difíceis que o aborto. Na França, por exemplo, as mulheres casadas só se livraram da necessidade de autorização do marido para trabalhar em 1965. No Brasil, a possibilidade do divórcio só aconteceu em 1977. No mundo inteiro, houve grandes avanços comportamentais e legislativos.

Estimulada por uma juventude efervescente, a *segunda onda do feminismo* se estendeu até 1980. Nos seus exatos vinte anos de duração, tivemos sutiãs e cintas queimados em praça pública,

A terceira onda surgiu após um mínimo intervalo. Começou logo no final dos anos 1980 e se estende até os dias de hoje. Essa fase tem como principal característica a incorporação de outras bandeiras, como o lesbianismo e o combate a sexismo, racismo e biologização de gênero. Por conta dessa mistura temática, grupos conservadores passaram a deturpar a imagem do feminismo, levando-nos ao absurdo de mulheres que rejeitam o movimento responsável por sua libertação, e usam o voto, que lhes foi possibilitado à custa de tanto sofrimento, para eleger políticos que hostilizam as feministas.

a minissaia de Mary Quant, o auge dos beatnicks, o movimento hippie pregando paz e amor, os protestos contra a Guerra do Vietnã, as revoltas estudantis de 1968, a parceria com o Movimento Negro afirmando que *black is beautiful*, Leila Diniz posando grávida de biquíni, um boom de ousadia, irreverência e criatividade, tendo como trilha sonora os hits de Beatles e Rolling Stones.

A *terceira onda* surgiu após um mínimo intervalo. Começou logo no final dos anos 1980 e se estende até os dias de hoje. Essa fase tem como principal característica a incorporação de outras bandeiras, como o lesbianismo e o combate a sexismo, racismo e biologização de gênero. Por conta dessa mistura temática, grupos conservadores passaram a deturpar a imagem do feminismo, levando-nos ao absurdo de mulheres que rejeitam o movimento responsável por sua libertação, e usam o voto, que lhes foi possibilitado à custa de tanto sofrimento, para eleger políticos que hostilizam as feministas.

Relembrando que machismo é atitude, não podemos cair na armadilha dos que o confundem com masculinidade. O machismo se configura na crença de que o homem é superior à mulher, porque teria mais força física, mais equilíbrio emocional e mais inteligência. Essa suposta superioridade autorizaria os homens a impor as regras de comportamento social, porque é assim que o mundo deve funcionar.

Por mais que o pensamento machista seja amenizado ou lapidado, a história prova que ele tem prevalecido. E essa prevalência se deve unicamente à narrativa que os homens construíram a seu favor, desde o momento em que colaram em Deus uma imagem masculina. A soma das crenças individuais se transforma em barreira coletiva, gerando o que R. W. Connell definiu como masculinidade hegemônica. Curiosamente, esse cientista social australiano que abordou a questão com tanto brilhantismo, depois de perder sua companheira para um câncer, com mais de sessenta anos, decidiu se submeter à cirurgia e a um tratamento hormonal para mudança de sexo, trocou de nome e realizou o sonho, até então secreto, de se tornar mulher.

Homens x mulheres na ficção

Começamos em 411 a.C., quando a peça *Lisístrata*, de Aristófanes, foi encenada na Grécia. É provavelmente a primeira trama feminista da história mundial, narrando a greve sexual das mulheres atenienses, lideradas pela personagem-título, para forçar seus maridos e amantes a interromper a Guerra do Peloponeso travada contra Esparta. A estratégia funciona, fazendo com que os homens, desesperados com a longa abstinência sexual, acabem negociando a paz.

O final feliz de Lisístrata só costuma se repetir em comédias românticas ou dramas açucarados. Na grande literatura, são inúmeros os exemplos de desfechos trágicos, com destaque para dois clássicos europeus: *Anna Karenina* e *Madame Bovary*, ambos tratando de mulheres que desafiaram as regras impostas pelo casamento em busca de uma grande paixão, mulheres adúlteras enfrentando o rigor de sociedades patriarcais.

Escrito por Leon Tolstoi, *Anna Karenina* começou a ser publicado na revista *Russkii Vestnik* em 1875, mas foi interrompido porque o editor não concordou com o final da história. Sua publicação como livro aconteceu em 1877, causando forte impacto no meio literário. William Faulkner classificou-o como "o melhor romance já escrito". E dois russos não menos geniais, Fiodor Dostoievski e Vladimir Nabokov, se referiram a ele como "uma impecável obra de arte".

Numa clara demonstração de como realidade e ficção se combinam para gerar grandes histórias, Tolstói teve dois grandes estímulos para escrever seu romance: a leitura de *L'Homme-femme*, de Alexandre Dumas (filho), que tratava de infidelidade conjugal;

e a tragédia ocorrida com um vizinho seu, cuja amante chamada Anna, vendo que ia perdê-lo para uma rival alemã, preferiu a morte, jogando-se debaixo de um trem. Tolstói chegou a acompanhar a autópsia da suicida, convivendo com a lembrança dessa imagem horrível, até que ela se convertesse em seu novo projeto literário depois do sucesso de *Guerra e paz*. Do penoso processo de fermentação nasceu um romance ímpar, que logo na primeira frase demonstra a que veio: "Todas as famílias felizes se parecem, cada família infeliz é infeliz à sua maneira."

Em 20 de setembro de 1851, Gustave Flaubert escreveu uma carta a um amigo dizendo: "Comecei ontem à noite meu romance. Entrevejo agora dificuldades de estilo que me assustam. Não é pouca coisa ser simples." Cinco anos depois estava pronto o livro que consagraria seu nome como um dos maiores da literatura mundial.

Madame Bovary é considerado o primeiro romance moderno. Foi publicado inicialmente em episódios espalhados por várias edições de uma revista parisiense. A exemplo do que aconteceu na Rússia com *Anna Karenina*, também se inspirou em um fato real: o suicídio da esposa de um oficial de saúde na Normandia.

A publicação em formato de livro aconteceu em 1857. Sua protagonista é apresentada de um modo tão sensível e envolvente que a palavra *bovarysmo* foi adotada na psicologia para designar pessoas que apresentam os mesmos traços psicológicos da personagem, resumidos cientificamente como "a faculdade conferida ao ser humano de conceber a si mesmo como outra coisa, diferente daquilo que é realmente".

Emma Bovary, jovem interiorana que estudou em um convento, alimenta sonhos despertados pelos romances que lê e, buscando sair de sua vidinha limitada, casa-se com um médico acomodado. O casamento frustra suas expectativas; o marido não lhe dá a menor esperança de que as coisas vão melhorar. Ela se deprime e passa a tentar com outros homens a vida que sonhava. Os amantes também a decepcionam. Emma se suicida. Só então o marido descobre que estava sendo traído, entrando num sofrimento profundo que o leva à morte. Tragédia absoluta.

O livro causou indignação no público tradicional da época. Não se admitia que uma figura feminina, mesmo fictícia, desrespeitasse o marido e ignorasse as instituições buscando prazer fora do casamento. Essa indignação se materializou em rumoroso processo judicial por ofensa à moral pública e à religião contra o escritor, o editor e o impressor.

Em sua defesa, Flaubert precisou explicitar sua aderência aos preceitos morais reclamados por seus acusadores, afirmando que buscava "a excitação da virtude pelo horror ao vício". Tal argumento foi realçado na fundamentação da sentença absolutória:

> Visto que Gustave Flaubert protesta seu respeito pelos bons costumes e por tudo que está ligado à moral religiosa (...); Que ele somente cometeu o erro de perder às vezes de vista as regras que todo escritor que se respeita nunca deve ultrapassar... que não está suficientemente estabelecido que Pichat, Gustave Flaubert e Pillet se tenham tornado culpados dos delitos que lhes são imputados; o tribunal os absolve da incriminação de que foram acusados e os dispensa sem custas.

Ao contrário do que acontece no romance, a história do processo teve um final feliz.

A relação turbulenta entre homem e mulher é o tema mais explorado pelos storytellers. Situações de divórcio renderam grandes filmes como *Kramer vs. Kramer*, de Robert Benton (1979), e *História de um casamento*, de Noah Baumbach (2019), ambos relatando separações traumáticas e envolvendo filhos, por mero desgaste comportamental, sem um fato motivador grave. Séries televisivas como *The Affair*, lançada pelo Showtime em 2014, e *Divorce*, produção da HBO de 2016, abordam o mesmo tema só que explorando a destruição do casamento por casos extraconjugais.

Relacionamentos abusivos são o tema central de trabalhos excelentes nos gêneros drama, suspense e terror. Belo exemplo do primeiro gênero é *Big Little Lies*, série da HBO criada por David E. Kelley, baseada no romance homônimo de Liane Moriarty (2017). A história se passa em Monterey, na Califórnia, onde as mães de crianças que estudam numa escola local vivem conflitos provincianos que lentamente se revelam mais graves do que aparentam, tudo remetendo a um misterioso assassinato ocorrido na cidade. A vítima e a autoria do crime só são reveladas no último episódio da primeira temporada. O simples fato de sabermos que houve um assassinato, mas não termos ideia de quem morreu e quem matou, é proeza roteirística que merece aplauso. Nesse drama com tempero policial, são diversos os problemas de relacionamento apresentados, com destaque para um caso de estupro, e outro em que o marido atormenta a mulher com um grau de violência insuportável. Temos ali uma aula de storytelling, com um conteúdo altamente feminista, e contando com elenco de primeiríssima grandeza: Nicole Kidman, Reese Witherspoon, Shailene Woodley, Zoë Kravitz e Laura Dern, com o luxuoso reforço de Meryl Streep na segunda temporada.

No gênero *suspense*, um bom exemplo é *Dormindo com o inimigo* (1991), dirigido por Joseph Ruben, com roteiro de Ronald Bass e Bruce Joel Rubin, baseado num romance com o mesmo título, escrito por Nancy Price. Temos um casal em que o marido adora espancar a esposa. Ela arquiteta um plano ousado para escapar do inferno doméstico: finge morrer afogada, foge e arranja outra identidade para recomeçar a vida longe dali, onde atrai a atenção de um divertido vizinho que é professor universitário, passando a se relacionar com ele. O marido desconfia de que foi ludibriado,

MASCULINO x FEMININO

começa a buscá-la e, quando finalmente descobre que sua mulher está viva e com outro homem, o reencontro não é nada gentil.

Na categoria *terror*, nosso exemplo vem revestido de ficção científica, com o remake de *O homem invisível*. A origem da história está no livro de H. G. Wells publicado em 1897 e adaptado para o cinema pela primeira vez em 1933, com roteiro de R. S. Sherriff e direção de James Whale. Na primeira versão, considerada um clássico do terror, o foco narrativo está no cientista que descobriu uma substância que o torna invisível, mas ainda não inventou o antídoto que o trará de volta à visibilidade.

O remake lançado em 2020 tem roteiro e direção de Leigh Whannel. Nele, a força da história não está no expert em ótica com sua proeza científica, mas na mulher do inventor, interpretada por Elisabeth Moss, que foge de casa para escapar da sufocante personalidade do marido. O invento da invisibilidade é usado por ele para atormentar a esposa. Embora partindo da mesma premissa, as tramas são fundamentalmente distintas.

Nem tudo, porém, é tão extremado nas narrativas que contrapõem o masculino ao feminino.

Dona Flor e seus dois maridos, de Jorge Amado, romance transformado em filme por Bruno Barreto em 1976, mostra uma protagonista dividida entre o fantasma do primeiro marido (o malandro Vadinho), que lhe dava muito prazer e nenhum conforto, e a estabilidade proporcionada pelo segundo (o médico Teodoro), que lhe dá muito conforto e nenhum prazer. Uma situação que faz rir e refletir.

Outro filme brasileiro que mexeu com as fantasias sexuais, estrelado pela mesma Sônia Braga que interpretou Dona Flor, foi *A dama do lotação* (1978). Baseado num conto de Nelson Rodrigues, ele nos apresenta Solange, que se casa com o amigo de infância, Carlos. Sentindo-se emocionalmente bloqueada para o ato sexual na noite de núpcias, ela é estuprada pelo marido e, a partir daí, perde o interesse por ele. Para saciar os instintos reprimidos, Solange começa a andar de lotação, com roupas provocantes, atraindo homens desconhecidos com quem se relaciona por puro prazer.

Não é só no campo da sexualidade que a mulher tem se reposicionado. Personagens femininas vêm ganhando mais poder desde os anos 1980.

Alien, o oitavo passageiro, de Ridley Scott, sinalizou a tendência já em 1979, consagrando a tenente Ellen Ripley (Sigourney Weaver) como corajosa protagonista que seguiu encarando assustadores alienígenas gosmentos nas sequências *Aliens, o resgate* (1986), *Alien 3* (1992) e *Alien: a ressurreição* (1997).

Kill Bill, de Quentin Tarantino, foi lançado fazendo analogia com o formato literário: Volume 1 em 2003, Volume 2 em 2004. O cartaz do filme, com a imagem da protagonista Beatrix Kiddo (Uma Thurman) empunhando a espada com que buscará vingança contra o sanguinário Bill, não deixa dúvidas sobre quem é a personagem forte da história.

Jogos vorazes surgiu como livro. Escrito por Suzanne Collins e lançado em 2008, foi adaptado para o cinema em 2012, com direção de Gary Ross. Jennifer Lawrence interpreta a protagonista Katniss Everdeen que, num país imaginário, disputa uma espécie de reality show promovido pelo governo em que os adolescentes participantes combatem entre si até que apenas um sobreviva.

Millennium: os homens que não amavam as mulheres também parte de um bestseller. Nesse caso, o autor é um homem, Stieg Larsson; e o protagonista também é homem, o jornalista investigativo Mikael Blomkvist. No filme, dirigido por David Fincher, o papel principal é vivido por Daniel Craig. Onde entram as mulheres nesse caso? No tema central: o desbaratamento de uma gangue de assassinos misóginos; e também na parceira do protagonista, que é a melhor personagem da história. Uma hacker franzina e muito louca, cheia de habilidades, que não se intimida com nada: Lisbeth Salander, interpretada por Rooney Mara.

Três anúncios para um crime, de Martin McDonagh (2017), traz Frances McDormand no papel da mãe destemida que não dá trégua às autoridades, nem ao homem mais poderoso de sua cidade, na busca pelo criminoso que estuprou e matou sua filha.

Tomb Raider: a origem, de Roar Uthaug (2018), veio dos videogames para o cinema trazendo Alicia Vikander no papel da inteligente e atlética arqueóloga Lara Croft.

Na área dos super-heróis, depois de *Supergirl* (1984) e *Elektra* (2005), foram produzidos dois filmes de peso com protagonistas femininas: *Mulher-Maravilha*, de Patty Jenkins (2017), baseado na personagem da DC Comics; e *Capitã Marvel*, de Anna Boden e Ryan Fleck (2019), baseado na personagem da Marvel Comics.

Me too

Começou nos bastidores do cinema.

O produtor de cinema norte-americano Harvey Weinstein, fundador da Miramax e depois da The Weinstein Company, foi acusado de assédio sexual em 2017 por cerca de oitenta mulheres, incluindo algumas celebridades, como Gwyneth Paltrow, Angelina Jolie, Léa Seydoux, Ashley Judd, Mira Sorvino e Rosanna Arquette. No meio dessas acusações, três, feitas por mulheres um pouco menos conhecidas do grande público, relatavam estupros. A reportagem do *New York Times* sobre o caso, assinada pelas ganhadoras do Prêmio Pulitzer Jodi Kantor e Megan Twohey, provocou um terremoto. Além do imediato divórcio do acusado, ele foi demitido da própria empresa e expulso do Conselho do Oscar. Em março de 2020, Weinstein foi condenado a 23 anos de prisão.

A partir desse episódio, surgiu nas redes sociais o movimento *#MeToo*, que abriu espaço para milhões de relatos de abuso sexual e colocou na berlinda o comportamento de homens atuantes no universo cinematográfico e artístico, estendendo seus efeitos ao mundo dos negócios em geral, e a todos os contextos de convívio entre masculino e feminino.

Os geniais diretores de cinema Woody Allen e Roman Polanski há décadas enfrentam sérias acusações. Contra o primeiro, paira a dúvida sobre abuso sexual da filha adotiva Dylan, aos sete anos de idade (fato não confirmado pela Justiça norte-americana), que veio à tona com o ruidoso final de seu casamento com a atriz Mia Farrow em 1992. Contra o segundo, existe condenação desde 1978 nos Estados Unidos por práticas libidinosas com menor de idade. Os dois casos voltaram à tona na esteira do #MeToo.

Remexido em 2019 por declarações de Dylan já adulta, o problema de Allen provocou ruptura de seu contrato com a Amazon e impossibilitou o lançamento nos Estados Unidos de seu filme *Um dia de chuva em Nova York*. Vários atores se declararam arrependidos de ter atuado em seus filmes. A autobiografia do cineasta deixou de ser lançada pela editora Hachette, que originalmente detinha os direitos. Allen teve que recorrer a uma editora independente, a Arcade Publishing, para ter sua obra nas livrarias em março de 2020. A série documental da HBO, *Allen vs Farrow*, lançada em fevereiro de 2021, colocou mais lenha na fogueira.

O problema de Polanski, agravado por uma recente acusação de estupro, sem provas e negado por ele, que teria ocorrido há décadas, motivou protestos furiosos diante de cinemas que exibiam seu filme premiado em 2019 no Festival de Veneza, com o sugestivo título de *J'Accuse*.

Sobraram também acusações de conduta sexual imprópria para o veterano ator Dustin Hoffman, no final de 2017, por fatos que teriam ocorrido nos anos 1980, e para Robert De Niro, em 2019, por comportamento inadequado e discriminação de gênero contra uma ex-funcionária.

No Brasil, o ator José Mayer passou por um grande revés em março de 2017, ao ser acusado de assédio sexual por uma figurinista. Ele com 67 anos, ela com 28. Apesar de ter reconhecido seu erro e se desculpado publicamente por escrito, Mayer não foi mais escalado, pelo menos até o início de 2021, para atuar em programas da TV Globo, emissora onde trabalhava, ou de qualquer outra emissora.

Vítimas, forçadas ao silêncio por longos anos de pressão sociocultural, encontraram a brecha para denunciar o que vinham sofrendo. A partir dessa brecha, a represa se rompeu com todo o estrondo a que tinha direito.

Uma aia pra encerrar o assunto

Se eu tivesse que escolher apenas uma história ficcional como exemplo do conflito homem × mulher, decidiria por *O conto da aia*. O romance de Margaret Atwood lançado em 1985 nos leva aos Estados Unidos transformados numa teonomia cristã militarizada e profundamente machista chamada Gileade. Esse lugar, angustiado com a baixa fertilidade humana, ampara-se num texto bíblico para exigir que aias, mulheres escravizadas em condições de procriar, sirvam como matrizes, submetendo-se a relações sexuais ritualizadas com seus "comandantes", sob as bênçãos das esposas desses comandantes.

Que texto bíblico poderia inspirar tamanho absurdo? Gênesis 30: 1-13, mais um trecho preocupante do Antigo Testamento:

Raquel, vendo que não dava filhos a Jacó, teve inveja de sua irmã: "Dá-me filhos", disse ela ao seu marido, "senão morro!" E Jacó irritou-se com ela. "Acaso", disse ele, "posso eu pôr-me no lugar de Deus que te recusou a fecundidade?" Ela respondeu: "Eis minha serva Bala: toma-a. Que ela dê à luz sobre os meus joelhos e assim, por ela, terei também filhos." Deu-lhe, pois, por mulher sua escrava Bala, da qual se aproximou Jacó. Bala concebeu e deu à luz um filho a Jacó. Disse então Raquel: "Deus fez-me justiça. Ele ouviu minha voz e deu-me um filho." Por isso ela o chamou Dã. Bala, escrava de Raquel, concebeu de novo e deu à luz um segundo filho a Jacó. Raquel disse: "Lutei contra minha irmã junto de Deus, e venci!" E deu ao menino o nome de Neftali. Lia, vendo que não concebia mais, tomou sua escrava Zelfa e deu-a por mulher a Jacó. Zelfa, escrava de Lia, deu à luz um filho de Jacó. Lia disse: "Que sorte!" E chamou-o Gad. Zelfa, escrava de Lia, deu à luz um segundo filho de Jacó. Lia disse: "Que felicidade! As mulheres me chamarão ditosa." E chamou-o Aser.

Reconheceu os personagens? Jacó, Raquel e Lia são aqueles mencionados há algumas páginas, quando falamos de poligamia. Além de casar com as duas irmãs, Jacó acabou montando um pequeno harém ao adotar as escravas de cada uma delas como suas parceiras sexuais.

A importância de Jacó para o enredo de *O conto da aia* está na concepção da República de Gileade, surgida a partir de um movimento chamado "Filhos de Jacó", que teria aplicado um golpe de Estado suspendendo a Constituição do Estados Unidos com discurso de restauração da ordem por meio de uma "reconstrução cristã". Nessa nova república, as mulheres perdem seus direitos, até mesmo a leitura lhes é proibida. Todos são submetidos a severa vigilância estatal, e as mulheres passam a ser divididas em castas. Ser esposa é o máximo a que podem almejar. Além dessa honrosa posição, sobram as aias (escravas reprodutoras), as martas (escravas que prestam serviços domésticos) e as poucas funcionárias públicas que coordenam aias e martas.

Esse universo irrespirável nos é mostrado pela narração da aia Offred, que não se conforma com a vida que lhe é imposta e sofre horrores por isso.

O livro foi adaptado para série televisiva por Bruce Miller, que contou com um timaço de roteiristas em seu desenvolvimento. Produzida pelo canal de streaming Hulu e lançada em 2017, a série arrebatou público, crítica e prêmios, e alavancou a carreira da atriz Elisabeth Moss, intérprete da protagonista.

A história de *O conto da aia*, com mais de trinta anos de antecedência, previu uma situação que, diante do atual retrocesso político-cultural de países como Estados Unidos e Brasil, passou a soar como assustadoramente possível.

ESQUERDA × DIREITA

"Algum dia alguém haverá de me explicar por que, numa era em que a ciência acumula tanto saber, quando a verdade deveria ser cristalina e o conhecimento humano está ao alcance de tantos, a oferta de líderes populistas e mentirosos tem tanta demanda?"
John Le Carré

Divisor de águas

Final do século XVIII. Duas grandes revoluções impactaram o mundo: a Independência dos Estados Unidos, em 1776, e a Revolução Francesa, em 1789. Nada mais estava garantido para as monarquias absolutistas.

Todos os colonizadores se sentiram ameaçados ao verem desmoronar o até então invejado domínio britânico sobre seu belo pedaço de Novo Mundo. Todos os reis e seus ilustres palacianos passaram a ter pesadelos guilhotinantes.

Na assembleia legislativa francesa instalada logo depois que uma Constituição pós-revolucionária entrou em vigor, dois grupos se digladiavam. Do lado direito, os **girondinos**, de perfil moderado, defensores da monarquia, representantes da burguesia provinciana; do lado esquerdo, os **jacobinos**, de perfil radical, defensores da república, representantes dos montanheses e dos trabalhadores, pequenos proprietários e artesãos, conhecidos como *sans-culottes*. Esse posicionamento físico à direita e à esquerda dentro da assembleia passou a denominar a dualidade conceitual que marca a política até hoje.

A Revolução Francesa se estendeu por dez anos turbulentos que custaram milhares de vidas, inclusive a de vários líderes da própria revolução, consumidos em debates de crescente violência. O bonito lema *Liberté, Égalité, Fraternité* não conseguiu ser colocado em prática, especialmente no aspecto da fraternidade. A República Jacobina, que em 1793 guilhotinou o rei e a rainha, implantou um clima de terror que atingiu tanto adversários quanto companheiros. Danton, um de seus mais destacados líderes, foi substituído por Robespierre porque o achavam moderado demais. Terminou guilhotinado. Aristocratas, clérigos, girondinos, gente ilustre como o célebre químico Antoine Lavoisier — ninguém escapava dos rigores de Robespierre, até o momento em que o próprio Robespierre teve seu pescoço oferecido à lâmina criada por Joseph-Ignace Guillotin. Ninguém podia se considerar seguro naquele tempo de fúria em terras francesas. Boa parte desse período é mostrada no filme de Andrzej Wajda, *Danton: o processo da revolução* (1983), protagonizado por Gérard Depardieu.

Atingida em cheio pela repentina explosão transformadora da ordem global, a Grã-Bretanha mergulhou em debates internos liderados à direita por Edmund Burke e à esquerda por Thomas Paine. Discussão inteligente em torno de ideias. Ordem e conservação x justiça e progresso. Com um significativo ponto em comum: ambos eram liberais, apenas enxergando o que é ser liberal sob ângulos distintos.

Chama atenção o fato de termos na bandeira brasileira o lema do positivismo, formulado pelo filósofo francês Auguste Comte, que é composto por uma palavra originalmente de direita, *ordem*, e outra cujo berço está na esquerda, *progresso*.

As duas visões de mundo sustentadas por Burke e Paine pareciam naquela época destinadas a conviver tão pacificamente quanto convivem na faixa que atravessa o círculo central de nossa bandeira. Conflitantes, sim, mas não excludentes. Antes de tudo, complementares.

A dupla de personagens britânicos, que já defendia posições opostas bem antes da Revolução Francesa, teve seus perfis de atuação afetados pelos eventos ocorridos na França. No lado direito da conversa, o impacto foi bem maior.

Edmund Burke começou sua carreira focado na necessidade de reformas em vários campos. Inconformado com o que acontecia, por exemplo, nas finanças e no tratamento dispensado às minorias religiosas, era um agente político que sonhava prioritariamente com mudanças. Com o advento da Revolução Francesa, temendo que os ingleses fossem contagiados pela ideia, passou a concentrar seus esforços nas tradições políticas do seu país e na preservação do poder monárquico e aristocrático. Comportou-se como uma equipe que, fustigada pelo adversário, prefere abrir mão das manobras de ataque para se concentrar na defesa.

Para Thomas Paine, um dos articuladores da independência dos Estados Unidos, a virada francesa foi alavancadora. Percebendo que o adversário balançava, classificou sua mudança de postura como fraqueza, e aproveitou para colocar mais ênfase no teor humanista do seu discurso. Numa carta escrita em 1806, ele afirma: "Meu motivo e objetivo em todas as minhas obras políticas, começando com *Senso comum*, a primeira que publiquei, foi resgatar o homem da tirania e dos falsos sistemas e princípios de governo, e permitir que fosse livre e estabelecesse o governo por si mesmo."

Se antes os dois caminhavam com alguma proximidade, a ponto de frequentarem os mesmos jantares e terem ídolos em comum como Benjamin Franklin, a partir da Revolução Francesa começaram a se distanciar.

Enquanto isso, a França continuava em convulsões internas que culminaram com o golpe de Estado promovido por Napoleão Bonaparte. Apoiado pelos girondinos, representantes da alta burguesia, ele foi proclamado imperador, título mantido por dez anos. Nesse período, o imperador organizou a legislação civil francesa criando o Código Napoleônico e provocou vários conflitos militares, as Guerras Napoleônicas. Enfraqueceu-se ao tentar invadir a Rússia em 1812 e teve sua carreira bélica liquidada definitivamente em junho de 1815, na famosa Batalha de Waterloo, contra os ingleses. A vida política francesa ainda enfrentaria muitas turbulências até encontrar um ponto de equilíbrio com a chamada Terceira República, em 1870.

Liderada pela Inglaterra, a economia mundial já se encaminhava para a indústria desde os anos 1760, o que coloca as revoluções americana e francesa num contexto revolucionário mais amplo: o da Revolução Industrial.

Com o passar do tempo, as relações empregatícias nas indústrias descambaram para uma exploração exagerada do trabalhador; patrões e empregados se afastaram dos pontos de convergência; a direita agarrou-se ao capital e a esquerda ao trabalho. Acentuou-se o antagonismo entre os donos do dinheiro e o proletariado. O *Manifesto comunista*, lançado por Karl Marx e Friedrich Engels no Reino Unido em 1848, explicitou essa polarização, rotulando a burguesia como classe opressora e estimulando a reação do proletariado à situação injusta que lhe era imposta. Enfim, a luta de classes era mostrada como inevitável, e o modo de produção capitalista, mola mestra da Revolução Industrial, segundo pregava a nova doutrina, teria que ser modificado. A ideia ganhou adeptos apaixonados entre alguns intelectuais e muitos trabalhadores. O chamado final, "Proletários de todos os países, uni-vos!", passou a tirar o sono dos ricos no mundo inteiro. Mas era, em princípio, só uma ideia com ares românticos, utópica, aparentemente inviável.

Até que em março de 1917 uma revolução aconteceu na Rússia, derrubando a monarquia czarista. E em novembro do mesmo ano outra revolução derrubou o governo provisório instalado pela revolução anterior. Numa estonteante sequência de revoluções, os ideais comunistas de repente se concretizaram. A esquerda em sua concepção mais extrema ameaçava se espalhar pelo planeta. E a direita capitalista entrou em alerta máximo.

ESQUERDA x DIREITA

A face aterrorizante do comunismo e sua contrapartida no capitalismo

"Guerra é guerra. Humano bom é humano morto."
George Orwell, em *A revolução dos bichos*

No dia 17 de julho de 1918, por volta de meia-noite, uma importante família foi acordada pelo médico que lhes prestava assistência. Obedecendo às ordens de Yacov Yurovsky, comandante da Casa da Proposta Especial (nome dado pelo novo governo revolucionário russo à Casa Ipatiev), o doutor Eugene Botkin interrompeu o sono de Nicolau, sua esposa Alexandra e os cinco filhos do casal. Pediu-lhes que se vestissem urgentemente, pois precisavam ser removidos para um lugar seguro. Afirmou-lhes que sua vida corria perigo — a única verdade em tudo que lhes foi dito. Aflitos, os integrantes da família Romanov e sua empregada, Anna Demidova, seguiram as orientações do comandante Yurovsky, dirigindo-se ao porão da casa que habitavam provisoriamente, imóvel antes dedicado a atividades mercantis, onde deveriam aguardar pelo caminhão que os transportaria para o novo abrigo. Yurovsky saiu para, segundo afirmava, providenciar a remoção. Retornou minutos depois acompanhado de um esquadrão da polícia secreta. Leu a sentença de um julgamento sumário que os réus nem sabiam existir e, quando o confuso Nicolau perguntou do que se tratava, as armas já estavam sendo engatilhadas. Antes que a família conseguisse completar o sinal da cruz, uma saraivada de balas choveu sobre eles. O pai foi o primeiro a morrer; a mãe tombou em seguida; as três jovens filhas sobreviveram aos primeiros tiros e foram perfuradas por baionetas. A empregada Anna, abraçada a um pequeno travesseiro, sofreu vários golpes de faca para acelerar o efeito que o tiro recebido se negava a produzir. O filho caçula, Alexei, de 14 anos, levou dois tiros adicionais na cabeça quando os carrascos perceberam que ainda respirava.

Após a chacina, os corpos foram descartados e desfigurados com ácido sulfúrico. O governo soviético nunca assumiu a responsabilidade pelo triste fim de Nicolau II e sua família.

A Igreja ortodoxa russa, em 15 de agosto de 2000, canonizou os Romanovs. No local em que foram executados, terreno da antiga Casa Ipatiev, na cidade de Ecaterimburgo, foi fundada em 2003 a Igreja do Sangue. Nas paredes internas do templo há pinturas dos sete membros da família imperial com auréolas ao redor de suas cabeças.

Essa é a mais emblemática narrativa das consequências da Revolução Russa, uma história que começou em março de 1917, quando o povo, maltratado pela Primeira Guerra Mundial, se insurgiu contra a opressão de seu monarca. Naquele momento, Nicolau II era o tirano a ser derrubado. E foi. Sua vida, junto com a família, dali em diante, tornou-se uma peregrinação por diferentes prisões domiciliares, que pioravam em conforto e dignidade a cada troca. Mais de um ano suportando humilhação e tortura psicológica até o trágico desfecho foi sofrimento suficiente para fazer do ex-opressor um santo.

Muitas histórias passaram a ser contadas sobre os Romanovs; várias pessoas se apresentaram como seus herdeiros, descendentes de alguém que haveria escapado naquela noite de horror. A família tornou-se lendária.

Em 2018, a Amazon lançou a série de Matthew Weiner, *The Romanoffs*, um primor sobre o efeito do drama vivido pela família imperial russa no imaginário das pessoas. Em 2019, foi a vez da Netflix, com o docudrama *Os últimos czares*, bombardeado pela crítica por abusar de clichês e privilegiar a dramatização em prejuízo da fidelidade histórica.

O ambiente em que foi gestada a Revolução Russa era o mesmo verificado em todas as grandes guinadas políticas: parte significativa da população insatisfeita com suas condições econômicas, injustiça social evidenciada pela existência de uma casta de privilegiados, governo desgastado, surgimento de lideranças que identificam a inflamabilidade do momento e acendem o fósforo... Tudo isso com três agravantes:

1) As perdas sofridas pela Rússia na Primeira Guerra Mundial foram altíssimas.

2) Seu sistema monárquico absolutista estava obsoleto, não resistindo a comparações com as novas correntes políticas dominantes na Europa.

3) A violenta repressão feita pela polícia secreta czarista, a Okhrana, ao Partido Operário Social-Democrata Russo (POSDR), que, desmantelado em 1898, começou a se reorganizar no exterior por meio de importantes líderes, como Lenin e Trotski.

Foi esse tripé que possibilitou uma revolução em dois tempos tão próximos. Primeiro houve a Revolução Branca, em março de 1917, desencadeada por manifestações de protesto a partir do Dia Internacional das Mulheres, e tendo como resultado principal a abdicação do czar Nicolau II. No mês seguinte, Lenin já estava de volta à terra natal cheio de ideias marxistas amadurecidas em seus anos de exílio. Pouco depois, em novembro do mesmo ano, veio a Revolução Vermelha, com a implantação do comunismo, o confisco de propriedades privadas e a centralização do poder econômico nas mãos do Estado.

O radicalismo desse segundo movimento revolucionário, em que a liderança de Lenin se destacava, teve forte reação contrária. A Rússia, recém-saída do flagelo da Primeira Guerra Mundial, entrou numa sangrenta guerra civil na qual se digladiavam os exércitos Branco e Vermelho. Impossível discorrer aqui sobre os muitos detalhes que compuseram esse conflito, mas vale registrar que, correndo por fora, ainda havia o Exército Negro dos anarquistas. Uma confusão dos infernos entre exércitos diferenciados por cores básicas que parecem extraídos de um jogo de tabuleiro.

A descrição do que acontecia na Rússia apavorou o mundo. Ninguém gostaria de ter sua casa tomada pelo Estado, ter seu destino traçado pelo Estado, ter sua liberdade cancelada pelo Estado. Era inimaginável viver num país que eliminava os sonhos individuais e tratava seus cidadãos como engrenagens a serviço de um partido único que não admitia discordância. Quando o Exército Vermelho finalmente conquistou a vitória na Rússia, sua atuação impulsionou vários países vizinhos a tomar o mesmo rumo. Ucrânia, Estônia, Letônia, Lituânia, Belarus, Geórgia, Armênia, Azerbaijão, Moldávia, Cazaquistão, Quirguistão, Uzbequistão, Turcomenistão e Tajiquistão se aglutinaram em torno da Rússia para formar a União Soviética, que se transformou numa espécie de poderoso presídio, dominado por ressentimentos e desejos de vingança do proletariado. Perigosamente inspirador para os trabalhadores insatisfeitos na maioria dos países. Altamente ameaçador pelo poderio bélico e tecnológico que a Rússia começou a acumular a partir do momento em que obrigou sua população a trabalhar segundo os objetivos traçados pelo Estado. O nível de ameaça cresceu substancialmente com a morte de Lenin, em janeiro de 1924.

A luta pelo poder dentro do partido único foi encarniçada. O radical Josef Stalin ganhou corpo gradativamente até assumir o governo em 1927, submetendo a União Soviética a uma longa era de opressão. Com mão de ferro, o ditador exterminou seus opositores e acelerou o processo de industrialização, sacrificando o bem-estar do povo para atingir o status de superpotência mundial.

Também a cultura passou a ser direcionada pelo governo, que acabou gerando um marco na história do cinema ao encomendar a Sergei Eisenstein a produção do filme *O encouraçado Potemkin* (1925), que conta a história de um motim. O primeiro filme do diretor, lançado no mesmo ano, foi *A greve*. Era estratégica a glorificação das rebeliões populares, colocando o governo como a expressão máxima do povo no poder e usando essa "autoridade" para silenciar quem se atravesse a pensar diferente.

ESQUERDA x DIREITA

Se a Primeira Guerra Mundial acabou produzindo a radicalização da esquerda na União Soviética, ela também produziu radicalizações direitistas em outros países.

Na Itália surgiu Benito Mussolini, em 1922.

Na Alemanha, o processo foi mais tortuoso, com Adolf Hitler se esgueirando pelo Partido dos Trabalhadores Alemães, em 1919, para depois transformá-lo no Partido Nacional Socialista dos Trabalhadores Alemães, que mais tarde ficou conhecido apenas como Partido Nazista. Um drible ideológico. Hitler catalisou as insatisfações geradas pelo resultado da Primeira Guerra Mundial adotando ares esquerdistas com o objetivo de dominar o país através da mais abominável escalada de extrema direita de todos os tempos. Importante lembrar que, durante o regime nazista, além dos judeus, cujo holocausto ganhou merecida proeminência, também eram perseguidos como inimigos do Estado os ciganos, os homossexuais e, claro, os comunistas.

O mau exemplo da esquerda russa ganhou como contraponto o péssimo exemplo da direita alemã, que ainda trouxe a reboque as alianças com Itália e Japão, cujo projeto imperialista crescia na Ásia. Estava criado o ambiente para a Segunda Guerra Mundial.

Nada é simples nos momentos de grande conturbação. O conflito mundial provocado por Hitler de 1939 a 1945 fez com que países como Estados Unidos, Inglaterra e França, apesar de assustados com as ideias russas, se aliassem aos soviéticos. Um perigo maior sempre ajuda a abandonar velhas rivalidades.

Ao final da Segunda Guerra Mundial, a derrotada Alemanha foi dividida ao meio. O lado oriental foi dominado pelos russos; o lado ocidental, pelos norte-americanos. Um muro foi construído em Berlim para marcar essa divisão, que também simbolizava um racha mundial entre comunismo e capitalismo. Do mesmo modo, a Coreia, anexada pelo Império Japonês desde 1910, acabou dividida entre os dois blocos: Coreia do Sul para os Estados Unidos, Coreia do Norte para a União Soviética.

Um ano depois de terminada a guerra mundial, começou a Guerra Civil Chinesa. Travada entre o Partido Nacionalista (apoiado pelos Estados Unidos) e o Partido Comunista (apoiado pela União Soviética), ela terminou em 1949 com a vitória do revolucionário Mao Tsé-tung, que proclamou a República Popular da China.

Mais um grande país sucumbia ao comunismo. O mundo entrava em alerta máximo.

Guerra Fria

"É isto, de fato, a propaganda de guerra: fazer as pessoas do nosso lado acreditarem que as pessoas do lado adversário são apenas a concretização de abstrações muito más."
Aldous Huxley

Enquanto as ideologias têm pontos positivos a ser discutidos, aprimorados e aproveitados, os Estados totalitários sempre transpiram negatividade. Esquerda e direita se igualam sob a influência do autoritarismo.

O método usado por Lenin, e depois Stalin, na União Soviética foi praticamente o mesmo aplicado por Hitler na Alemanha e Mussolini na Itália: cercear a liberdade de expressão, combater a cultura, desqualificar a imprensa, rotular os opositores como traidores da pátria, exacerbar o patriotismo, falsear os fatos para confirmar sua narrativa, inventar inimigos, criar clima conspiratório, instigar medo e ódio, arvorar-se como defensor da moral e dos bons costumes. Com esses ingredientes, cria-se uma narrativa simplista que dispensa maiores argumentações. Quem não concorda com o governo está errado, portanto deve ser eliminado.

Ao saírem de cena, Hitler e Mussolini deixaram de ser expoentes negativos da direita, ficando em evidência apenas os males

ESQUERDA × DIREITA

da esquerda praticados na Rússia, na China e, a partir de 1959, em Cuba, onde um ditador de direita, Fulgêncio Batista, deu lugar a um ditador de esquerda, Fidel Castro. O sangue derramado por esses regimes e a opressão por eles exercida facilitaram o discurso direitista. Mas nada facilitou tanto a comparação entre as ideologias quanto as duas Alemanhas surgidas no pós-guerra. Era evidente a superioridade do padrão de vida ocidental sobre o oriental; era chocante ver os moradores do lado oriental perdendo a vida ao tentarem passar para o outro lado do muro. Como poderia ser bom um regime que precisava reter sua população para evitar que muitos, talvez todos, fugissem? Em Cuba, o fenômeno se repetia, com as embarcações de fugitivos rumo a Miami, apesar da repressão violenta das forças governamentais. A diferença entre as duas Coreias também era gritante.

A chamada Guerra Fria entre Estados Unidos (liderando o Bloco Ocidental) e União Soviética (liderando o Bloco Oriental) começou em 1947 e durou mais de quatro décadas, baseada essencialmente em narrativa e demonstração de força. Buscava-se conquistar corações e mentes, rotular o outro lado como representante do mal.

Nas batalhas narrativas, como já vimos, o lado comunista saiu perdendo. Mas foi presenteado com várias ditaduras direitistas que esbanjaram crueldade, algumas já estabelecidas antes do final da Segunda Guerra, como a de Salazar em Portugal (de 1926 a 1974) e a de Franco na Espanha (de 1939 a 1975), e as que surgiram durante a Guerra Fria, como no Brasil (1964), na Argentina (1966) e no Chile (1973). Impossível não relacionar a onda de ditaduras na América Latina com o incômodo causado pela Revolução Cubana, que trouxe um núcleo comunista para as vizinhanças norte-americanas. Cada ditadura de direita que surgia aplicava os mesmos métodos de repressão adotados pelo comunismo que pretendia evitar, com exceção do direito de sair do país, o que gerou o exílio de muitos políticos, intelectuais e artistas.

De qualquer modo, com a competência do storytelling norte--americano, reforçada pela expertise judaica nessa área, prevaleceu a ideia de que os Estados Unidos eram a terra das oportunidades, o lugar onde todos queriam morar, enquanto a Rússia era a terra das privações, o lugar de onde todos gostariam de escapar. Expressões como países da *Cortina de Ferro*, referindo-se ao bloco da União Soviética, e *Mundo Livre*, referindo-se ao Bloco Ocidental, tornaram-se comuns.

O cinema foi utilizado com toda a sua magia. *Doutor Jivago*, de David Lean, em coprodução com a Itália, levou ao mundo uma história de amor vivida em plena Revolução Russa, quando não faltam a selvageria da guerra nem a vulnerabilidade do médico, interpretado por Omar Sharif, ao ver seus bens tomados pelos bolcheviques e ser forçado a fugir para o interior com a família.

A intensa utilização da espionagem por ambos os lados desfilou pelos roteiros de Hollywood, apresentando os agentes ocidentais em inúmeros confrontos com malvados agentes soviéticos. Veio da Inglaterra a principal contribuição nessa área, com seu inigualável James Bond. O filme *Moscou contra 007* (1963), dirigido por Terence Young e estrelado por Sean Connery, faz questão de mostrar já no título sua mensagem principal.

Invertendo o ponto de vista, a série *The Americans* (2013) é protagonizada por um casal de espiões do KGB que fingem ser norte--americanos comuns, morando num subúrbio de Washington nas décadas de 1970 e 1980, enquanto se envolvem em missões perigosas e passam informações estratégicas para a Rússia. Criada pelo ex-oficial da CIA Joe Weisberg e produzida pela FX Networks, a série conquistou público e crítica em suas seis temporadas.

A exemplo da espionagem real que nutriu a ficção, outros fatos precisavam alimentar o noticiário e o imaginário, reforçando cada vez mais a narrativa. Duas corridas dramáticas se prestavam a isso: a armamentista (bastante equilibrada) e a espacial (na qual a esquerda largou na frente). O mundo acompanhava boquiaberto as conquistas de russos e norte-americanos, com os primeiros em posição privilegiada. Até o nome dos viajantes espaciais tinha a marca registrada de cada país: *astronautas* para os norte-americanos, *cosmonautas* para os russos.

A parceria dos soviéticos com cientistas alemães, antes que a guerra os separasse, rendeu-lhes expressivo pioneirismo espacial. Desde o primeiro míssil balístico intercontinental, em 1957, houve uma espetacular sucessão de "primeiros": satélite artificial, animal no espaço, homem no espaço, mulher no espaço, caminhada no espaço, veículo em órbita solar. Só em relação à lua, eles acumularam o primeiro contato direto, a primeira imagem do seu lado escuro, o primeiro pouso suave e o primeiro satélite artificial lunar. A Nasa norte-americana estava tomando um banho. Cada uma dessas conquistas gerava frases marcantes, como a proferida, em 12 de abril de 1961, pelo primeiro homem a viajar no espaço, o cosmonauta Yuri Gagarin: "A Terra é azul." Surgiam novos personagens encantadores, como a cadela Laika, o primeiro animal a orbitar nosso planeta a bordo de um não menos famoso Sputnik. As naves ficavam célebres, fêmeas caninas no mundo inteiro começavam a ser batizadas como Laika, os viajantes espaciais tornavam-se heróis, a lua estava sendo conquistada rapidamente. Para os Estados Unidos, era desmoralizante. Alguma coisa precisava ser feita, e rápido. Eles apelaram para os nazistas.

O aparato científico em torno das tropas de Hitler deixara forte impressão. Enquanto vários de seus líderes eram submetidos a tribunais internacionais pelos crimes cometidos, seus mais destacados cientistas foram discretamente acolhidos em território norte-americano. A chamada Operação Overcast, depois rebatizada como Paperclip, cuidou da importação de talentos nazistas, driblando a proibição legal de conceder vistos de entrada aos colaboradores de Hitler e suas famílias. Bastava que fossem experts em foguetes, armas químicas, medicina e atividades correlatas. Nesse elenco de reforços estava Wernher von Braun, ex-comandante

A BOMBA EMBAIXO DA MESA

do programa de mísseis de longo alcance hitlerista. Ele acabou se tornando celebridade ao alavancar o programa espacial norte--americano e permitir a virada de jogo contra os russos, colocando o primeiro homem na lua, em 1969. A transmissão pela TV desse momento histórico gerou comoção mundial. "Um pequeno passo para um homem, um salto gigante para a humanidade", disse Neil Armstrong ao deixar sua pegada em solo lunar diante dos telespectadores deslumbrados.

A história da arregimentação de nazistas pelos norte-americanos é o eixo narrativo da série *Hunters*, de David Weil, estrelada por Al Pacino e exibida pela Amazon em 2020. Classificada como drama policial, e repleta de elementos de aventura com pitadas tarantinescas, ela nos apresenta um grupo de judeus que caça nazistas atuantes nos Estados Unidos, todos beneficiados pelo plano importador de talentos da Nasa.

A competição entre Ocidente e Oriente manteve o mundo aterrorizado por vários anos. Tanto Estados Unidos quanto União Soviética acumulavam bombas atômicas e de hidrogênio (as temidas bombas H) em número suficiente para destruir o planeta. Com armas apocalípticas apontadas uma para a outra, as superpotências se empenhavam num duelo potencialmente trágico, até que o fervor ideológico da Guerra Fria finalmente esfriou.

Do lado direito, ficou evidente que os trabalhadores deveriam ter mais benefícios, as leis se empenharam em proteger relações trabalhistas, os cuidados sociais ganharam relevância. O velho Welfare State, criado na década de 1880 pelo alemão Otto von Bismark, foi se reciclando, inspirando reformas sociais na Inglaterra a partir de 1914, sendo abraçado pela Suécia em 1932, aplicado nos Estados Unidos por Franklin Roosevelt através do New Deal entre 1933 e 1937. O socialismo, que originariamente era um estágio preparatório para o comunismo, pouco a pouco foi se transformando numa visão política que prioriza o bem-estar social, sem ameaçar direitos individuais. Nos anos 1990, a expressão *social-democracia* praticamente eliminou o fantasma do regime que invadia casas e colocava o povo sob o jugo do Estado.

Do lado esquerdo, desapareceu a dúvida sobre os benefícios da iniciativa privada e as virtudes do capital bem utilizado.

A União Soviética decidiu abrir sua economia em 1986. Sob o comando do presidente Mikhail Gorbachev, com um programa de reestruturação chamado Perestroika, foi adotada uma atitude de maior transparência e mais liberdade de expressão, que recebeu o nome de Glasnost.

Três anos depois, em 9 de novembro de 1989, a queda do Muro de Berlim evidenciou que não havia mais razão para o mundo continuar dividido em dois blocos.

Em 1991, o Soviete Supremo reconheceu a independência das repúblicas formadoras da União Soviética, um dia depois da renúncia de Gorbachev, que declarando a extinção do seu cargo também declarava que a URSS deixava de existir. Foi a pá de cal sobre a Guerra Fria.

Desde 1978, a China começara a entrar no jogo capitalista. Mao Tsé-tung, morto em setembro de 1976, provocou uma disputa de poder vencida dois anos depois pelo reformista Deng Xiaoping. Com ele, deu-se a Gaige Kaifang (Reforma e Abertura), apresentando à economia mundial um competidor de força impressionante.

Tanto na Rússia quanto na China, o gosto por grifes e produtos de luxo foi se espalhando. Para as empresas ocidentais, eram dois mercados irresistíveis; uma aproximação precisava acontecer.

Chineses seguiram sendo comunistas, mas procurando amenizar os aspectos negativos do regime. Russos passaram a se definir como democratas, disfarçando os sinais do seu regime totalitário com hábeis manobras. Fazendo o pêndulo do poder oscilar a seu favor, o ex-agente do KGB Vladimir Putin comanda o país desde a renúncia do presidente Boris Iéltsin, em 1999. Começou como primeiro-ministro, entre 1999 e 2000, período em que seu cargo ficou acima da presidência. Elegeu-se presidente em 2000 e permaneceu no posto até 2008, fazendo com que seu cargo reassumisse a antiga superioridade sobre o primeiro-ministro. Voltou a ser primeiro-ministro, reinvertendo o peso das autoridades entre 2008 e 2012, quando retornou à cadeira presidencial novamente empoderada, onde está sentado até o momento em que escrevo esta frase.

Teria sido um final feliz

O que poderia ser visto como chegada a um meio-termo conciliador foi interpretado como vitória do capitalismo. Eufóricos com a amplitude do território a ser explorado e as múltiplas possibilidades que se abriram, os donos do capital mundial fizeram recair sobre si a imagem criada por Karl Marx quando se referiu ao "capitalismo selvagem" em 1867. As multinacionais flutuaram felizes sobre todos os países, buscando resultados crescentes a cada ano, sem considerar que o planeta tem um tamanho fixo e seus recursos são exauríveis. As opções de investimentos se multiplicaram e fortunas foram construídas com simples apertos de botões.

Outra expressão nascida há muito tempo ganhava novo significado: *globalização*. Chegávamos ao final do século XX com um cenário incrivelmente promissor.

Nesse mundo unificado, a expansão do capital caminhava lado a lado com discursos humanitários, evolução de costumes, combate a todos os tipos de discriminação, preocupação com os mais vulneráveis e sustentabilidade. Direita e esquerda pareciam muito próximas, às vezes até aliadas. As grandes empresas, com seus relatórios sociais, purgavam parte de sua culpa predatória. O politicamente e o ecologicamente corretos ganhavam protagonismo. Até que algo deu muito errado.

A ética capitalista, todos sabem, coloca o lucro acima de tudo. Nas democracias verdadeiras do início do século XXI, as leis exigem impostos, contrapartidas sociais e proteção aos trabalhadores.

Isso encarece e atrasa os processos de produção, perturbando a voracidade por lucros. Daí ser mais vantajoso para as grandes multinacionais produzir em países onde os trabalhadores custam menos. Resultados: fábricas fechando nos países de origem; produção sendo terceirizada para países em que a mão de obra tem vestígios de escravidão; injustiça social galopante.

A grande beneficiada desse cenário foi a China, que, com seu regime totalitário e sua população imensa, acabou se tornando o maior parque industrial do mundo. Tendo produção e mercado consumidor autossuficientes, e custos reduzidos, sua ascensão ao topo do mercado foi inevitável. Para os Estados Unidos, senhores absolutos da globalização, o quadro ficou desconfortável. Os donos do mundo, depois de muitos anos de soberania, se viram na iminência de perder o posto. Dentro desse país, que se apresentava como sonho dourado para todos os demais, bolhas econômicas foram gestadas. A grave crise de 2008, de dimensão planetária, foi causada por uma dessas bolhas. Focos de miséria em solo norte-americano começaram a ficar visíveis demais. Os alicerces da "terra de oportunidades" apresentaram fissuras.

A exemplo do que ocorreu no quintal do Tio Sam, o abismo social se aprofundou em muitos outros países. Com o abismo, cresceu a insatisfação e a cobrança aos políticos por medidas de ajuste e reequilíbrio. Não houve boas respostas. Frustração, decepção e apreensão se impuseram ao espírito global.

Se o comunismo havia sido derrotado, o capitalismo também estava à beira do colapso. Em busca de uma saída, dobrou-se a aposta no crescimento acelerado. Mas o planeta não suporta; os trabalhadores não suportam; o bom senso não suporta.

Abriu-se então um espaço para os oportunistas que, valendo-se do poder disseminador de mentiras por meio das redes sociais, despertaram legiões de ressentidos a se unirem contra a classe política, a decadência moral e a ameaça comunista. Sim, a extrema direita radicalizou em sua narrativa com a ameaça de um regime inexistente. Na falta de adversário para culpar, ressuscitaram o clima da Guerra Fria e enfiaram na conta do suposto comunismo todas as bandeiras sociais e ecológicas.

De uma hora para outra, os demônios do passado foram trazidos à tona, revelando perversidades até então ocultas pelo polimento civilizatório. Fascistas, neonazistas, preconceituosos, misóginos, homofóbicos, falsos religiosos e aproveitadores de todos os tipos foram convocados a sair da toca. A exibição orgulhosa da maldade e da ignorância estava liberada, desde que sob o disfarce patriótico-religioso, e dizendo-se defensor da família.

Sempre funciona falar da família. Esse é um ponto sensível que ativa todos os mecanismos de proteção e provoca identificação imediata.

Olhando com atenção para os roteiros de filmes e séries, a família é elemento-chave da trama em pelo menos 80% dos casos. Em nome da família, Walter White se torna traficante, os Corleones matam, o Homem-Aranha resolve combater o crime, vinganças acontecem por todo lado, Jack Bauer quebra as regras, os poderosos de *Game of Thrones* se movem. Para o bem e para o mal, família é um motivador infalível. Invente uma ameaça à família, levante uma bandeira moral para combater essa ameaça, e você terá o suficiente para esgarçar o tecido social.

Marxismo cultural

"O atrativo dos populistas é que eles dão voz ao ódio dos excluídos."
Dani Rodrik

Quando Hitler incendiava a alma alemã com sua retórica salvacionista, a expressão *bolchevismo cultural* mostrou-se eficaz. Funcionou para estigmatizar os movimentos modernistas e condenar artistas não cooptados por seu discurso. Nem a consagrada escola Bauhaus escapou, sendo fechada pelos nazistas. Apesar da condenação de Stalin a todas as expressões artísticas por considerá-las coisa de burguês, propagou-se a tese hitlerista de que haveria um tipo de arte favorecedora do comunismo.

Perto da virada do milênio, pequenos grupos de extrema direita nos Estados Unidos começaram a elaborar uma teoria conspiratória que reciclava a expressão usada pelos nazistas. Surgiu assim a ideia de *marxismo cultural*, que ganhou novo alcance em 2009, através da ala radical do Partido Republicano conhecida como Tea Party.

Estava tudo encaminhado para um mundo com mais cooperação e aceitação das diferenças. Os intolerantes sofriam ao ver o avanço de medidas antirracismo, a expansão do feminismo e da homossexualidade, com paradas do orgulho gay se multiplicando e ganhando destaque nos calendários das grandes cidades. Era preciso rotular como perversa a sociedade global, igualitária e multicultural que se desenhava no horizonte. O ponto principal a ser atacado, onde germinavam essas ideias novas, portanto nocivas, eram as universidades. Ali se concentrariam professores cúmplices de um movimento esquerdista mundial para envenenar a cabeça da juventude. Dali surgiriam os debates sobre temas demolidores da tradição nacionalista. As universidades seriam antros comunistas especializados em promover balbúrdia. A educação como um todo, aliás, deveria ter o único papel de preparar cidadãos obedientes à hierarquia, orgulhosos do "glorioso" passado de seu país, prontos para atuar em profissões técnicas, o mais longe possível das ciências humanas.

Para formar gente de ação que não se interesse em perder tempo com reflexão, gente que não questione as orientações que recebe e se derreta de amores pela pátria e seus heróis, seria preciso aparelhar as escolas. Como "aparelhar" é um verbo incômodo, soa melhor dizer que as escolas estão aparelhadas pela esquerda, e que o aparelhamento buscado pelo direitismo seria, na verdade, um desaparelhamento.

Obviamente fantasiosa, a tese do marxismo cultural provocou riso quando foi exposta pela primeira vez. Era só um papo de arianos recalcados que não se conformavam com as bandeiras de inclusão e convivência pacífica entre raças, credos e orientações sexuais. Para aquela minoria amarga, só existia o certo e o errado, sendo certo o que eles pensavam e errado todo o resto.

Logo adiante, o ex-banqueiro, diretor-executivo do site de extrema direita *Breitbart News*, galvanizaria o pensamento da Tea Party para transformá-lo em tendência, batizada de *alt-right* (direita alternativa). Entrava em cena o estrategista Steve Bannon, prestes a alcançar o topo de uma lista na qual figuram os mentores da nova ultradireita mundial como Gianroberto Casaleggio (fundador do M5S na Itália), Dominic Cummings (diretor da campanha pelo Brexit na Inglaterra), Milo Yiannopoulos (blogueiro inglês que defende a quebra dos códigos das esquerdas opondo-se ao politicamente correto) e Arthur Finkelstein (judeu nova-iorquino, principal conselheiro de Viktor Orbán na Hungria). Bannon trazia na bagagem os insights de seus predecessores e soube potencializá-los de forma arrasadora. Coube a ele a direção executiva da campanha presidencial de Donald Trump em 2016. Usando os serviços de mineração e análise de dados da empresa britânica Cambridge Analytica, a mesma que naquele ano havia convencido a maioria dos ingleses a votar pelo Brexit, o estrategista do candidato republicano aplicou a fórmula testada e aprovada entre os europeus para transformar ódio e medo em votos.

Trump, o improvável, ganhou. Um ano depois, em 6 de janeiro de 2018, rompeu com Bannon, publicando um tuíte que diz muito sobre o nível dos envolvidos: "Steve, o babão, chorou e me suplicou por seu emprego quando eu o demiti. Desde então, praticamente todo mundo o abandonou como um cão. Que pena!"

Jair Bolsonaro, candidato mais improvável que Trump, correu atrás dos conselhos de Bannon, seguiu sua cartilha e foi eleito no Brasil em 2018. A essa altura, o mago da *alt-right*, já recuperado do humilhante afastamento da Casa Branca, declarava à imprensa na Europa: "O que eu quero é construir uma infraestrutura global para o movimento populista mundial. Eu entendi isso quando Marine Le Pen me convidou para o congresso de seu partido em Lille."

O pesadelo de um mundo egoísta, hipernacionalista, enraivecido, contrário à ciência e defensor de "verdades absolutas" religiosas, ancorado na mais retrógrada filosofia tradicionalista, começava a acontecer. Tudo graças ao estudo dos perfis nas redes sociais, à descoberta de quais argumentos, apelos e mentiras funcionariam melhor para cada tipo de pessoa, às teses mirabolantes do QAnon, e à disseminação de notícias falsas cirurgicamente dirigidas. Nunca uma máquina de desinformação e manipulação fora usada de maneira tão devastadora.

Para entender melhor o aparato tecnológico que viabilizou essa calamidade político-eleitoral, recomendo o documentário *The Great Hack*, traduzido para o português como *Privacidade hackeada*, altamente revelador sobre o *modus operandi* da Cambridge Analytica e do Facebook, com direção de Karim Amer e Jehane Noujaim, lançado em 2019 pela Netflix.

Uma anomalia chamada fascismo

"O fascismo não é um conjunto ordenado de crenças, como o *'laisser-faire'*, o socialismo e o comunismo. É essencialmente um protesto emocional: de um lado, por parte dos membros da classe média (como os pequenos lojistas), que sofrem com o desenvolvimento econômico moderno, e, de outro, por parte dos anárquicos magnatas industriais cuja paixão pelo poder cresceu a ponto de se transformar em megalomania. O fascismo é irracional no sentido de que não pode realizar as aspirações daqueles que o apoiam; não existe uma filosofia do fascismo, somente uma psicanálise."
Bertrand Russell

A **palavra** vem do latim *fasce*, que na Roma Antiga era um tipo de machado usado por guarda-costas de gente poderosa, símbolo de autoridade e união, porque sua haste formada por um conjunto de varas de madeira era difícil de quebrar, evocando o dito popular "a união faz a força". Do *fasce* veio o italiano *fascio*, cuja tradução é "feixe".

A **ideia** vem de fragmentos conceituais formulados por alguns filósofos que, de maneira independente, em épocas e locais distintos, forneceram os insights necessários à construção do raciocínio final.

Foi Johann Fichte quem publicou, em 1807, os *Discursos à nação alemã*, quando o nacionalismo alemão pela primeira vez mostrou suas garras, desde a afirmação da superioridade germânica sobre todos os povos modernos, até frases preocupantes, como esta: "A nova educação deve consistir essencialmente nisto, em destruir por completo a livre vontade."

O escocês Thomas Carlyle reforçou o lado heroico antidemocrático da coisa ao dizer que "precisamos não de parlamentos eleitos, mas de reis-heróis". Curiosamente, os heróis apontados por Carlyle costumavam ser pessoas de péssimo caráter, inescrupulosos, com traços tirânicos.

Um pouco mais cuidadoso, Giuseppe Mazzini evitava a idolatria dos heróis para se concentrar no aspecto religioso. Trocava um problema por outro, sem impedir que ambos convivessem numa explosiva combinação. Ao organizar o movimento Jovem Itália, assumiu como lema: "Deus e o povo." Segundo ele, Deus havia se encarregado de revelar a cada um o que é certo, e essa lei moral deveria estar acima de tudo, inclusive da democracia. É dele a frase em que se baseiam todos os tiranos que se consideram legítimos intérpretes da vontade divina: "O simples voto da maioria não constitui soberania se esta se apresenta em evidente contradição com os preceitos morais supremos."

E, finalmente, Friedrich Nietzsche, que considerava a humanidade um meio, não um fim, enxergando o homem do futuro como

ESQUERDA x DIREITA

resultado da disciplina e da aniquilação daqueles a quem se referia como "milhões de rotos e esfarrapados".

Conhecidas as origens da palavra e da ideia, chegamos ao formulador e implementador: Benito Mussolini, que em 1914 fundou na Itália o grupo Fasci d'Azione Rivoluzionaria, mais tarde transformado no Partido Nacional Fascista.

Não foi difícil convencer os italianos a abraçar o *Manifesto fascista*. O país estava em crise, devida tanto ao recente esforço de unificação como aos efeitos da Primeira Guerra Mundial. Havia naquele manifesto a sedutora promessa de trazer de volta os tempos gloriosos do Império Romano.

Assim foi lançado o fascismo, com nacionalismo populista exacerbado, cidadania militarista enaltecedora da violência, demonstrações de virilidade atlética promovendo oportunidades para Mussolini se exibir em atividades como natação e motociclismo, e governo autoritário usando liderança carismática para reprimir a oposição. A fórmula partiu da Itália para ser adotada, com pequenas adaptações, em países como Hungria, Romênia e Espanha, além da Alemanha, que a turbinou e renomeou como **nazismo**.

Ao fim da Segunda Guerra, com a derrota humilhante do nazifascismo, o termo *fascista* passou a ser usado, às vezes com leviandade, para depreciar políticos de direita. Seus fundamentos, porém, continuam vivos, acalentados por muitos e utilizados por líderes que geralmente os camuflam, buscando escapar do rótulo.

Não podemos cair no simplismo extremista de dividir o mundo entre fascistas e comunistas, como se só existissem essas opções. Abandonar a razão e render-se às intuições é tudo que os polarizadores desejam. Daí a urgente necessidade de informação, educação e cultura. Vejamos a seguir o ensinamento de três mestres.

O escritor e filósofo italiano **Umberto Eco** conta ter vencido seu primeiro prêmio literário em 1942, aos 10 anos de idade, escrevendo sobre este tema: "Devemos morrer pela glória de Mussolini e pelo destino imortal da Itália?" Era um concurso para jovens fascistas italianos, o que significava a totalidade da juventude. Não havia opção. Sua resposta afirmativa à pergunta-título era a única admissível naquele contexto.

Superado o pesadelo e na plenitude de sua maturidade intelectual, ele destaca que o fascismo cultua a tradição, enaltece a ação pela ação, acusa a dissidência de traição, teme a diferença, apela à frustração social, tem obsessão por golpismo, considera o pacifismo como envolvimento com o inimigo, despreza os fracos, prega o heroísmo e o patriarcalismo bélico e pratica um populismo seletivo.

Jason Stanley, filósofo norte-americano, amplia sua análise para o que ele chama de *política fascista*, algo considerado sempre perigoso, ainda que não resulte num Estado assumidamente fascista. No elenco das estratégias usadas por esse tipo específico de política, ele escala: passado mítico, irrealidade, vitimização, propaganda, hierarquia, lei e ordem, anti-intelectualismo, ansiedade sexual, apelos à noção de pátria e desarticulação da união e do bem-estar público. E, antes de aprofundar cada um desses itens, se apressa em explicar por que os considera a serviço de algo perigoso:

> Os perigos da política fascista vêm da maneira específica como ela desumaniza segmentos da população. Ao excluir esses grupos, limita a capacidade de empatia entre outros cidadãos, levando à justificação do tratamento desumano, da repressão da liberdade, da prisão em massa e da expulsão, até, em casos extremos, o extermínio generalizado.

Bertrand Russell, filósofo britânico, nos lembra que sempre há profetas pregando diferentes doutrinas, mas recomenda especial atenção àqueles cujo apelo popular decorre da capacidade de captar as insatisfações circunstanciais de determinada época. Ele coloca o fascismo entre as doutrinas irracionalistas, que se caracterizam por: importância da vontade por oposição ao pensamento e ao sentimento; glorificação do poder; crença no intuitivo por oposição ao ensaio observacional e indutivo.

Suas observações retornam a 1820 para buscar as origens desse fenômeno nas mudanças ocorridas no mundo nos cem anos seguintes, quando o raciocínio fascista foi gestado. Segundo ele, entre aquele ano e 1920, aumentou o poder dos grandes industriais, e também dos trabalhadores, das mulheres, dos heréticos e judeus. Em contrapartida, diminuiu o poder de monarcas, aristocratas, clérigos, classe média baixa, e homens por oposição a mulheres. Diante da ameaça socialista, os grandes industriais começaram a se sentir inseguros. Militares e fabricantes de armamentos também tremeram de insegurança com a ascensão de ideias pacifistas ao mesmo tempo que os bolcheviques se projetavam. Os derrotados, reis, nobres e pequenos comerciantes aliaram-se a intolerantes religiosos e homens saudosos dos tempos em que dominavam as mulheres sem contestação. Esse conjunto de gente frustrada, habilmente conduzido pelos ameaçados (militares e industriais), gerou força suficiente para alavancar um partido pautado por "relação medievalista contra tudo e contra todos, salvo a indústria e a guerra".

Saltam aos olhos nessa análise, publicada em 1935, os aspectos basilares do fascismo: medo, ressentimento, intolerância, machismo chauvinista, espírito belicista, desejo de volta ao passado.

Depois de nos iluminar com essas preciosas pistas, Russell arremata: "O fato de suas aspirações só poderem se realizar por meio da ruína da civilização não os torna irracionais e sim satânicos."

Tudo dito.

Não parece apenas coincidência chegarmos a 2020 revendo 1920 à luz do que existia em 1820. As mesmas mudanças sociais que incomodaram os implementadores do fascismo no início do século XX aumentaram seu incômodo poder no início do século

XXI. Tudo ganhou mais intensidade, exceto o comunismo. Mas não foi difícil reinventar essa ameaça e estimular temores infundados usando os instrumentos de desinformação disponíveis atualmente.

No mais, basta passar qualquer personagem pelo crivo de Eco, Stanley e Russell para checar se ele merece ou não a etiqueta de fascista.

Como ajuda final na identificação dos sintomas, ficamos com um trecho do discurso do próprio Benito Mussolini, no Congresso Fascista de Nápoles, em 1922:

> Nós criamos o nosso mito. O mito é uma fé, uma paixão. Não é necessário que ele seja uma realidade... Nosso mito é a nação, nosso mito é a grandeza da nação! E a esse mito, essa grandeza, que queremos transformar numa realidade total, subordinamos tudo.

Brasil e o American Way of Death

> "O ódio sempre existiu e flui por todos os lados. Não é fácil existir e acumular fracassos, dores, solidão, questões sexuais, desafetos e uma sensação de que a vida é injusta conosco. O mais fácil é a transposição para terceiros... Todo ódio é um autoelogio. Todo ódio me traz para uma zona muito tranquila de conforto. Não tenho certeza se sou muito bom, mas sei que o outro partido é muito ruim, logo, ao menos, sou melhor do que eles... O ódio é gêmeo do medo, e pessoas com medo cedem fácil sua liberdade de pensamento e ação... Como pensar é árduo, odiar é fácil."
> Leandro Karnal

Bons tempos aqueles em que os Estados Unidos eram admirados por seu *way of life*, em que o país mais forte do mundo defendia as virtudes da democracia e a liberdade, pelo menos na maioria de suas manifestações. Bons tempos em que o gigante protegia o mundo em vez de ameaçá-lo.

Quando Donald Trump assumiu o governo norte-americano em 2017, embalado pelo slogan *America First*, depois de uma campanha em que atirou em todas as direções, inclusive contra a lisura da própria eleição que estava disputando, a civilização foi colocada em segundo plano. A mentira passou a ser chamada de *verdade alternativa*, o Twitter foi transformado em instrumento de comunicação oficial para alardear proezas governamentais (várias delas inexistentes) e ofender seus opositores, gerando uma sequência de conflitos e embaraços jamais vista. Em todo o planeta, a nova postura hostil e grotesca dos Estados Unidos causou mal-estar, à exceção de países como a Índia, onde o primeiro-ministro Narendra Modi já adotava seu *Índia First*, em linha com a Turquia de Tayyip Erdogan e a Hungria de Viktor Orbán.

A adesão norte-americana a essa rede isolacionista, contrária à cooperação internacional, pilotada por políticos autoritários, foi uma terrível mancha no currículo do país. Abriu-se ali uma fenda na qual o Brasil cairia pouco depois, trocando o *first* pelo *Brasil acima de tudo*.

Bem antes de Trump ser considerado uma opção viável, o Brasil sediava a Copa das Confederações em preparação para a Copa do Mundo FIFA, programada para o ano seguinte. O clima não era nada amistoso. Manifestações de rua pegaram o governo Dilma Rousseff de surpresa. Tudo fugiu ao controle a partir de um pequeno aumento em passagens de ônibus. Resolvida a questão, os protestos continuaram. Os ônibus foram só estopim. Insatisfação generalizada brotando sem aviso, combinada pela internet, sem líderes declarados nem pautas de reivindicação organizadas. Os erros da presidente Dilma, especialmente na área econômica, esgotaram a paciência nacional. Episódios de corrupção em diversos setores da administração pública revelados pela Operação Lava-Jato, que tinha como estrela principal o juiz Sérgio Moro, apareciam com absoluto destaque na imprensa. Nos estádios, o hino nacional executado antes dos jogos passou a ser cantado, quase gritado, por um público raivoso que atropelava a banda e era seguido pelos jogadores. O Brasil venceu a competição numa final empolgante contra a favorita Espanha. Do lado de fora, os gritos de "não vai ter Copa", em oposição ao megaevento que viria a seguir, não foram ouvidos.

Veio a Copa de 2014. Policiamento reforçado, barreiras de segurança por todo lado, tensão em torno dos estádios. Com a Copa, veio também o maior vexame da história esportiva brasileira. A expectativa de ver a seleção canarinho erguendo a taça em casa foi encerrada com o acachapante 7 × 1 imposto pela Alemanha.

Ainda tivemos as Olimpíadas de 2016 no Rio de Janeiro. Por trás da aparente tranquilidade do evento, o repúdio ao governo já estava cristalizado. Bandeiras e camisas verde-amarelas ganharam novo significado — logo seriam sequestradas por uma ira multifacetada e estariam servindo de uniforme para os apoiadores de Jair Bolsonaro.

As narrativas de Trump e Bolsonaro se ancoram na rejeição à política para fazer política. Algo como banqueiros maldizendo bancos. Tanto o mundo da política como o dos bancos contam com elevados índices de rejeição, o que facilita bastante a adesão popular a quem os ataca. O mais intrigante é como esses políticos administram tamanha contradição.

Lembra daquele conflito que apresentei no início do livro, entre enredo e personagem? E a posição desfavorável do enredo nesse embate? Temos aqui dois ótimos exemplos.

Trump e Bolsonaro são, antes de tudo, personagens cuja característica principal é subverter o enredo. Usam linguagem chula, são mal-educados e deselegantes, desrespeitam todas as regras, se contradizem à vontade, fazem afirmações insustentáveis, ignoram os fatos, agridem o bom senso, acusam a imprensa de dizer mentiras quando são eles os mentirosos, arranjam conflitos o tempo todo, e com isso ocupam todo o espaço disponível na mídia. Apostam no "falem mal, mas falem de mim", fazem opo-

ESQUERDA x DIREITA

sição a si mesmos, confundem a opinião pública, são sarcásticos, aparentam não ter filtros, se expõem ao ridículo sem cerimônias, desafiam, blasfemam, praguejam, ofendem pessoas e instituições para depois se fazer de vítimas quando os ofendidos retrucam. Comportam-se como crianças birrentas que não dão um segundo de sossego aos pais, às babás, à vizinhança. Com isso, conseguem um *share-of-mind* fabuloso e arregimentam audiências enormes em suas redes sociais. Já vimos como a truculência e a maldade fazem sucesso nesse território.

Agindo assim, não precisam ser fiéis a nenhum princípio e cumprem seu objetivo de destoar de tudo o que a política costuma apresentar. Quando não têm resposta, xingam ou fazem galhofa. Quando ficam encurralados, arranjam outra polêmica para mudar de assunto. O bullying é um de seus pratos favoritos; servem-se dele em grandes colheradas para oprimir e humilhar especialmente os mais fracos; comportam-se como chefes de gangue valentões que se impõem no grito. Isso os faz parecer confiantes e autênticos. A falta de polimento lhes permite posar de antiestablishment.

Como nas narrativas focadas em personagens, basta vê-los deslizando pelas situações do dia a dia. Nada de coerência, nada de história.

Outro fator que os une são as armas. Do lado de Trump, o apoio da indústria armamentista é uma questão partidária. Os republicanos são defensores ferrenhos do livre-comércio de armas e munições nos Estados Unidos. As armas parecem parte da cultura norte-americana desde os tempos do Velho Oeste, e os esforços do Partido Democrata para controlá-las têm sido até o momento uma luta inglória.

No Brasil, a realidade do armamento é oposta. Quem costuma ter arma é militar, polícia ou bandido. Há uma minoria de colecionadores, e só. Apesar disso, Bolsonaro insiste em espalhar armas e munições pelo país, tornando ainda mais perigoso o convívio numa sociedade onde são abundantes as balas perdidas nos confrontos entre quadrilhas rivais, policiais e milicianos.

Encurtando a história, os dois presidentes apostaram suas fichas na potencialização dos instintos primitivos, no desenvolvimento de grupos de apoiadores radicais, no suporte aos ricos em detrimento dos pobres, no desprezo pelas minorias, na negação da ciência, na deterioração do meio ambiente, na proliferação de confrontos, no estímulo ao que há de pior no ser humano, na força mobilizadora do ódio. É sintomática a frequência com que a bandeira dos Estados Unidos passou a ser vista em manifestações brasileiras pró-Bolsonaro. Foram fartos os sinais de idolatria que Bolsonaro enviou a Trump, seja pela quantidade de vezes que foi aos Estados Unidos no início do seu mandato, seja pela participação de um de seus filhos na campanha pela reeleição do presidente norte-americano, seja pelas declarações e bajulações que evidenciaram alinhamento automático, seja pelo escandaloso apoio à ideia de que houve fraude na derrota de Trump em 2020, pelo silêncio cúmplice em relação à invasão do Capitólio, pela declaração ameaçadora de que poderia acontecer algo pior nas próximas eleições brasileiras, pela constrangedora demora em cumprimentar o novo presidente eleito dos Estados Unidos, Joe Biden.

O sonho de Bolsonaro é ser o Trump brasileiro (só que sem perder a eleição seguinte), sentir-se autorizado a desacatar todas as normas do bom convívio dentro e fora do país. A devastação provocada por seu governo na floresta amazônica, a liberação desenfreada de agrotóxicos, o afrouxamento das regras de proteção aos povos indígenas, a oposição às medidas sanitárias exigidas por uma pandemia e a indiferença às mortes causadas por seus desmandos são exemplos que ultrapassaram fronteiras, derretendo a imagem brasileira numa velocidade muito superior à dos outros países em surto ultranacionalista.

Bolsonaro é um Quixote às avessas, que luta contra moinhos de vento pela glória de desenobrecer tudo a seu redor.

ESQUERDA x DIREITA

O bode

Vem do Levítico no Antigo Testamento uma ideia que se reforçou com o passar do tempo. O livro, que prescrevia vários rituais a serem seguidos pelo povo judeu, determinava que no Dia da Expiação os pecados do povo fossem transferidos para um bode. Com a carga simbólica de todas as culpas, esse bode era levado para o deserto e abandonado à própria sorte. Esta é a origem do *bode expiatório* tantas vezes mencionado até hoje: um animal inocente condenado a morrer sozinho, enquanto os pecadores respiram aliviados.

O trabalho da extrema direita nos últimos anos foi empilhar todos os fracassos individuais e coletivos, todos os problemas socioculturais e todas as reivindicações humanitárias, ecológicas e científicas que lhe causam desconforto, nas costas da esquerda. Na direita, estariam ancoradas tradição, religião, família e propriedade. Sobre a esquerda, recairiam criminalidade, narcotráfico, vícios, libertinagem, pedofilia, desordem, chatice, impertinência, preguiça e caos. Tudo cuidadosamente atrelado ao feminismo, aos intelectuais e artistas, à luta antirracismo, aos ecologistas e defensores de políticas sociais. Em outras palavras, a esquerda foi transformada num imenso bode expiatório. Não há necessidade de maiores raciocínios. Se alguém discorda de qualquer postura da *alt right*, recebe imediatamente o carimbo de esquerdista, sendo, portanto, um dos culpados pelos males que afligem o mundo. No Brasil, passaram a ser chamados de comunistas os que acreditam no aquecimento global, não repudiam homossexuais, defendem cotas nas universidades para afrodescendentes, consideram justo que gente com pouco dinheiro tenha acesso a serviços de saúde decentes ou não simpatizam com qualquer das teses defendidas pelo presidente da República. Nesse rol, incluem-se jornalistas, a grande mídia, a classe artística, professores, opositores e ex-aliados. Quem diverge do governo torna-se alvo da irônica recomendação "Vai pra Cuba!", cuja variação "Vai pra Venezuela!" nos lembra do quanto esse vizinho sul-americano, amargando um longo inferno populista, se assemelha ao Brasil sonhado por Bolsonaro. Se lá o credo é de esquerda, pouco importa; o dano à democracia e à estabilidade institucional é basicamente o mesmo.

Como a posição ultradireitista não resiste a maiores reflexões, o simples ato de criticar ou questionar passa a ser rotulado como esquerdopatia.

Numa ação mais cirúrgica, que corrói a democracia a partir de seus próprios fundamentos, temos a pressão exercida contra o Judiciário. Alegando o direito à livre expressão quando ofendem opositores e espalham mentiras, os missionários do extremismo direitista apontam juízes como obstáculos à defesa dos interesses nacionais, vilanizam a aplicação das leis deturpando conceitos extraídos dessas próprias leis. A eles não convém que haja equilíbrio de forças entre os poderes republicanos, sua meta é submeter tudo ao Executivo. Processo de implementação ditatorial? Sim. Busca por legitimação democrática para sabotar a democracia? Sim.

Ouçamos o deboche de Goebbels, superministro da propaganda nazista: "Essa será sempre uma das melhores piadas da democracia, que ela deu a seus inimigos mortais os meios pelos quais foi destruída."

O uso do bode se reforça com abordagens individuais, aplicadas como bálsamo para empreendimentos malsucedidos. Seguem dois exemplos hipotéticos.

K é dono de um pequeno negócio, tanto faz que seja um bar ou uma loja de ferragens. A capacidade administrativa de K não é muito grande. Ele recorre a empréstimo bancário para alavancar sua empresa, contando com um retorno que não acontece. Os juros são terríveis. Sente-se sufocado pelos impostos, oscila entre o lucro irrisório e o prejuízo. Não lhe ocorre a possibilidade de ter escolhido um ramo incompatível com sua experiência, nem de ter fixado sua loja num ponto inadequado, tampouco de ter errado em alguma de suas avaliações de mercado. É mais confortável maldizer o governo, descarregar toda a frustração no poder público, juntar argumentos contra "tudo isso que está aí", tornar-se opositor radical de um imenso bode expiatório.

Y acaba de conquistar seu diploma de médico, advogado ou engenheiro. Acredita estar capacitado para uma bela carreira profissional. Enfrenta várias entrevistas de emprego, sem sucesso. Acaba conseguindo um estágio onde não vê futuro. Tenta seguir carreira solo, mas carece de reputação para atrair clientes. Tem que se explicar para a família, os amigos, o(a) parceiro(a) sexual a quem prometera casamento. Imaginar falta de vocação para a carreira escolhida é muito doloroso. Fazer autocrítica? Buscar mais qualificação? Considerar-se um fracassado? Nem pensar. Falta de sorte é sempre uma possibilidade, mas não soa bem queixar-se do azar. Há fartura de bodes expiatórios à disposição, alguns convincentes, outros nem tanto: o sistema universitário obsoleto, a arrogância intelectual dos concorrentes, a casta de profissionais experientes que não abre espaço para os jovens, o preconceito contra seu modo arrojado de pensar e — claro — o governo, a política, a ideologia dominante.

Nenhuma concepção extremista se instala sem a construção de um bode expiatório suficientemente grande para abrigar boa parte dos bodes particulares.

O bode, além da função expiatória, também é historicamente ligado à figura do demônio: chifres, formato da pata, cavanhaque e tal. Sua reputação se faz sentir na expressão "estar ou ficar de bode", que denota preocupação, apreensão, energia negativa. Outra alusão famosa está na piada que fala de colocar o bode na sala quando o ambiente está ruim, para piorar tudo, e depois tirar o bode da sala, dando a sensação de alívio que faz esquecer os problemas anteriores. A nova extrema direita usa fartamente a estratégia dessa piada. É mestra em produzir novos problemas quando alguma de suas atitudes gera reclamações demais. Os novos problemas funcionam como o bode na sala: basta deixá-los incomodando por um tempo e retirá-los em seguida para que o problema original se torne menos grave do que parecia.

Política e seus enredos

"Vemos uma nação de repente tomada de seus mais elevados membros pelos mais baixos, com um desejo feroz de glória militar; outra como que subitamente enlouquecida por uma compulsão religiosa, e nenhuma delas recuperando seus sentidos até que tenha derramado rios de sangue e semeado gemidos e lágrimas a serem colhidos pela posteridade."
Charles Mackay

Um comediante, intérprete de personagem que se torna presidente por acaso, provocou surpreendente tsunami nas eleições na Ucrânia. Não é piada. Em abril de 2019, Volodymyr Zelensky venceu com folga sua primeira disputa eleitoral e virou presidente de verdade. O plot da série de TV *Servos do Povo* tornou-se realidade como num passe de mágica.

Antes de Zelensky, outro comediante, o italiano Beppe Grillo, emplacava em 2009 um partido definido por seu fundador como "não associação" baseada em "não estatuto". Gestado no ventre das redes sociais, o Movimento 5 Estrelas surgiu do nada para se tornar a terceira força política na Itália. Abriu os olhos do mundo para as vantagens de potencializar e agrupar diferentes revoltas pessoais por meio da internet e, dessa forma, chegar ao poder sem precisar de proposta programática, apenas maldizendo tudo. O parceiro de Grillo na empreitada partidária foi um pioneiro na exploração política dos poderes do algoritmo, Gianroberto Casaleggio. Não alcançaram o cargo máximo do Poder Executivo — pelo menos até o momento —, mas chegaram bem perto. Um integrante do seu partido, Matteo Salvini, conhecido entre seus aliados como "O Capitão", chegou a ministro do Interior e vice-primeiro-ministro.

A dupla Casaleggio/Grillo inspirou vários dos ansiosos por chacoalhar as estruturas do mundo civilizado. O binômio tecnologia-humor, estimulando rancores e mágoas como força revolucionária. Escárnio e fúria na luta pela desconstrução geral.

Seu terreno fora preparado por uma ruidosa operação anticorrupção chamada Mãos Limpas, que dinamitou a imagem dos políticos italianos, dissolvendo alguns partidos tradicionais e provocando alguns suicídios.

A irreverência venenosa de Grillo circulando via internet sem que políticos e jornalistas se dessem conta das consequências eclodiu em 8 de setembro de 2007. A Piazza Maggiore, de Bolonha, foi ocupada por uma multidão que se reuniu para declarar repúdio à classe política — todos convocados pelas redes sociais para o evento com o sugestivo título de *Vaffanculo Day*, em português, *Dia do Vá se Foder*, abreviado como V-Day. Tomada de surpresa, a Itália cambaleou; o movimento ganhou status de partido político e seguiu fazendo barulho. Havia uma fórmula de eficácia comprovada à disposição de quem quisesse usá-la em qualquer ponto do planeta. Inevitável pensar que a história do fascismo decidiu se repetir no mesmo país de origem, aproveitando-se do mesmo caldo de insatisfação generalizada.

Do outro lado do Atlântico, um magnata em dificuldades para manter seu império empresarial estreou como apresentador e coprodutor do reality show *O Aprendiz*, exibido pelo canal NBC em 2004. Durante quatorze temporadas, Donald Trump se projetou como o executivo impiedoso que ia eliminando os competidores do programa com a frase "You're fired" (Você está demitido). Apesar da frase nada simpática e da arrogância do personagem, ele atingiu altos índices de audiência que o habilitaram a concorrer à vaga de presidente dos Estados Unidos em 2016. O texto de Trump exibido na abertura do programa funcionava como apresentação de credenciais para sua candidatura à presidência: "Eu dominei a arte dos negócios e transformei o nome Trump em uma marca da mais alta qualidade. Enquanto mestre, eu desejo transmitir meu conhecimento a qualquer pessoa. Estou em busca de um aprendiz." Essa imodéstia explícita foi interpretada como algo que todos os reality shows procuram em seus participantes: autenticidade e espontaneidade. Falar o que vem à cabeça, aparentemente sem censura, é qualidade-chave para quem pretende ser escalado num desses programas, porque gera identificação rápida com o público e foge dos padrões. Por feliz ou infeliz coincidência (dependendo do lado em que você esteja), essa mesma característica passou a ser desejável nos políticos, cujas fórmulas planejadas e polidas sofreram excessivo desgaste nos últimos anos.

Saltar de um reality para a cadeira presidencial, visto por esse ângulo, foi movimento quase natural para Trump. Vitorioso na eleição, sua personalidade tóxica dividiu os norte-americanos e transtornou o mundo. Mas quase ninguém acreditava que ele chegaria ao absurdo de tentar um golpe contra a maior potência democrática do planeta, chutando a mesa em 2020, quando as urnas lhe negaram a reeleição.

No Brasil, um militar fracassado, sem nenhum sucesso para contar, dá um show de contorcionismo. Afastado do Exército por indisciplina grave quando era tenente, ganhou promoção automática a capitão junto com um atestado de distúrbio mental. Refugiou-se então na política onde, por quase trinta anos, não produziu nada. Sua atuação parlamentar se resumiu a ofender pessoas, semear discórdia, transpirar rancor, elogiar assassinos e torturadores e saltar de um partido ruim para outro pior, sempre nos mais baixos porões da vida pública. Partir desse histórico para se posicionar como o *outsider* que combate a corrupção e a "velha política" é uma façanha extraordinária.

Entre as manobras de Jair Bolsonaro para disputar e vencer a eleição presidencial de 2018, destaca-se um midiático batismo reali-

ESQUERDA x DIREITA

zado dois anos antes da eleição nas águas do rio Jordão, em Israel. Segundo a Bíblia, trata-se do rio em que Jesus foi batizado. Quem realizou a cerimônia foi um pastor evangélico, empresário, presidente do PSC, ligado a pessoas condenadas por corrupção, chamado Everaldo. Figura de destaque nos bastidores da chamada *bancada da Bíblia*, Everaldo não deixou claro a que religião estaria vinculando o futuro presidente, que se declara católico.

Foi uma cerimônia curta, no tempo certo para sua gravação circular com facilidade pelas redes sociais. Vestindo uma túnica branca, Bolsonaro entrou no rio e respondeu às cinco perguntas formuladas num estilo bem coloquial pelo pastor:

— E aí, Bolsonaro, você acredita que Jesus é o filho de Deus?

— Acredito.

— Você crê que Ele morreu na cruz?

— Sim.

— Que Ele ressuscitou?

— Sim.

— Está vivo para todo o sempre?

— Sim.

— É o salvador da humanidade?

— Sim.

Essas cinco palavrinhas — um *acredito* e quatro *sim* — foram suficientes para o pastor declarar: "Mediante a sua confissão pública, eu te batizo em nome do Pai, do Filho e do Espírito Santo." Depois Bolsonaro foi mergulhado nas águas do Jordão e estava pronto para explorar ao máximo seu nome do meio: Messias.

Jair Messias Bolsonaro ganhara o direito de ingressar em variados cultos evangélicos e de se apresentar como enviado de Deus em nome de um cristianismo genérico que transita com desenvoltura entre católicos e protestantes.

A cena desse batismo exótico sobrepujou a coletânea de atitudes incompatíveis com o cristianismo ostentada por Bolsonaro desde sempre. Todos os elogios a torturadores, as homenagens feitas a milicianos, as demonstrações de misoginia e homofobia, a linguagem chula, a lamentação pelos "poucos" cadáveres resultantes da ditadura militar brasileira, que ele gostaria que fossem em maior número — toda essa montanha de evidências não bastou para desconstruir a narrativa do Messias que resgataria os valores morais, patrióticos e religiosos corroídos pela "esquerda degenerada".

Ao buscar explicações para o sucesso de peças teatrais de baixa qualidade, Lajos Egri diz que tais peças podem ter sido bem-sucedidas porque "o público teve participação ativa em trazer os personagens à vida".

Tomemos como exemplo duas cenas das campanhas eleitorais norte-americana e brasileira: o coral de *cheerleaders* angelicais cantando um hino de louvor a Trump, e as coreografias meio-marciais-meio-aeróbicas de jovens bolsonaristas em algumas ruas brasileiras. São momentos que parecem importados de muitas décadas atrás e integrariam com facilidade um programa de humor contemporâneo, manifestações ridículas e antiquíssimas protagonizadas por jovens que deveriam ter um mínimo de autocrítica. O que dizer da audiência obtida pelas *lives* simplórias de Bolsonaro na internet? E os gritos de "mito" entoados em suas aparições públicas? Tudo aponta para a parceria do público com a narrativa tosca, histriônica e agressiva dos políticos que fingem renegar a política.

De repente, o absurdo de uma pandemia

> "Por vários ângulos, o absurdo é uma ferramenta organizacional mais eficaz que a verdade. Qualquer um pode crer na verdade, enquanto acreditar no absurdo é uma real demonstração de lealdade."
> Mencius Moldbug

Absurdo é ausência de sentido. Bate de frente com nossa irresistível tendência a buscar significados. Somos racionais, temos a inteligência como fator que nos diferencia dos demais seres vivos e costumamos colher bons frutos quando exercitamos esse diferencial.

O absurdo funciona bem no storytelling, quando usado com inteligência. Muitas boas histórias levantam questões intrigantes que vão sendo respondidas ao longo da narrativa. Se essas questões tiverem um toque de absurdo, elas ficam mais saborosas, porque aumentam o prazer que sentimos ao desvendá-las, instigam nossa capacidade de raciocínio, reforçam nossa confiança na vitória final da lógica. Mas não é tão simples. Há os que assumem o absurdo como resposta, verdadeira corrente filosófica.

Um dos maiores expoentes do *absurdismo*, o argelino Albert Camus escreveu o romance *A peste*. Nele nos deparamos com os efeitos de uma epidemia, fenômeno sanitário que a ciência explica, enquanto nossa lógica insiste em repelir. Lógica tem um componente de controle. Perdemos o sossego quando não conseguimos compreender algo, quando nosso intelecto se mostra vulnerável.

As várias atitudes deflagradas por uma doença nova e mortal ilustram a complexidade da natureza humana e ajudam a entender o alucinado ano de 2020. Não é pouca coisa um ano se destacar na imensidão de absurdos que a história nos oferece.

Começou na China, no final de 2019. Um novo coronavírus identificado como covid-19 anunciou que tomaria o mundo com sua grande capacidade de propagação.

No primeiro trimestre de 2020, a pandemia da covid-19 já assumia o posto de principal tormento do século. Sem vacina, sem tratamento seguro e sem noção de quanto tempo ia durar o pesadelo, todas as vidas ficaram ameaçadas e todas as economias sofreram um baque inimaginável.

De repente, estávamos num episódio de *Black Mirror*. A série criada pelos britânicos Charlie Brooker, Jesse Armstrong e William Bridges, que trouxe a ficção científica para um futuro com cara de daqui a pouco, resolveu acontecer. Confinados em nossas casas, condenados ao distanciamento social, fomos obrigados a conviver com nossas questões existenciais, rever nossa hierarquia de valores e tirar do baú a incômoda pergunta: Que sentido tem tudo isso?

A essa pergunta juntou-se outra muito usada pelos assaltantes de antigamente: A bolsa ou a vida?

Se nos assaltos dos velhos filmes a escolha era fácil, no contexto pandêmico as duas possibilidades ganharam defensores apaixonados. Dois absurdos entraram em choque. O absurdo de renunciar às atividades normais para preservar a vida colidiu com o absurdo de paralisar a economia mundial. O único ponto de convergência foi manter funcionando as atividades essenciais, mas até nisso houve conflito. Quais seriam as atividades realmente essenciais?

Nos países mais sensatos, o debate foi produtivo, equilibrando ciência e economia através de decisões que obtiveram apoio geral. Em outros, onde a radicalização já se impunha a todas as questões, acirraram-se os ânimos, disseminou-se a ignorância e pagou-se um preço altíssimo. Em vidas e bolsas.

Enquanto defensores do confinamento, preocupados com a aceleração do contágio, se digladiavam com os defensores do retorno pleno às atividades, uma única verdade era incontestável: os ricos seriam privilegiados e os pobres seriam os mais prejudicados, qualquer que fosse a tese vencedora.

Se o agravamento do conflito ricos × pobres era previsível, o conflito direita × esquerda superou as expectativas, contribuindo para engrossar o caldo absurdista.

O primeiro movimento da nova extrema direita foi o de negar. Se já negavam a ciência a ponto de flertar com o terraplanismo, era natural que desqualificassem a pandemia. Se já sustentavam suas posições com teorias conspiratórias e fake news, era previsível que seguissem usando as mesmas armas. Graças à escalada sem tréguas desse comportamento, chegamos ao primeiro vírus "esquerdista" da história.

O estágio inicial da negação simplesmente contestava a existência da pandemia. Diziam tratar-se de uma invenção da mídia alinhada com a esquerda — que seria praticamente toda a mídia mundial — para destruir o capitalismo. No Brasil, essa fase foi marcada pela definição presidencial da pandemia como uma "gripezinha".

Desmentida pela quantidade de infectados e mortos, a versão negacionista absoluta cedeu espaço a uma alegada conspiração chinesa, aproveitando-se da conveniência de tudo ter começado num país comunista.

Mantendo-se a tese conspiratória, mas sem poder desconsiderar os estragos reais, surgiram as soluções milagrosas. A cloroquina, substância usada no tratamento de malária e algumas doenças autoimunes, foi usada no pacote terapêutico de muitos pacientes, alguns dos quais, por quaisquer outras razões, se recuperaram. Trump e Bolsonaro imediatamente a abraçaram como solução contra a nova enfermidade. A vida poderia voltar ao normal, desde que as pessoas tivessem farto acesso à cloroquina. Cientistas se debruçaram sobre o assunto e concluíram que o remédio tinha efeitos secundários graves, que aumentariam a letalidade da doença. Sua eficácia contra o coronavírus foi oficialmente rejeitada.

No final de 2020, várias vacinas despontavam em diferentes pontos do planeta, e com elas uma infinidade de objeções levantadas pelos negacionistas.

Trump, em ano eleitoral, desembarcou da aventura da cloroquina e correu atrás da vacina. Decisão correta, porém tardia. O desgaste de sua imagem era irreversível.

Bolsonaro, fiel a seu perfil de permanente desacato, investiu uma fortuna na produção da droga mágica, demitiu seu ministro da Saúde, um médico, substituindo-o por outro médico — que pediu demissão menos de um mês após assumir o cargo.

Fracassado na busca por um substituto da área médica que endossasse a fixação cloroquinesca, o presidente entregou o ministério mais importante naquele momento a um general, Eduardo Pazuello, sem qualquer conhecimento do assunto. A insanidade se agravou entre seus fanáticos apoiadores, que celebravam o "remédio do Bolsonaro". Esses mesmos fanáticos passaram a desrespeitar as recomendações sanitárias, fazendo ruidosas manifestações de rua, inclusive em frente a hospitais, contra o confinamento, pela volta imediata de todas as atividades, contra o Congresso Nacional, o Supremo Tribunal Federal e a imprensa, contra governadores e prefeitos, contra todos que tentavam protegê-los da doença. Bolsonaro compareceu a várias dessas manifestações, algumas vezes cumprindo a inusitada missão de protestar contra medidas do seu próprio governo.

Os erros grosseiros cometidos pelo ministro Pazuello e as centenas de milhares de mortos pela pandemia obrigaram o presidente a nova substituição na pasta de Saúde. Em 23 de março de 2021, foi empossado Marcelo Queiroga, cardiologista muito próximo da família Bolsonaro, com atitudes mais pautadas pela política do que pelo drama sanitário enfrentado pelo país. Menos de um mês depois, em 13 de abril, o Senado Federal instalou a Comissão Parlamentar de Inquérito que ficou conhecida como CPI da Covid. As sessões dessa comissão, transmitidas ao vivo pela televisão, revelaram uma série de horrores cometidos por representantes do governo, atravessadores oportunistas e empresários cúmplices. Em seu relatório final, aprovado em 26 de outubro de 2021, oitenta indiciamentos criminais foram solicitados. E nove crimes foram atribuídos a Jair Bolsonaro.

ESQUERDA x DIREITA

Meu reino por uma narrativa

"Hoje a política é, na realidade, uma narrativa midiática."
Steve Bannon

O storytelling vai atingindo recantos inusitados. Cinema adentra o debate político, emissoras de TV são avaliadas como se fossem ministérios, a Rede Globo de Televisão é atacada no Brasil por qualquer coisa que tenha feito ou deixado de fazer. Contadores de história, independentemente do veículo utilizado, se transformam em ameaça.

Quem trabalha com storytelling é hoje visto como aliado ou concorrente dos políticos que esculpem sua imagem sem compromisso com a realidade. O direito de governar um país, estado ou município, na virada para a segunda década dos anos 2000, pode ser outorgado a um personagem tão fictício quanto o Batman ou o Coringa.

A palavra "narrativa" passou a se destacar no vocabulário político na chegada do novo milênio. Embora sempre estivesse presente, nunca se deu tanta atenção a ela.

Em 1989, Fernando Collor venceu as eleições presidenciais brasileiras com a narrativa do "caçador de marajás".

Em 2002, os brasileiros viram Luiz Inácio deixar de lado o "Lula sindicalista" a que estavam habituados para se transformar no *Lulinha Paz e Amor*. A partir daí, o Brasil parece ter acordado para o papel da narrativa, com marqueteiros políticos ganhando projeção quase igual à dos candidatos. No longo período do PT no comando nacional, seus estrategistas esbanjaram menções a "nossa narrativa" e à "narrativa deles".

Se Collor veio como herói exterminador de privilégios que acabou destituído por fazer o oposto do que pregava, Lula concretizou o sonho de Cinderela. Era o homem simples, sem anel de doutor, que chegou lá. Sua história comovia e convencia, gerando identificação com a maioria dos brasileiros.

A presidência passou de Lula para sua companheira de partido Dilma Rousseff, cujo carisma e habilidade política deixavam muito a desejar na comparação com o guru petista. Casos de corrupção e a debacle da economia se sobrepuseram aos avanços conquistados na era PT. Uma série de investigações e julgamentos de rigor inédito no Brasil acabou por colocar Lula na cadeia e afastar Dilma por impeachment. Outros políticos envolvidos em situações muito mais comprometedoras sofreram penalidades bem menos graves, reforçando a hipótese de golpe arquitetado por empresários e militares, e executado por investigadores, procuradores e julgadores contra o partido dominante.

Seja lá o que tenha ocorrido, tudo começa com a erosão do storytelling de Lula e seu partido. *Democracia em vertigem* (2019), documentário de Petra Costa, acompanha o impeachment de Dilma Rousseff, mostrando como a trama contra ela foi alinhavada, sublinhando aspectos que depõem contra a lisura do processo que a derrubou.

Foi aí que as elites mencionadas por Lula, antes vistas por muitos como artifício narrativo/retórico, ganharam forma. O vilão que odeia pobre encontrou um representante que caiu de paraquedas no cenário, trazendo debaixo do braço o falecido comunismo, e assim foram potencializadas todas as frustrações nacionais. Nesse clima de insatisfação, os valores se inverteram, a religião passou a andar de mãos dadas com a violência, o ódio passou a ser amado e uma nova Cinderela foi construída: a do capitão esculachado que nunca fez nada digno de nota e, assim como Lula, poderia ser qualquer pessoa do povo, qualquer peladeiro de fim de semana ou piadista de botequim.

Bolsonaro, ressalvadas as abissais diferenças de caráter, representatividade e civilidade, é um mini-Lula com o sinal trocado. Um oportunista, sem currículo e sem estatura. Se as metáforas de Lula giram em torno do futebol, as de Bolsonaro são todas relacionadas a namoro e casamento. Ambos apelam para simbologias de fácil entendimento, ambos falam a língua do povão, que economiza esforços intelectuais e adora simplificações, só que Lula fala bem, enquanto a capacidade oratória de Bolsonaro é próxima de zero. Entre as diferenças, a mais crucial é que Lula tinha partido, tinha equipe, e se impôs principalmente por um programa de redução da pobreza. Já Bolsonaro, sem partido, sem equipe e sem vocação democrática, insistiu em se impor pela pulsão destrutiva.

No seu discurso de posse, Bolsonaro fez questão de decretar o fim do "politicamente correto", repetindo a fala de outros dirigentes estrangeiros da extrema direita. Custei a acreditar no que estava ouvindo. Era um presidente da República declarando seu repúdio ao "correto", o que pressupõe seu apoio ao incorreto.

Difícil hierarquizar os equívocos de um governo que fez do erro o seu trilho, mas uma peculiaridade familiar merece relevância. Tendo três filhos atuantes na política, o senador Flávio, o deputado federal Eduardo e o vereador Carlos, Jair Bolsonaro compartilhou seu cargo, de modo que a prole se sentiu autorizada a fazer pronunciamentos em nome do pai. A cadeira presidencial tornou-se uma espécie de sofá onde a família Bolsonaro se aboletou e passou a resolver seus muitos problemas pessoais e judiciais. O quarteto criou intrigas e inimigos com velocidade meteórica, tanto no Brasil quanto no exterior. Os que acharam pitoresco o fato de Carlos estar dentro do carro presidencial no desfile de posse do pai, com uma arma na cintura e agindo como segurança especial, viram apenas a ponta do iceberg. Dono de uma personalidade instável, Carlos ganhou gabinete no Palácio do Planalto, onde se instalava na ausência paterna para não deixar que o vice-presidente o "traísse". Ele detinha as senhas do pai nas redes sociais e fazia postagens em nome do presidente. Sendo esse o principal canal de comunicação da presidência, pela primeira vez o Brasil teve sua imagem nas mãos de um vereador delirante, que também se entretinha participando de reuniões federais estratégicas.

A galeria de personagens exóticos em torno do presidente foi extensa e não se limitou a familiares encrenqueiros, ministros pitorescos, militares retrógrados, apoiadores fanáticos e amigos envolvidos em crimes. Nela se destaca, por exemplo, a figura de Olavo de Carvalho, um astrólogo brasileiro residente nos Estados Unidos, autointitulado filósofo, com livros e cursos on-line repletos de teorias conspiratórias. Seu repertório inclui as afirmações de que rock'n roll é satanismo explícito, e as músicas dos Beatles teriam sido compostas pelo filósofo alemão Theodor Adorno — até porque ele garante que os quatro rapazes de Liverpool eram semianalfabetos musicais. Olavo tornou-se para a família Bolsonaro uma espécie de Rasputin, o místico conselheiro da família do czar russo Nicolau II.

Conhecido como "Bruxo de Virgínia", o mentor presidencial se notabilizou por ser um desbocado rosnador de impropérios contra quem o desagrada. Esmerou-se em publicar opiniões sobre o que o presidente devia ou não fazer, indicou alguns ministros, que foram efetivados, e condenou outros, demitidos. O espumante "filósofo" considerava-se tão acima do bem e do mal que não poupou nem seu mais famoso seguidor. Irritado com a incompetência demonstrada por Bolsonaro, postou vídeo nas redes sociais dizendo que seu governo era "de merda" e ameaçou derrubá-lo. No mesmo vídeo, sugeriu que o presidente enfiasse no orifício anal uma condecoração que lhe havia concedido.

Seria um plot de comédia farsesca se não tivesse consequências tão graves.

PROPAGANDA x NÃO PROPAGANDA

"A filosofia por trás de muita propaganda é baseada na velha observação de que
todo homem é na realidade dois homens — o homem que ele é
e o homem que ele quer ser."
William Feather

Linguagem bélica e epidêmica

O público a que as mensagens publicitárias são dirigidas é chamado de **alvo**. A comunicação feita pela internet se esforça para **viralizar**. É comum vermos marcas excluídas de eventos importantes apelando para o marketing de **guerrilha**. Propaganda não é só a alma, é também a arma do negócio.

Se você acha que este não é um tema à altura dos abordados nos outros capítulos do livro, talvez não tenha percebido o papel que a propaganda desempenha como transformadora de hábitos, construtora de conceitos, moldadora de opiniões e narradora da evolução humana.

Embora seja um instrumento destinado a aumentar o consumo, fazer girar a roda da economia, alcançar objetivos de marketing predeterminados, há muito de artístico e imensurável na propaganda. Esse traço de nobreza intrínseca, que dialoga com todos os agentes culturais, tem um similar extrínseco que salta aos olhos na relação com os veículos: o acesso amplo a ideias, informações e opiniões. O principal resultado da propaganda, mesmo quando não tenta ser nada além de propulsora das vendas, é fornecer sustento à mídia, nutrir o jornalismo, viabilizar a liberdade de expressão. Ou seja, propaganda não é mero preenchimento de espaços ou intervalos, é conteúdo relevante para manter de pé as conquistas civilizatórias. Nenhuma análise do storytelling seria completa sem passar por ela.

A história da propaganda está atrelada ao capitalismo e ao desenvolvimento da comunicação de massa. Buscando atingir corações, mentes e bolsos, publicitários bebem de todas as fontes, desde a arte até antropologia e psicologia, para frequentar os meandros da natureza humana. Sintonizada com os avanços comportamentais, a propaganda tornou-se parceira fundamental na difusão e aceleração dos movimentos jovens, feministas, LBGTQIA+, étnicos e artísticos. Mas isso não significa vanguarda. O primeiro passo vem sempre de outro lugar: ciência, tecnologia, filosofia, arte, grupos de pressão, movimentos sociais e artísticos. Antenada nesses sinais, a propaganda os incorpora, atuando no que seria o segundo ou terceiro passo. Sua missão exige proximidade com a ponta, correndo no pelotão da frente, nunca na primeira fila. Seu rumo é obrigatoriamente o futuro, conquistar novos territórios, ampliar fronteiras.

Páginas geniais foram escritas. Anúncios, filmes comerciais e slogans tornaram-se marcos culturais, para o bem e para o mal.

Na categoria do bem, podemos destacar o anúncio *Think Small* (DDB, New York, 1959), que lançou o fusca nos Estados Unidos onde pensar grande era quase obrigatório, e o filme *1984*, da Apple (Chiat/Day, Los Angeles, 1984), considerado o maior comercial de TV de todos os tempos, com direção de Ridley Scott.

No Brasil, em seus 26 anos de duração, a campanha do Garoto Bombril, criada por Washington Olivetto e Francesc Petit na agência DPZ, e estrelada por Carlos Moreno, fortaleceu o feminismo e combateu mais o machismo do que muitos comícios e passeatas. Pela primeira vez um homem frágil se dirigia às mulheres em linguagem cúmplice, divertida e intimista, beirando o afeminado, sem permitir que disso decorresse qualquer ironia ou interpretação depreciativa. Uma proeza e tanto, iniciada em 1978.

Do lado mau, chamam atenção duas campanhas de cigarros: Marlboro (Leo Burnett, Chicago, 1964), com um caubói que explorava o imaginário masculino norte-americano, e o brasileiro Vila Rica (Caio Domingues & Associados, Rio de Janeiro, 1976), que, estimulando a busca por "levar vantagem em tudo", defendida por um jogador de futebol que todos sabiam ser fumante, acabou criando o que ficou conhecido como a "Lei de Gerson". Na vida real, vários atores e modelos que interpretaram o "homem de Marlboro", protagonista dos comerciais da marca, morreram de doenças pulmonares. Um deles, Wayne McLaren, ao ser diagnosticado com câncer de pulmão em 1990, tornou-se ativista antitabaco lutando até seus últimos dias contra algo que ajudara a divulgar. Felizmente, a propaganda de cigarros está proibida hoje num grande número de países, transformando esse tema em coisa do passado. O verdadeiro vilão dessas histórias é o produto, não a propaganda, que, a rigor, só cumpriu seu papel de propagar. Novos avanços virão, alguns por lei, outros por evolução de costumes. As chamadas "donas de casa dos comerciais de margarina", por exemplo, tornaram-se personagens tão obsoletas que passaram a ser usadas com finalidade satírica.

Imagens e bordões publicitários costumam transitar com destaque na cultura popular. Dois deles chegaram a ser aproveitados em campanhas políticas recentes: o *Wassup,* da cerveja Budweiser, teve filme especial para auxiliar a vitória de Barack Obama nos Estados Unidos, e o *Posto Ipiranga* foi mencionado à exaustão no Brasil por Jair Bolsonaro quando se referia a seu futuro ministro da Economia, Paulo Guedes. A campanha "Pergunta lá no posto Ipiranga", da agência Talent, apresentava a rede de postos de gasolina como resposta para todas as perguntas. Em ambos os casos, as marcas envolvidas não se posicionavam como apoiadoras dos candidatos. Suas campanhas simplesmente ganharam asas, flutuando ao sabor da popularidade.

São muitas as expressões publicitárias que caíram na boca do povo, passando a ser aplicadas em diferentes contextos. *Não é assim uma Brastemp*, outra criação da Talent, passou a designar qualquer coisa ou pessoa de qualidade duvidosa. O número 51 passou a ser associado a *uma boa ideia*, por causa de uma campanha de cachaça, criada por uma mulher suíça, Magy Imoberdof, sócia da antiga agência Lage, Magy, Stabel e Guerreiro. As *mil e uma utilidades* de Bombril passaram a ilustrar pessoas multitarefeiras. O *efeito Orloff*, usado pelos economistas para fazer prognósticos de países que repetem soluções infelizes adotadas por outros, vem de uma campanha de vodca veiculada nos anos 1980, onde um personagem abordava a si mesmo na hora de pedir uma bebida, alertando para a ressaca do dia seguinte caso optasse pela marca errada. Sua frase *"Eu sou você amanhã"* eternizou-se como chamada de atenção para as consequências de nossas escolhas. Foi criada pelo publicitário Jacques Lewkowicz, curiosamente o mesmo autor da campanha que gerou a *Lei de Gerson*.

Esses e muitos outros *cases* famosos não existiriam sem gente talentosa a serviço de anunciantes ousados, e sem a exposição proporcionada pela grande mídia, exatamente ela, que de repente se viu bombardeada por todos os lados.

Grande mídia

"Nosso objetivo é, ao fim e ao cabo, a destruição completa e a eliminação de toda a mídia tradicional. Prevemos o dia em que a CNN não vai mais existir. Vislumbramos o dia em que o *New York Times* vai fechar as portas."
Matthew Boyle

Seria só mais um duelo entre real e virtual, desses que estamos acostumados a testemunhar: uber × táxi, airbnb × hotel, fintechs × bancos, spotify × gravadoras de músicas. Tudo gira em torno dos impactos causados pelo mundo on-line e as mudanças impostas ao mundo off-line. Mídia tradicional e mídia digital duelariam em condições semelhantes aos demais embates provocados por novas tecnologias em todos os tempos. Mas não. Há nesse conflito um terceiro participante, que apedreja impiedosamente um dos lados, em busca de objetivos que não atendem a nenhuma agenda de avanço. Ao contrário, busca-se o retrocesso.

Apedrejar a grande mídia é, antes de tudo, uma tentativa de calar a imprensa.

À exceção dos canais de TV e emissoras de rádio *all-news*, a maior parcela do tempo nos meios eletrônicos é dedicada ao entretenimento e, sim, suscita algumas críticas conservadoras por questões morais. Mas o destaque absoluto, reforçado pelo simbólico prestígio dos descendentes de Gutenberg, cabe à imprensa.

Antes do apedrejamento político, vários fatores aleatórios já conspiravam contra a comunicação de massa. Todos provocados pela internet.

Tem sido duríssima a vida dos grandes veículos de comunicação nos últimos anos.

A televisão mal se recuperara da divisão entre TV aberta e por assinatura e já batalhava contra o streaming e o YouTube. Inúmeros portais e websites passaram a concorrer com TVs, rádios, jornais e revistas. Até o Facebook entrou nas transmissões esportivas.

Aos olhos de quem pretendia destruir a estrutura midiática, não havia momento mais propício para o ataque. Eram muitos os flancos a ser explorados.

Anunciantes e publicitários, acostumados a lidar com planos de mídia seguros e previsíveis, tiveram que se adaptar a uma pulverização de meios sem métricas previamente validadas, e foram obrigados a se aventurar, a criar estruturas de resposta rápida ao consumidor, promover vendas on-line, participar de debates na intensidade febril das redes sociais, digerir a ideia das *direct-to--consumers* (DTC) brands, que eliminaram intermediários em todas as etapas, do varejo à comunicação. Falaremos um pouco mais sobre elas daqui a pouco.

A BOMBA EMBAIXO DA MESA

Se as verbas não são suficientes para fazer tudo bem-feito e a grande mídia é a fatia mais dispendiosa do bolo, foi ela que mais sofreu. É sempre tentadora a troca de algo caro por um similar barato. O problema está na similaridade, já que a mídia de massa produz efeitos, até prova em contrário, sem similar. Mas as audiências caíram e os jovens, encantados com os recursos tecnológicos que permitem maior interatividade, tendem a abandonar antigos hábitos. Computadores assumem o lugar da televisão nos quartos de crianças e adolescentes. Só que eles ainda veem programas "de TV" na tela do computador. Teria havido uma troca de conteúdo ou de equipamento receptor? Até os celulares entraram no jogo, proporcionando quase tudo que um computador oferece, inclusive a função televisão. Por outro lado, televisores modernos assumem cada vez mais características de computador. Tudo se mistura.

Se os celulares evoluíram para smartphones, os televisores se transformaram em smart TVs. Como já dizia minha avó, o mundo é dos smarts. Falando de avós, a nomenclatura trazida pelos profissionais da área digital foi bastante cruel ao nomear o embate como NOVA MÍDIA × VELHA MÍDIA, deixando implícita a mensagem de que a "velha" não tem futuro.

Acontece que a velha mídia também é grande, e ninguém é grande por acaso. O simples fato de sobreviver por tantos anos demonstra sua competência adaptativa. No momento, ela se enfronha nos meios digitais, lança plataformas, transita por todas as telas, troca influências entre seus canais tradicionais e o território on-line. Tudo com a força adicional da experiência, e da maior facilidade para arregimentar grandes talentos que produzem grandes conteúdos para todos os tipos de canal.

É no conteúdo que reside a diferença fundamental. Foi por investirem fortemente no conteúdo que primeiro a HBO e depois a Netflix se tornaram gigantes na competição por audiência. E foi por perceberem essa verdade que as grandes redes imediatamente voltaram suas baterias para a produção de conteúdo mais sofisticado e trataram de disputar território com os novos concorrentes.

Não precisamos de mais detalhes para visualizar o tamanho da guerra que estava em curso quando as tropas políticas dispararam seus mísseis. Ressalvados os poucos cúmplices da extrema direita, os veículos contendores pela preferência do público foram surpreendidos por um improvável inimigo comum: governos construídos sobre fake news invertendo a situação para acusar de falsidade o jornalismo profissional; governos com discurso farisaico apontando o dedo pseudomoralista contra os produtos culturais e de entretenimento da grande mídia; governos declarando guerra à mídia para escaparem de suas críticas e gerando constrangimento em todos os frequentadores do terreno midiático, inclusive os anunciantes.

Hora de convocar Marshall McLuhan com a sabedoria do seu "o meio é a mensagem". Grandes anunciantes tendem a não se afastar da grande mídia simplesmente porque as grandezas se atraem.

Nada impede que uma montadora de automóveis ou uma indústria de refrigerantes faça incursões em banners, blogs, canais do YouTube, perfis populares nas redes sociais e coisas do gênero. É natural e necessário que explorem todas as possibilidades. Desde que suas marcas sigam ancoradas nos veículos mais relevantes.

A aposta dos governantes autoritários na desidratação da mídia para exercerem seus poderes sem contradições ou críticas é pretensiosa demais e pode ter efeito contrário. Quando descarregam seus arsenais sobre os veículos de comunicação, chegando ao cúmulo de recomendar a anunciantes que não veiculem suas mensagens em determinados jornais, como aconteceu no Brasil, autoridades extremistas acabam por reforçá-los.

De tanto bater na CNN e no *New York Times*, Donald Trump transformou esses veículos em heróis da resistência, fidelizando e até aumentando seu público. O mesmo ocorreu no Brasil, com o *Jornal Nacional* da TV Globo batendo recordes de audiência e a *Folha de S.Paulo* incrementando seu número de assinantes.

Vem do grande jornal paulista o melhor exemplo do efeito reverso que as agressões governamentais podem produzir. Alvo de queixas e ataques frequentes de Jair Bolsonaro, a *Folha* editou um filme publicitário usando as mais ferozes manifestações do presidente contra ela. Apenas colocou sua marca no final e estava pronta uma bela mensagem por oposição. Sem dizer uma única palavra para rebater as acusações presidenciais, ela evidenciou dois recados: 1) se este homem me critica desse jeito, é sinal de que ele está incomodado com a revelação de verdades inconvenientes; e 2) sou um jornal independente que não se deixa intimidar.

Usar o mais poderoso adversário, no caso o presidente de uma República, para promover sua marca é estratégia que poucos se atrevem a adotar.

Mais adiante, em junho de 2020, apontando para os arroubos ditatoriais do presidente e sua declarada admiração pelos torturadores que atuavam nos anos de chumbo, a *Folha* lançou a campanha *#UseAmarelopelaDemocracia*. A frase em forma de hashtag passou a ser colocada numa faixa amarela embaixo do cabeçalho do jornal, um retorno à estratégia usada no combate ao regime militar, quando a faixa dizia: "Use amarelo pelas Diretas Já."

O filme dessa campanha repetiu o formato, o estilo e até o locutor do premiadíssimo comercial *Hitler*, criado em 1988 por Nizan Guanaes e Gabriel Zellmeister na agência W/Brasil, e que em 1999 esteve entre os quarenta finalistas do Prêmio Comercial do Século, promovido pela revista inglesa *Shots*. Reciclagem equivocada. O novo texto ficou muito abaixo do texto original, sem a surpreendente dissonância que gerou encantamento em 1988. Era no texto que residia a genialidade e o consequente impacto da campanha original, não nos elementos formais. O resultado de 2020 foi um trabalho com o alto valor político que o tema impõe, correto em sua racionalidade, coerente com a história do jornal, mas insípido, retilíneo, ofuscado pelo brilho do trabalho anterior em que procurou se amparar.

Outro aspecto curioso é que os mais importantes *players* da "nova mídia" cresceram tanto que já enfrentam problemas comuns à "velha mídia". Facebook, por exemplo, girando em torno dos 70 bilhões de faturamento com publicidade, tem entre seus clientes alguns dos maiores anunciantes do mundo. Esses clientes top exigem padrões éticos e morais compatíveis com suas marcas, o mesmo tipo de exigência que puniria uma rede de televisão que veiculasse pornografia em horário nobre, por exemplo. Desse modo, ainda que sem a devida regulamentação jurídica, os protagonistas da "nova mídia" precisam atender a certos critérios sob pena de perder fatia importante da sua receita.

Foi a novidade que 2020 nos trouxe. Vendo discurso de ódio correndo solto nas redes sociais, algumas empresas deram um passo atrás com o Facebook. A Unilever, dona de centenas de marcas como Dove, Omo, Lux, Axe, Seda, Rexona, Hellmann's, Knorr e Kibon, suspendeu seus anúncios na empresa de Mark Zuckerberg pelo menos até o final do ano. A operadora de telecom Verizon seguiu o mesmo caminho. As grifes Levi's, North Face e Patagonia, idem. A Coca-Cola foi mais abrangente, suspendendo pelo menos por trinta dias sua comunicação em todas as redes sociais do planeta. Adidas, Ford, Honda, Diageo, Starbucks e Microsoft engrossaram as fileiras da debandada. Abriu-se a porteira para um grande boicote mundial. Quando diversas marcas exigem mudanças de comportamento sob pena de saírem do jogo, nenhuma rede está a salvo.

Tudo depende da velocidade e competência dos veículos na correção dos defeitos que lhes causam prejuízos tão graves. Será testada também sua habilidade para lidar com a frustração daqueles que se beneficiam do discurso de ódio. Eles são os mesmos que apedrejam a grande mídia.

Grandes marcas

Na virada do milênio, com o empoderamento do consumidor, tornou-se necessária a construção de vínculos atitudinais que permitissem às marcas uma posição de maior relevância nas histórias de seus usuários. Veio daí a febre dos *propósitos de marca*.

Não bastava que um produto alimentício satisfizesse o apetite, a nutrição e o paladar, ou que um produto de limpeza fosse eficaz na missão de limpar. Era preciso que suas marcas se comprometessem com algo mais profundo, como proporcionar momentos de felicidade que contribuíssem para a harmonia social, ou preservar a natureza ajudando o planeta a ganhar mais vida, ou abraçar a diversidade, a tolerância, algum comportamento indicador de contemporaneidade. O marketing e sua comunicação ganharam transcendência. Produtos-corpos dignificados por marcas-almas. Consumidores, antes atraídos principalmente pelo pragmatismo do atendimento às necessidades imediatas, agora seduzidos em primeiro plano pela identificação com suas convicções pessoais e com a adequação das marcas ao protagonista que cada um desenha para si.

Esse trabalho, desenvolvido com extremo cuidado, baseado em pesquisas, validado pela checagem de coerência com atitudes pregressas e amparado em sofisticadas técnicas de planejamento, naturalmente se cruzou com diferentes pautas humanistas. Não foram poucas as marcas de produtos domésticos que se alinharam em maior ou menor grau ao feminismo, nem os produtos destinados a jovens que abraçaram a liberdade sexual e a pluralidade de gêneros e raças. Alguns exageraram na dose, chegando perto do super-heroísmo inconsistente, mas os acertos superaram em muito os equívocos.

Tornaram-se comuns os balanços sociais, em que as empresas apresentavam suas realizações no campo da sustentabilidade, do atendimento às demandas sociais de seus colaboradores, do apoio às comunidades carentes no seu entorno. Empresas socialmente responsáveis passaram a ser mais atraentes para consumidores, investidores e profissionais qualificados. Tudo fazia sentido até que a serpente em gestação perdeu a vergonha e rompeu a casca do ovo.

Quando menos se esperava, foi traçada uma linha divisória com base no conceito generalista da nova extrema direita. O humanismo, a empatia e a ecologia foram esquerdeados. Assim como instituições e pessoas comuns, marcas que jamais pretenderam participar de um racha político se viram no meio do fogo cruzado.

O surto de radicalismo conservador pegou todas essas marcas de surpresa, pondo à prova sua grandeza e colocando em risco sua percepção de autenticidade. A maioria seguiu o instinto básico de se encolher, dar tempo ao tempo, deixar a tempestade passar. Outras, por convicção ou falta de alternativa melhor, decidiram participar do tiroteio.

Nike

Talvez nenhuma outra marca tenha se construído sobre bases tão atrevidas quanto a Nike. Conformismo é uma palavra que não parece ter lugar no seu dicionário. Isso já foi amplamente demonstrado em sua história, mas a chama precisa ser mantida, e o risco de queimaduras é cada vez maior.

Em protesto contra a brutalidade policial dirigida aos negros nos Estados Unidos, o jogador de futebol americano Colin Kaepernick passou a se ajoelhar durante a execução do hino nacional na abertura dos jogos. Provocou indignação em numerosos torcedores e sofreu rigorosa punição. Colin foi afastado da vida esportiva, sua carreira encerrada precocemente em 2016.

Contrariando as normas do bom convívio das marcas com o *status quo* dominante, a Nike homenageou o rebelde em 2018.

Para comemorar os trinta anos de seu slogan "Just do it", lançou a campanha *Dream Crazy*, criada pela Wieden + Kennedy de Portland, com imagens de atletas, paratletas e gente comum fazendo sacrifícios em busca de seus sonhos. Colin é o protagonista absoluto da campanha e o narrador do comercial de TV. A mensagem principal, aplicada sobre close no rosto do atleta, é "Believe in something. Even if it means sacrificing everything" (Acredite em algo. Mesmo que isso signifique sacrificar tudo). A poderosa marca de material esportivo estava associando sua imagem a um personagem altamente contestado, arriscando-se como ele se arriscou e aconselhando todo mundo a fazer o mesmo.

Donald Trump não gostou, postando no Twitter que a Nike estava sendo aniquilada pela raiva e pelos boicotes. Realmente manifestações raivosas aconteceram. Houve queimas de seus produtos em vários pontos. A reação da Nike foi dobrar a aposta: produziu um vídeo ensinando seus críticos a queimar os produtos do jeito certo. Realmente houve lojas que boicotaram a marca, uma delas inclusive teve que encerrar as atividades porque não conseguiu sobreviver sem contar com os produtos mais desejados do segmento esportivo em suas prateleiras. Trump só se enganou com os resultados da raiva e dos boicotes. Na verdade, muitos que concordaram com a atitude da Nike se apressaram em comprar seus produtos para manifestar apoio, as vendas aumentaram e o valor das ações da empresa foi às alturas.

No filme publicitário da campanha, Colin Kaepernick diz: "Don't ask if your dreams are crazy, ask if they are crazy enough" (Não pergunte se seus sonhos são loucos, pergunte se eles são suficientemente loucos). Belo conselho. Ponto para a Nike.

Início de 2020. Veio a pandemia, que, como já vimos, teve seu vírus e as orientações científicas para combatê-lo entendidos como conspiração esquerdista. Em apoio à recomendação para que as pessoas não saíssem de casa, a Nike lançou em março a campanha que dizia: "If you ever dreamed of playing for millions around the world, now is your chance. Play inside, play for the world" (Se você já sonhou em jogar para milhões ao redor do mundo, agora é sua chance. Jogue dentro, jogue pelo mundo). Além disso, o estímulo ao distanciamento social foi ampliado pela excepcional gratuidade da programação premium do aplicativo Nike Training Club, e uma doação de 15 milhões de dólares foi feita para colaborar com as medidas de contenção à doença.

A campanha que ficou conhecida como *Play for the world* teve um segundo movimento em abril. Reforçava o compromisso da marca com a atividade física e afirmava que, mesmo respeitando as regras impostas pelo momento pandêmico, *nada pode parar a gente.*

Entremeados com gente comum, atletas como Ramla Ali, Sara Hughes e LeBron James são mostrados fazendo exercícios em casa, num filme publicitário veiculado internacionalmente cujo texto é o seguinte:

> Aos que estão treinando na sala.
> Aos que estão se exercitando na cozinha.
> Aos que estão malhando no quarto.
> Aos que estão jogando na garagem.
> Aos que estão suando no porão.
> Aos que estão fazendo esporte no corredor.
> A gente pode não estar jogando juntos.
> A gente pode não estar competindo por nossos países.
> A gente pode não estar num estádio lotado.
> Mas hoje estamos representando 7,8 bilhões de pessoas.
> Essa é a nossa chance de jogar pelo bem do mundo.

Acrescido ao discurso pró-distanciamento social, que tanto incomodava os defensores do retorno imediato às atividades econômicas, a campanha era globalista, outro conceito insuportável para Trump e seus parceiros ideológicos.

Em junho do mesmo ano, quando os protestos antirracistas tomaram as ruas de inúmeras cidades norte-americanas por causa do assassinato de George Floyd, a Nike voltou à carga. Mais uma vez confirmou a postura corajosa com que construiu sua reputação, lançando um filme de sessenta segundos em que subverteu seu consagrado slogan. O mesmo slogan que dois anos antes era celebrado com um manifesto contra o racismo.

Não se tratava de truque publicitário, jogada de efeito ou coisa parecida. Era um puxão de orelha em boa parte da população norte-americana, na polícia e no presidente da República. Criado pela mesma agência das campanhas anteriores, o filme *For once, don't do it* (Pela primeira vez, não faça isso) é apenas um texto sobre fundo escuro, mas que texto!

> For once,
> Don't do it.
> Don't pretend there's not a problem in America.
> Don't turn your back on racism.
> Don't accept innocent lives being taken from us.
> Don't make any more excuses.
> Don't think this doesn't affect you.
> Don't sit back and be silent.
> Don't think you can't be part of the change.
> Let's all be part of the change.

A gravidade do momento fez a Nike transferir o espírito desafiador do campo esportivo para outro campo incomparavelmente maior. Ao dizer "não finja que não há um problema na América", ela deixa subentendido um conjunto de aberrações sociopolítico-culturais que inclui o racismo. Isso é explicitado na frase seguinte: *Não vire suas costas para o racismo*. E daí seguem várias chamadas à responsabilidade. "Não aceite vidas inocentes sendo tiradas de nós. Não dê mais desculpas. Não pense que isso não afeta você."

Ao dizer "não se recoste nem fique em silêncio", ela convoca seus fãs a irem para as ruas engrossar as fileiras dos protestos. Esses protestos, danosos à popularidade de Trump num ano eleitoral, o levaram a estimular repressão violenta contra os manifestantes, inclusive afirmando que considerava usar as forças armadas nessa tarefa.

Finalmente, ao dizer "não pense que você não pode ser parte da mudança, vamos todos ser parte da mudança", ela incentiva o espírito revolucionário. Supercoerente para quem, em 1987, nos primeiros passos de sua carreira de comunicação, fez um baita barulho com música dos Beatles, num comercial intitulado *Revolution*.

Coca-Cola

Nem mesmo a marca mais icônica do jeito americano de ser, com toda a sua carga de tradição, que já foi alvo até de debate no Congresso dos Estados Unidos sobre seu papel como representante do capitalismo, conseguiu escapar da zona de rotulação esquerdista estabelecida pela *alt right*.

Em 2017, no Dia Internacional do Orgulho Gay, a Coca-Cola Brasil fez um movimento audacioso criado pela Agência David, de São Paulo. Aproveitando-se da expressão homofóbica "Essa Coca é Fanta", usada para se referir pejorativamente a homossexuais, a empresa lançou uma edição limitada de latas de Coca-Cola contendo Fanta. Nas latas foi impresso: "Essa Coca é Fanta. E daí?"

A repercussão entre os gays foi positivíssima. Várias celebridades saudaram a postura da gigante do mercado de bebidas, os noticiários reverberaram e a imagem da marca subiu vários pontos na escala de ousadia.

Em 2018, enquanto a Copa do Mundo era disputada na Rússia, um jogador sueco, Jimmy Durmaz, sofreu ataques racistas nas redes sociais, inclusive com ameaças de morte. Por acaso, esse jogador era um dos seis atletas homenageados com fotos estampadas nas latas de Coca-Cola.

Fãs de Durmaz, unidos a defensores da igualdade racial, imediatamente ergueram a voz. Ato contínuo, identificaram nas latas de refrigerante com fotos do craque o apoio à sua causa. A Coca-Cola não precisou fazer nada, simplesmente deixou que as reações seguissem seu curso, e o resultado foi a produção espontânea de uma lata onde o "zero açúcar" foi substituído por "zero racismo". A imagem dessa lata viralizou espetacularmente na internet.

Voltando às datas comemorativas, o Dia Mundial do Meio Ambiente em 2020 foi marcado por um filme publicitário, criado pela WMcCann Rio, que sublinhou os efeitos benéficos para a natureza provocados pela redução da atividade humana no planeta. A causa dessa redução era a pandemia do coronavírus, assunto duplamente delicado. O isolamento social atormentava a todos e era combatido pelos extremistas de direita, que também repeliam qualquer mensagem ecológica.

Uma bela sequência de imagens ilustrava o texto que se baseava em fatos comprovados:

O coronavírus deixou cidades vazias pelo mundo.

Quando as ruas ficaram em silêncio, o meio ambiente falou mais alto.

Poluição do ar em São Paulo diminuiu 50% na primeira semana.

Tartarugas bebês aproveitam confinamento humano para chegar ao mar.

Quando ficamos em casa, a natureza saiu.

Animais voltaram às ruas das cidades.

Com a quarentena, a vida marinha reapareceu nas praias.

Quando tudo voltar ao normal, que cuidar do mundo também seja o novo normal.

A Coca-Cola Brasil acredita que é possível.

Dividido entre letreiro e locução, o texto é concluído com a citação de algumas práticas de sustentabilidade adotadas pela empresa, o suficiente para eliminar possíveis dúvidas sobre sua legitimidade para tratar do tema.

A pandemia também fez com que um dos mais inspirados comerciais da Coca-Cola, *Para todos*, fosse ressignificado com o título *Por todos*. Coube à agência argentina Mercado McCann, do mesmo Martín Mercado criador da peça original, fazer a transformação. Como ocorreu em 2001 com *Para todos*, o novo filme também foi exibido mundialmente. Seu brilho e seu poder de emocionar foram mantidos.

Sobre fundo branco, vemos garrafas ou latas de Coca-Cola, tampinhas, engradados, um abridor de garrafas, ora em detalhes, ora em composições de imagem que se conectam à locução off, que diz o seguinte:

> Por quem está separado / Por quem está junto / Por nossos amigos / Por nossas famílias / Por nossos colegas de sala / Por nossos colegas de trabalho / Por nossos familiares / Por cada vizinho / Por quem tem crianças / Por cada pai, tio, avó / Por quem não pode trabalhar / Por quem não pode parar de trabalhar / Por quem cobre a tosse com o braço / Por quem não se junta / Por quem não se beija / Por cada um que retorna / Por quem está em quarentena / Por quem sonha em voltar / Por cada idoso / Por cada um que ajuda os idosos / Por cada bombeiro / Por cada profissional de limpeza / Por cada voluntário / Por médicos e enfermeiras / Por quem une forças / Por cada cantor de varanda / Por quem é forte / Por quem é mais frágil / Por quem se recuperou / Por quem não está mais entre nós / Por quem está lutando / Por quem nunca irá desistir / Por quem acredita / Por quem mais amamos / Estamos nessa juntos... por todos.

Quatro momentos durante o governo Trump, que oficializou a insanidade como ideologia política. Quatro temas contrários à nova ordem ultradireitista: homossexualidade, racismo, ecologia e pandemia. Quatro chances para a Coca-Cola confirmar o posicionamento arrojado que vem adotando desde o início do terceiro milênio, mesmo sob o risco de ser rotulada como representante da esquerda, do comunismo, dos valores contrários à família e sabe-se lá mais o quê.

Burger King

Rei do arrojo no universo fast-food. Do alto de sua majestade, Burger King ignora esquerdices ou direitices.

Oferecer seu sanduíche carro-chefe, o Whopper, por apenas um centavo de dólar para quem baixasse seu aplicativo de delivery dentro de uma loja do principal concorrente, o McDonald's, é prova inequívoca da vocação rebelde, do instinto provocador, irreverente e bem-humorado da marca.

Colocou o poliamor em debate com sua promoção do King em Dobro, na qual um trisal formado por uma mulher e dois homens celebra ser possível escolher "em vez de um ou outro, um e outro". Também foi a primeira marca no Brasil a ter um comercial apresentado por uma drag queen.

O Burger King pensa e decide rápido. Quando o isolamento social trancou as pessoas em casa, multiplicaram-se as reuniões de trabalho e todo tipo de celebração em modo remoto. O aplicativo de videoconferências Zoom liderou a preferência como viabilizador desses encontros. Com todo mundo improvisando participação nos eventos sociais a partir do ambiente doméstico, nem sempre os cenários eram os mais desejáveis. Estava ali a brecha para uma promoção altamente engajadora.

Já que boa parte do investimento publicitário do Burger King é destinada à comunicação outdoor, as imagens desses painéis foram disponibilizadas no Twitter oficial da marca como background para ser usado no Zoom. Quem usasse os *billboards* do Burger King como imagem de fundo e publicasse a foto nas redes sociais com a hashtag *#HomeOfTheBillboards* ganhava um Whooper de presente. Movimento magistral de quem sabe que vence o jogo aquele que ocupar as melhores posições na história de seus consumidores.

Essa personalidade forte não é visível apenas nas promoções ou nas peças de comunicação. Ela permeia tudo, inclusive o processo de produção das campanhas.

Mal assumiu a presidência no Brasil, Jair Bolsonaro começou a tomar decisões que enaltecessem seu caráter conservador e autoritário. Uma dessas decisões foi o veto a um comercial do Banco do Brasil que, direcionado ao público jovem, contava com um elenco marcado pela diversidade, alguns modelos usando roupas e cortes de cabelo menos convencionais, tatuagens e piercings. Nada de mais, apenas elementos de identificação com a audiência que buscava atingir. A justificativa do veto foi o elenco, sob alegação de que ali não estava retratada a juventude que o presidente considerava compatível com a família brasileira. Houve ampla cobertura da imprensa, muita polêmica e críticas veementes.

Pouco tempo depois, o Burger King, que estava em pré-produção de um novo filme publicitário, divulgou um vídeo de recrutamento todo em letreiro, com o seguinte texto:

> Procura-se elenco para comercial.
>
> O Burger King está recrutando pessoas para seu novo comercial.
>
> Para participar, basta se encaixar nos seguintes requisitos:
>
> ter participado de um comercial de banco que tenha sido vetado e censurado nas últimas semanas. Pode ser homem, mulher, negro, branco, gay, hétero, trans, jovem, idoso.
>
> Curtir fazer selfie é opcional.
>
> No Burger King, todo mundo é bem-vindo, sempre.
>
> Entre em contato pelo e-mail: recrutafilme@burgerking.com

Pegou na veia. Representantes do governo manifestaram indignação com a atitude "desrespeitosa" da marca, bolsonaristas pregaram o boicote à rede de fast-food, antibolsonaristas vibraram, aplaudiram e apoiaram. Não era ainda a campanha, era apenas um ato preparatório que custou quase nada, mas conseguiu fortunas em mídia gratuita e elevou o Burger King ao posto de desafiador do autoritarismo, atingindo um nível de notoriedade que a marca ainda não havia experimentado no Brasil.

Oportunidade para todos os tamanhos

Anúncios de oportunidade eram muito comuns no passado. Tornaram-se mais raros com o alvorecer do planejamento estratégico e voltaram de outro jeito com o imediatismo do on-line. Têm um sabor inigualável, porque se aproveitam de eventos destacados no noticiário para pontuar diferenciais de personalidade da marca. Exigem rapidez, perspicácia e criatividade. Por isso, sempre foram apreciados pelas equipes de criação. Nada de pesquisar ou complicar. Tudo se resume a isto: fato, ideia, produção e abraço.

Esse tipo de oportunidade ganhou um novo gás com as reviravoltas políticas, sanitárias e econômicas dos últimos anos. Vimos exemplos de três grandes marcas internacionais — Nike, Coca-Cola e Burger King — que não perderam a chance quando ela surgiu. E as marcas pequenas? Como devem se comportar num momento assim?

São duas as vantagens de ser miúdo em guerra de gigantes: ter mais agilidade e menos a perder. Quando as condições econômicas se deterioram, "ter menos a perder" aumenta seu poder estimulador. Sem fôlego e sem perspectivas, as pequenas empresas podem ser compelidas a partir para o "tudo ou nada". Assim nascem os heróis e as histórias de viradas de jogo. Se o jogo não vira, fica pelo menos o registro de um ato de coragem.

De uma livraria minúscula do Rio de Janeiro, chamada Leonardo da Vinci, veio um grande gesto.

O governo Bolsonaro havia nomeado um ministro da Educação *sui generis*, cuja ignorância era demonstrada em sucessivos erros de português e tentativas de provar falsa erudição — referir-se a Franz Kafka como "Kafta", por exemplo. O desprezo do presidente da República pela área tinha encontrado um representante ideal, que se esmerava em hostilizar professores e estudantes universitários com acusações bizarras, e não media esforços para esvaziar os já parcos recursos destinados ao setor que ele teoricamente deveria proteger. Em decisão que provocou repúdio geral, esse ministro, de nome Abraham Weintraub, havia acabado de cortar 25% de verbas da educação sem a menor cerimônia.

Foi a deixa para que a solitária Da Vinci, amparada apenas pela tradição de ser point cultural do Centro da cidade, num subsolo da avenida Rio Branco, lançasse sua pedra de Davi. Ela produziu um exemplar de *A metamorfose*, de Kafka, com 1/4 do livro cortado, e o enviou ao ministro com a seguinte mensagem: "Antecipadamente, pedimos desculpas pelo corte de 25% no livro, mas a situação das livrarias brasileiras está difícil."

A pedrada não derrubou o gigante, mas ajudou a desmoralizá-lo obtendo enorme repercussão na imprensa e nas redes sociais. Gerou um volume de mídia espontânea que nenhum anunciante desse porte conseguiria pelos meios tradicionais.

Outra pequena marca do Rio de Janeiro nos fornece exemplo mais duradouro e consistente. A cerveja Rio Carioca, aproveitando-se da identidade com o povo da Cidade Maravilhosa e sua reconhecida irreverência, adotou os anúncios de oportunidade como estratégia de longo prazo. Fatos notórios tornaram-se briefings para os anúncios criados pela agência 11:21 com imediata veiculação on-line. Num país e num momento histórico em que algo em torno de 95% dos fatos notórios têm relação com autoridades e políticos em geral, foi inevitável que a Rio Carioca se destacasse como caixa de reverberação das trapalhadas governamentais.

Seguem alguns exemplos do que ocorreu num pequeno pedaço de 2020:

- Quando estourou o escândalo das verbas oficiais do governo sendo usadas para veiculação de propaganda em sites de fake news, o anúncio da Rio Carioca dizia:

SE VOCÊ FREQUENTA SITES DE NOTÍCIAS FALSAS, NUNCA VAI ENCONTRAR ESSE ANÚNCIO LÁ.

- Quando o presidente da República levou um escorregão que quase o derrubou na lama, o anúncio foi:

ESCORREGA MAS NÃO DEIXA CAIR A RIO CARIOCA.

- Quando interesses políticos e clubísticos convergiram para retomar o Campeonato Carioca de Futebol, apesar da curva ascendente de infectados com a covid-19, a cerveja rebateu de primeira:

O FUTEBOL CARIOCA VAI VOLTAR NO ESQUEMA MATA-MATA.

- Quando um miliciano envolvido em negócios suspeitos com a família Bolsonaro foi preso no imóvel de um advogado do presidente localizado na cidade paulista de Atibaia, a mesma cidade onde ficava o sítio que levou para a cadeia o ex-presidente Lula, não havia como escapar do anúncio:

É A VELHA HISTÓRIA DE ATIBAIA E OS 40 LADRÕES.

- E, para comemorar a demissão daquele ministro da Educação que cometia erros de português em série, um anúncio que poderia ter sido escrito pelo próprio ministro:

O MINISTRO ÇAIU.

Essas e outras muitas peças publicitárias foram assinadas com o conceito que amarra tudo: *Rio Carioca. O espírito carioca engarrafado e enlatado também.*

Empresas pequenas têm o signo da bravura. Se nascer é atrevimento num país que faz tudo para atrapalhar, continuar vivo exige heroísmo constante.

Depois da audácia de entrar no jogo, só há duas opções: ser comedido e tentar continuar pequeno o maior tempo possível, ou ser destemido e tentar crescer. Os que alcançam a vitória de crescer geralmente passam a jogar na defesa, empenham-se em garantir o terreno conquistado, mas nem sempre conseguem escapar dos debates espinhosos.

Entre boa parte das grandes não foi preciso o confronto direto, como Nike, Coca-Cola e Burger King. Mesmo passando ao largo das colisões explícitas com o ideário ultradireitista, várias marcas enviaram sinais de solidariedade às pessoas isoladas em suas casas e aos profissionais que eram obrigados a trabalhar durante a pandemia. Algo absolutamente natural, não fosse a estigmatização do humanismo como atitude de esquerda.

Diante de tanto disparate, restou aos anunciantes sensatos entrar no bloco dos possíveis comunistas do terceiro milênio. Há oportunidades que podem ou devem ser aproveitadas, e outras que simplesmente não podem ser negligenciadas.

Exemplo desse fenômeno foi o banco Bradesco, através da área de seguros conhecida como Bradesco Saúde. Boa parte do seu espaço habitual na grande mídia foi usada para veicular um filme que se destacou nos breaks. Criação da AlmapBBDO, o comercial não tinha nada de formalmente inovador, mas era emoção pura. Ao som de Elis Regina cantando "Fascinação", sucedem-se planos de crianças brincando de médico. Elas interagem com adultos ou brinquedos de pelúcia enquanto seus nomes são apresentados em letreiro indicando a especialidade a que se dedicariam: Rafa — pneumologista; Alice — oftalmologista; Clara — imunologista; e assim por diante. A peça publicitária é encerrada com um agradecimento: "Obrigado aos profissionais da saúde que, com coragem e dedicação, estão inspirando uma geração."

A Dove, marca já posicionada no coração feminino/feminista com sua campanha pela Real Beleza, que aboliu os padrões estéticos adotados pela indústria de cosméticos, voltou a emocionar o público, agregando à campanha-mãe uma bela homenagem aos heróis da pandemia. Com o tema *Courage is Beautiful* (*Coragem é linda*), médicos e enfermeiros de verdade, com destaque para as mulheres, foram fotografados em close-up. Nos seus rostos cansados e maltratados pelo trabalho, as marcas provocadas pelas máscaras de proteção que eles são obrigados a usar o tempo todo, dia após dia. Criada em conjunto pelos escritórios da Ogilvy de Londres e Toronto, a campanha, veiculada nos Estados Unidos e no Canadá, teve reverberação mundial e foi uma das mais premiadas no Festival de Cannes 2021. Além da ação de comunicação, a Dove doou cerca de 2 milhões de dólares à organização não governamental (ONG) Direct Relief para a compra de equipamentos de proteção individual, ventiladores e medicamentos destinados aos profissionais de saúde.

Empresas de telefonia e provedoras de acesso digital também foram praticamente forçadas a se manifestar.

A Vivo produziu comercial específico para a pandemia dentro da campanha que veiculava desde 2018. Seu conceito *Digitalizar para aproximar*, criado pela Agência África, soava sob medida para o longo período de isolamento social em que só os contatos remotos eram seguros.

Da mesma agência partiu a ideia de unir as principais operadoras de telefonia do mercado brasileiro, cada uma representada por uma agência diferente, para se apresentarem de mãos dadas como solução para as pessoas se manterem conectadas durante o confinamento. Pela primeira vez, Vivo, Claro, Oi e Tim assumiram a hashtag *#FiqueBemFiqueemCasa*, deixando de lado a feroz concorrência que travam entre si para juntas oferecer bônus de internet e conteúdos extras nos pacotes de TV, tornando menos pesada a nova rotina de aflições a que seu público foi submetido e dando um raro exemplo de solidariedade e cooperação interempresarial. Ainda que remotamente, a atitude generosa desse quarteto de empresas contrariou o discurso negacionista, anticiência e individualista de Jair Bolsonaro e seus sectários.

Propaganda disfarçada de outra coisa

O museu da Heineken em Amsterdã é. O museu da Coca-Cola em Atlanta é. O festival de música ou o evento esportivo bancado pela marca é. O teatro com nome de produto é. A logomarca no macacão do piloto de Fórmula 1 é, a que está no uniforme do time de futebol também. Computador, telefone, carro, óculos, qualquer coisa usada pelo protagonista no longa-metragem ou na série é. Variam os nomes específicos: *branded content*, *brand experience*, *naming rights*, evento promocional, *product placement*. Variam os experts e as técnicas envolvidas. Mas, em última análise, tudo isso é propaganda.

Às vezes, as fronteiras desaparecem fazendo com que arte e propaganda se misturem.

A arte pode se beneficiar muito da propaganda, sem perder sua pureza original, desde que o faça com critério, sensibilidade e inteligência. Há cenas nas quais produtos são inseridos com tanto brilhantismo que ajudam a melhorar a história.

A arte contemporânea também pode ser encomendada, como eram encomendadas pinturas e esculturas até o começo do século XX, ora por governos para registro de cenas históricas ou para decorar palácios, ora por membros da aristocracia ou detentores de títulos de nobreza para eternizar suas imagens, ora por clérigos para embelezar seus templos. Nada impede que um filme, peça teatral, espetáculo musical, blog, canal no YouTube ou programa de TV seja criado para vender uma ideia ou um conceito de marca. Há limites éticos para essas encomendas, tudo é delicado e requer análise caso a caso, mas vale a pena tentar. Não estaria errado quem definisse propaganda como "arte sob encomenda".

É mundialmente conhecido o papel da cineasta alemã Leni Riefenstahl na divulgação do nazismo. Seu filme *O triunfo da vontade*, ganhador da medalha de ouro no Festival de Veneza em 1935 e do Festival Mundial de Paris em 1937, contém propaganda descarada de Hitler, tanto que foi financiado por ele. O mesmo conteúdo propagandístico é encontrado em *Olympia*, documentário sobre as Olimpíadas de 1936 em Berlim.

Riefenstahl, de indiscutível talento e rigor técnico, atravessou o limite da ética de forma tão obscena que foi compelida a abandonar o cinema após a queda do regime nazista. Só se aventurou a retornar em 2002, após cinquenta anos de recolhimento, já com cem anos de idade, quando lançou um documentário sobre a vida marinha intitulado *Impressões submarinas*.

Também foi propaganda o trabalho realizado pelos diretores norte-americanos John Ford, John Huston, Frank Capra, George Stevens e William Wyler, com diversos documentários enaltecendo a atuação dos Estados Unidos na Segunda Guerra Mundial, com o objetivo de convencer o público de que era necessária a entrada do país naquele conflito. *Five Came Back* é o título de um documentário, que foi dividido em três episódios pela Netflix em 2017, contando a história desses cinco diretores em sua missão pró-participação dos Estados Unidos na guerra. Nesse documentário, cinco diretores contemporâneos analisam o trabalho de seus colegas no passado. Nada menos que Paul Greengrass, Steven Spielberg, Francis Ford Coppola, Guillermo del Toro e Lawrence Kasdan, com narração da atriz Meryl Streep.

Propaganda política ou de produtos vive camuflada nas mais diferentes manifestações, artísticas ou não, sem distinção de mídia. Das tradicionais às recém-chegadas. Nos mais surpreendentes recantos off-line ou on-line. Em banners, gifs, games, testes lúdicos, vídeos caprichados ou com jeito caseiro, piadas de youtuber, comentários de blogueiros, comparações e interações pseudoespontâneas.

O sonho do homem-banda

É sintomático que marcas *direct-to-consumers* (DTC) tenham surgido no momento em que os políticos se animaram com a ideia do *direct-to-voters* (DTV).

Se você não tem uma ideia clara sobre o que seja DTC, não se preocupe. Estamos longe de um consenso a respeito. Se você também não conhecia a sigla DTV, preocupe-se menos ainda. Ela me ocorreu há pouco durante a escrita deste capítulo.

É natural que as possibilidades da comunicação on-line tenham estimulado pretensões de imediatismo e proximidade. É confortante imaginar todas as relações comerciais no espírito do mercadinho de bairro, onde os clientes são conhecidos pelo nome e o vendedor já sabe de cor suas frutas e legumes preferidos. É curioso que o avanço tecnológico seja trampolim para um recuo no tempo, levando-nos de volta aos modelos que falavam em produtos diretamente "do produtor ao consumidor" e em candidatos fazendo "corpo a corpo" nas campanhas eleitorais. Tudo é pautado pela doce ilusão do controle absoluto, a sensação de tocar todos os instrumentos da orquestra, de cruzar a bola e correr para cabecear.

Na área de serviços e entretenimento, a situação favorece as empresas que surfam a onda tecnológica. IFood, Rappi, Amazon, Tripadvisor, Booking.com, Decolar.com e Nubank são exemplos que, ou vivem do trabalho de outras empresas, ou pretendem levar formatos consagrados no mundo físico para o mundo on-line. IFood e Rappi não existiriam sem os restaurantes e varejistas para quem prestam o serviço de entregas. Amazon é uma gigantesca loja de departamentos virtual. Tripadvisor, Booking e Decolar emulam agências de viagens. Nubank e outras fintechs são bancos sem agências físicas. Todas essas empresas são coirmãs de Netflix, Hulu, Spotify, Uber e tantas outras recém-chegadas no ambiente fértil da internet, algumas já solidificadas e liderando seus segmentos, outras no processo de ganhar musculatura e conquistar a confiança do consumidor.

Juntando essas marcas inovadoras à proliferação do *e-commerce*, cada vez mais imprescindível a todos os segmentos, podemos chegar à conclusão de que o futuro é DTC. Mas conclusões apressadas são perigosas.

Eliminar intermediários soa salutar. Seria o ideal se vivêssemos num mundo ideal povoado por pessoas ideais. Num mundo assim, todos teriam competência para atuar em qualquer área, teriam critério para avaliar propostas de qualquer segmento, e jamais permitiriam que a pressão pessoal interferisse no profissionalismo das decisões adotadas. Advogados advogariam em causa própria, juízes poderiam apreciar causas em que seus amigos estivessem envolvidos, cirurgiões operariam seus familiares e fiscais provavelmente perderiam o emprego. Radicalizando ainda mais, todos teriam habilitação e competência para advogar, medicar, construir edifícios, plantar, colher, extrair, transformar, transportar, pilotar veículos aéreos, aquáticos e terrestres, vender, pintar, compor, cantar, saciar, atender e entreter, vivendo numa sociedade em que cada um resolveria a totalidade dos seus problemas sem precisar do auxílio de ninguém. Ou seja, independência total num mercado que se extinguiria por falta do que trocar.

PROPAGANDA x NÃO PROPAGANDA

A experiência demonstra que somos interdependentes e limitados, que o tempo é tão inelástico quanto nossas competências. Que mesmo aqueles eventuais muito bem preparados, capazes de fabricar produtos incríveis, criar embalagens incríveis, fazer incríveis campanhas de comunicação, e ter incrível poder de persuasão para realizar vendas, jamais teriam tempo, fôlego e equilíbrio para se dedicar seriamente a todas essas atividades.

Contra essa percepção, erguem-se cases de sucesso como o das lojas-conceito, setor em que Apple e Nike se destacam. Ambas fabricam e distribuem, usando essa distribuição para agregar mais valor a seus produtos. Suas lojas são raras e destinam-se claramente a proporcionar experiência de marca. Alto custo operacional, volume de vendas longe do necessário, tudo confirma a missão de tangibilizar os traços que sustentam a imagem das marcas e consolidar sua identificação com a personalidade dos consumidores. Nada a ver, pelo menos por enquanto, com a autossuficiência buscada pelo DTC.

É inescapável que todas as indústrias tenham um pé no on-line, não os dois, porque a vida real ainda não foi abolida, e dificilmente será. Que tenham um canal aberto com o consumidor final, mas não coloquem todas as fichas nesse canal. Que ampliem os horizontes, sem jamais se desconectarem de suas raízes. Sem esquecer o compromisso maior de oferecer produtos atraentes e competitivos.

Enfiar-se no digital obriga a uma interação permanente, o que é bom para gerar intimidade com o público, e por isso mesmo também é ruim. Intimidade é uma merda, ensina o dito popular. Nenhum ditado se torna popular sem altos teores de verdade. Interagir o tempo todo é excesso de exposição, algo que aumenta exponencialmente a possibilidade de decepções, perda de encantamento, multiplicação de erros, crises, desastres. Se Lionel Messi aceitasse bater bola diariamente com seus fãs, acabaria levando caneladas desnecessárias, talvez arranjasse alguma contusão séria e deixaria de treinar adequadamente. Se Ivete Sangalo topasse tocar e cantar *full-time* com sua legião de admiradores, acabaria perdendo o glamour, participando de desafinações embaraçosas e deixando de ter tempo para escolher repertório, fazer gravações com rigor artístico e técnico, ensaiar e estruturar seus shows. Se um presidente da República dedicasse muito tempo às redes sociais priorizando-as como canal de comunicação do seu governo, estaria sinalizando negligência com os assuntos mais relevantes, pequenez diante do cargo que ocupa e... você sabe. Esse é o problema do *direct-to-voters* (DTV), cujo princípio, não nos esqueçamos, levou o italiano Casaleggio, do Movimento 5 Estrelas, a crer que poderia ignorar os partidos políticos e assumir as rédeas de seu país usando apenas a internet. O DTV, junto com tudo o que já analisamos sobre a recente onda de extrema direita, faz parte da rubrica "marketing político". Dentro dessa vertente do marketing, candidatos usam, abusam e se lambuzam da velha propaganda política, só que por novos meios e com novas possibilidades de manipulação.

Se antes era comum dizer que os políticos só aparecem em época de eleição, agora eles aparecem demais. Isso os mantém num estado de disputa eleitoral permanente. Um pesadelo, para eles e para quem vota. Os que vencem, ao seguirem fazendo campanha depois da posse, deixam a impressão de não estar convencidos da vitória ou de que seu título continua em jogo. Sinalizam insegurança, contagiando seus eleitores com o mesmo sentimento. Fora isso, todo mundo conhece o efeito negativo do excesso de exposição.

Fazer-se presente, sem saturar, é o segredo da longevidade das relações, sejam elas de amizade, conjugais ou de marcas, políticos e celebridades com seus públicos. É jogo complexo, que requer equilíbrio, visão abrangente e poupança de energias.

PROPAGANDA x NÃO PROPAGANDA

Qualidade é o que faz diferença

Onde a quantidade aumenta, a qualidade escasseia, essa é a regra. À medida em que muitos se sentem autorizados a tentar, os poucos que realmente dominam o ofício vão ficando eclipsados. Quando algo parece fácil ou barato demais, em qualquer tipo de produto ou serviço, desconfie. Dificilmente esse algo será bom. Na propaganda não é diferente.

Qual foi o último comercial, anúncio, banner, qualquer esforço publicitário genial que você viu? Lembrou alguma coisa? Se a resposta é "sim", o diferencial do que você lembrou está no conteúdo criativo ou na sacada tecnológica?

Anunciantes, publicitários e público ficaram encantados e tontos com a miríade midiática que caiu em seu colo. Tão fácil, rápido e barato esse mundo digital... (ALERTA: fácil e barato!). O deslumbramento fez anunciantes desejarem que os preços e a agilidade do on-line vigorassem também no off-line. Olharam primeiro para o investimento em veiculação, depois dedicaram atenção especial aos custos de produção. **Argumento imediato:** *A sofisticação das imagens não é mais valorizada pelo consumidor, portanto deixou de ser necessária.* Verdadeiro ou falso?

Brincando com as disponibilidades técnicas, a grande maioria dos consumidores passou a fotografar, usar filtros e aplicar efeitos especiais a ponto de achar que ser fotógrafo é fácil (ALERTA: fácil!). Os mesmos "novos fotógrafos" se aventuraram na produção de vídeos, descobrindo seu "talento" como cineastas. Já haviam descoberto muito antes a vocação para a escrita com postagens que geravam likes, emoticons e hahahahas em número considerável. Tudo certo com o despertar artístico e a natural condescendência com as falhas, desde que não se perca a perspectiva do amadorismo que cerca esse fenômeno. **Argumento simplista:** *O consumidor prefere a mensagem produzida com jeito amador, porque ela provoca maior identificação, faz com que ele sinta es-*

tar dialogando com uma marca espontânea, despojada e sincera. Verdadeiro ou falso?

Tentando agradar aos clientes, agências de comunicação se apressaram em montar estruturas on-line com profissionais que tenham remuneração competitiva com o preço cobrado pelo filho do vizinho do diretor de marketing que usa seu laptop com admirável destreza. A pressão dos anunciantes por redução de custo força a estrutura das agências a ficar mais leve, mas esses mesmos anunciantes exigem cada vez mais serviços que demandam aumento de estrutura. A saída é dispensar os profissionais mais caros, que costumam ser os melhores. Outra forma de aliviar a folha de pagamento é deixar fluir a evasão natural dos profissionais mais qualificados por se recusarem a baixar o nível do seu desempenho ou não suportarem o acúmulo de tarefas cada vez mais frustrantes. O resultado final dessa conta é: mais gente, com menor qualidade. **Argumento ofegante:** *O cliente tem sempre razão. Se a prioridade dele é custo, a da agência também deve ser. Se as equipes do cliente estão repletas de juniores que cobram pouco para se dedicar como loucos e tomar decisões equivocadas, as equipes da agência devem ter interfaces com o mesmo nível de inexperiência.* Verdadeiro ou falso?

Todos esses argumentos ensejariam debates que deixo em aberto para deleite ou tormento do leitor. Preciso apenas realçar dois pontos que parecem pacíficos: a existência de uma reação em cadeia dificultando a vida de todos os envolvidos e o fato de estarmos num período de menor brilho em todas as atividades criativas.

Causar impacto num público saturado de impactos é tarefa cada vez mais difícil.

PASSADO x FUTURO

"As pessoas estão descobrindo novas mas com frequência velhas identidades e marchando sob novas mas com frequência velhas bandeiras, as quais levam a guerras com novos mas com frequência velhos inimigos."
Samuel P. Huntington

Muito passado pela frente

Quando criamos um personagem, pensamos em motivações imediatas para sua ação, ao mesmo tempo que construímos motivações profundas, que não precisam ser explicitadas para ser percebidas pelo público mais atento. Quando percebidas, essas profundezas motivacionais provocam prazer porque arredondam o personagem tornando-o um ser completo, tão humano e cheio de camadas quanto a audiência que se identifica com ele. O comportamento do personagem de hoje é reflexo do que ele viveu no passado.

Tomemos por exemplo a reação diante do gracejo dirigido à sua namorada. Ela talvez não se deva apenas ao incômodo imediato. Pode ser agravada ou abrandada por outros desafios e contratempos que o personagem tem enfrentado nos últimos dias. Mas só ganha significado pleno quando ancorada em eventos mais longínquos.

Uma criança que sofreu bullying e teve seus brinquedos tomados à força no parquinho tende a reagir com mais intensidade a qualquer abordagem abusiva na vida adulta, uma intensidade que tanto pode se manifestar pelo acovardamento quanto pela violência excessiva. Medo e ódio, sempre a mesma dobradinha.

A BOMBA EMBAIXO DA MESA

Lendo a tese de mestrado de minha filha, psicóloga, sobre as relações entre ambiente de trabalho e saúde mental, encontrei várias referências que se aplicam ao storytelling. O aprofundamento biográfico, necessário para fazer um bom diagnóstico, é exigido de quem desenvolve narrativas reais ou fictícias. Escritores, roteiristas, médicos e psicólogos bebem da mesma fonte. Claro. Toda história parte do ser humano, de suas angústias, seus valores, suas forças e fraquezas, do confronto entre o que foi experimentado no passado, o que está acontecendo no presente e o que se delineia no futuro. Toda história tem uma época e uma duração. Há eventos que só poderiam acontecer dentro de determinado contexto, subordinado ao que era sabido, o que era permitido ou proibido, o que era compatível com aquele período. De um jeito ou de outro, nossa história sempre aborda a difícil relação com o tempo e o quanto essa relação determina a pessoa que nos tornamos.

A tensão clássica entre homem e tempo gira em torno da finitude, do melhor uso das horas que a vida nos concede e ansiedades afins. No início do terceiro milênio, essa tensão ganhou um ingrediente inusitado: a troca do futuro pelo passado. A *Utopia*, ilha imaginada por Thomas More, foi substituída pela vontade de fugir de tudo e voltar para o aconchego do útero materno, ou seja, qualquer lugar onde nos sintamos protegidos. Não é uma virada qualquer. Ter uma utopia é tão essencial que Oscar Wilde, assumindo a metáfora insular de More, declarou: "Um mapa do mundo que não inclua Utopia nem vale a pena ser olhado, pois deixa de fora aquele país em que a humanidade está sempre aportando. E quando a humanidade lá aporta, olha para fora, e ao ver um país melhor, iça as velas."

PASSADO x FUTURO

Retrotopia

"O número de turistas ansiosos por visitar o país estrangeiro do futuro decai com celeridade, e hoje está limitado aos mais otimistas e aventureiros... Hoje nós tendemos a temer o futuro, tendo perdido confiança na nossa capacidade coletiva de mitigar seus excessos, torná-lo menos assustador e repelente, bem como um pouco mais amigável para o usuário. O que, por inércia, nós ainda chamamos de 'progresso' evoca agora emoções opostas àquelas que Kant, que cunhou o conceito, tencionou incitar."

Zygmunt Bauman

Ao visitar a Bienal do Livro no Rio de Janeiro em 2019, descobri a palavra que parecia explicar tudo. O evento acontecia num clima pesado. Era um ato de resistência à onda de obscurantismo recém-chegada ao poder. Teve desde um cenário de floresta para mostrar às crianças a necessidade da preservação ecológica a que o governo federal se opunha até a invasão de agentes enviados pelo prefeito da cidade para recolher uma graphic novel da Marvel. O motivo da intervenção do Poder Executivo municipal, sob comando de um bispo da Igreja Universal, numa feira literária era a capa de uma história em quadrinhos com dois personagens masculinos se beijando.

Imerso no trabalho de escrever este livro, eu testemunhava o duelo entre passado e futuro, relembrava momentos de censura ditatorial no Brasil, enquanto meu olhar varria estandes, displays e prateleiras à procura de pistas sobre o que nos havia conduzido a tamanho retrocesso. A obra de Zygmunt Bauman estava lá, no meio de um monte de livros, me acenando com um título que esclarecia muita coisa: *Retrotopia*.

Para os que não acreditam que um raio pode cair duas vezes no mesmo lugar, o formulador da expressão *tempos líquidos* mais uma vez acertava em definir um fenômeno da contemporaneidade.

A retrotopia pressupõe desesperança e covardia. Um triste "bater em retirada" quando a pessoa não tem mais ânimo nem imaginação para desbravar o amanhã. Uma ilusão de que ontem era melhor, agravada pela busca do pior que o passado tem a oferecer. Por conta dessa ilusão, conclui-se que a ignorância era mais benéfica que o atual conhecimento, que as mulheres dedicadas somente aos afazeres domésticos eram mais felizes, que o espírito escravagista tinha virtudes sociais e econômicas, que os pobres são vítimas de sua incompetência e preguiça, que os brancos ricos precisam dominar o mundo para que as coisas funcionem, que defender os direitos do trabalhador é tão prejudicial para a economia quanto defender o meio ambiente, que o sexo precisa ser controlado pela religião, que as leis precisam ser escritas a partir da religião, que o Deus do Antigo Testamento é muito mais interessante sem os estorvos trazidos pela pregação amorosa e generosa de Jesus Cristo, que a lei do mais forte é a única que vale a pena ser seguida, que só governos autoritários têm força para nos levar a um porto seguro.

Como explicar que uma menina, estuprada e engravidada aos dez anos de idade no Brasil de 2020, tenha gerado mais debate em torno do aborto legal a que se submeteu do que em torno da violência que sofreu? Como não associar as pessoas que protestaram contra o aborto na frente do hospital onde a menina foi atendida com aquelas que se reuniam para queimar bruxas e hereges? Como não identificar os bispos católicos, que se pronunciaram condenando um aborto necessário para socorrer a criança vítima de um crime abominável, com o bispo Pierre Cauchon que condenou Joana d'Arc à morte? Não há outra explicação para esse contrassenso senão a vontade de retornar a uma época em que tudo se resolvia por dogmas, pela obediência cega a preceitos religiosos indefensáveis, sem espaço para reflexão, contestação ou compaixão.

Se é prazeroso e até indispensável sonhar com um lugar onde tudo é perfeito, pelo simples fato de que isso nos impulsiona a aperfeiçoar a realidade, por que abandonar esse sonho? Ou por que acalentar os pesadelos de outrora acreditando que sejam mais suportáveis que os atuais?

Podemos culpar as distopias que saíram do ambiente ficcional para atormentar a vida real, assim como acusar profetas que acertaram em suas previsões. Mas as distopias concretizadas talvez sejam consequência direta do abandono utópico. A única certeza, por enquanto, é de que pessoas assustadas com o que vem por aí abdicaram de seguir em direção ao futuro para alimentar saudades do passado. Um passado que adquire surpreendente maleabilidade à medida que o futuro se enrijece. Tempo mais imaginado do que experimentado. Memória de uma vida ideal que nunca existiu.

O *tempus fugit* do latim, que se materializa na ampulheta por onde escoam nossos dias, perdeu importância diante de "O tempo não para", de Cazuza, que vê "o futuro repetir o passado" e nos alerta: "Tuas ideias não correspondem aos fatos."

A arte de parar o tempo

Os antigos egípcios, inconformados com a morte, aprenderam a embalsamar seus mortos. Acreditavam com isso garantir-lhes a vida eterna. Vários séculos depois, os russos fizeram o mesmo com o corpo de Lenin, guardando-o em mausoléu que se tornou atração turística na Praça Vermelha.

Dessa mesma matriz inconformista vêm as esculturas. Estátuas eternizam pessoas, tornando-as alvo de admiração permanente. São encontradas tanto em praças quanto em museus e túmulos. Estátuas também tangibilizam divindades e santos. Uma representação às vezes tão reverenciada que esbarra na idolatria, ganhando fama de milagrosa. Diferentemente dos corpos embalsamados, as estátuas agregam a seus homenageados a arte do escultor. A *Pietà*, que representa a dor de Maria com Jesus morto em seu colo, está exposta na Basílica de São Pedro, no Vaticano, mas sua reverberação maior se deve ao fato de ter sido esculpida por Michelangelo. O mesmo acontece com a escultura de Davi, a mais aclamada obra do grande mestre, uma das principais atrações de Florença.

Olhando para as pinturas, enxergaremos a mesma motivação de perenizar tanto o personagem pintado quanto o autor da pintura. Pensou na fotografia? O princípio é o mesmo. Daí para chegar aos filmes ficou fácil, não é mesmo?

A perenização por meio de imagens é tão relevante que Stalin, quando iniciou o Grande Expurgo nos anos 1930, além de expulsar do Partido Comunista, prender e até matar seus desafetos, tratou de apagar tudo que pudesse lembrá-los. Esse apagamento foi promovido com a destruição de filmes e adulteração de fotos. O ex-companheiro Leon Trotski, mais evidente vítima da obsessão stalinista por reescrever a história, teve sua imagem eliminada em diversas fotos que o registravam ao lado de Lenin. Embora com motivações nobres e circunstâncias absolutamente diferentes, os protestos antirracistas de 2020 culminaram com a destruição de esculturas que imortalizavam personagens defensores da escravidão. A atitude gerou polêmica. Estariam os destruidores dessas imagens repetindo Stalin ao tentar reescrever a história? Não seria mais favorável à causa negra preservar tais imagens para que as futuras gerações não se esquecessem da crueldade escravagista?

Desligue-se agora da imagem pronta e fique só com as palavras escritas nos livros, aquelas que provocam projeções de imagens em sua cabeça. Ou feche os olhos ficando só com o som. Ouça a música que Mozart lhe deixou, cante "Imagine" com John Lennon, visite o universo sonoro de Cole Porter, Pixinguinha, Elis Regina, Frank Sinatra, Raul Seixas, Tom Jobim ou Elvis Presley, que, todo mundo sabe, não morreu. Deixe-se levar por esses ventos. Pode ser que alguma cena do passado de repente tome forma, alguma emoção retorne.

A arte é, antes de tudo, um desafio que fazemos ao tempo. Todo artista exerce seu ofício para imortalizar uma ideia, um momento ou um personagem, mas também para imortalizar a si mesmo.

É comum em situações felizes ouvirmos alguém dizer: "Queria que o tempo parasse agora." Crianças às vezes querem se manter eternamente na infância, às vezes querem acelerar seus aniversários para ter acesso a liberdades só permitidas aos mais velhos. Idosos frequentemente suspiram pelos tempos de juventude, se emocionam ao recordar a infância e reclamam das restrições físicas que a velhice impõe. Temos uma relação difícil com o calendário. Reclamamos que tudo está passando muito depressa, que não temos tempo para nada ou, ao contrário, que nos sentimos entediados sem achar nada interessante para fazer. Muitas vezes, a arte produzida por alguém que venceu o tempo é entendida por quem não consegue apreciá-la como mero passatempo. Nos casos mais graves, a arte como um todo é vista como perda de tempo, como algo alienante por nos deixar em suspenso por alguns instantes, pairando sobre a realidade.

É na arte que passado, presente e futuro se reconciliam. Nela, artista e público se comunicam, memórias são partilhadas e celebradas. Uma obra de arte pode desvendar novos sentidos para nossa existência, pode nos inspirar a lidar de um outro jeito com o relógio, nos ajudar a compreender contextos e comportamentos.

Sem arte, estagnamos, nos perdemos em banalidades cotidianas, deixamos de ter perspectiva.

Herança

"A ignorância, como a distância, protege a herança do escrutínio severo. O passado é mais admirável no reino da fé que no dos fatos."
David Lowenthal

Foi na Revolução Científica, responsável pela era dos grandes descobrimentos, que o ser humano assumiu de vez sua ignorância. Estávamos chegando a 1500 e ainda faltava saber tanta coisa. Antes de 1500 havia ainda mais conhecimento fora do alcance. Por que, então, sublinhar esse período com tanta ênfase? Porque só ali a humanidade percebeu que tinha a capacidade, o direito e até mesmo o dever de ir além. Além do mar, além dos limites impostos por crendices,

A BOMBA EMBAIXO DA MESA

além do bloqueio de monarcas interessados em se perpetuar, além da ideia de que seria arrogante e desrespeitoso com Deus buscar respostas para questões à primeira vista fora do nosso alcance, vide o ocorrido com Adão e Eva quando se atreveram a provar do fruto do conhecimento. Apesar de todas as reticências e previsões negativas, foi ali que caiu a ficha sobre a necessidade de avançar, dando origem ao conceito de progresso que nos acompanha até hoje.

Antes de 1500, acreditava-se que o melhor da festa estava no passado, que o mundo só fazia piorar, que investir em pesquisas ou aprofundamento em qualquer ramo da ciência era perda de tempo, que nosso papel era rezar e esperar que Deus cuidasse de tudo.

Um longo caminho nos trouxe até aqui. Tão longo que precisamos reavivá-lo constantemente para que não desapareça do mapa. O percurso traçado por este livro, buscando as raízes dos problemas que inundam o presente, reverencia a necessidade básica de lembrar por onde andamos ontem para entender a estrada de hoje e não cair em desfiladeiros amanhã.

Tudo o que temos foi herdado. Os que nos precederam penaram muito para que pudéssemos andar, falar, ler, escrever, desenhar, acionar um interruptor, combater infecções com antibióticos, ter computador e ar-condicionado em casa, comer chocolate, apreciar vinhos e cafés, voar de um país para outro, controlar a balança e o colesterol, gerenciar a vida através do celular, baixar aplicativos, fotografar o que der na telha, usar lentes multifocais contra a vista cansada, passear em carros elétricos, encher nosso baú de informações, compartilhar opiniões sem limites, votar, analisar, avaliar. Somos o resultado do que outros foram. Este é o moto-contínuo a que estamos atrelados: um passo depois do outro, cada nova geração vivendo em melhores condições que a geração anterior. Até que... bomba! A perspectiva mudou de ótima para péssima. A curva se inverteu. Ressurge a mentalidade pré 1500.

Os *millennials*, ou geração Y, nascidos perto do final do século XX, descobriram que dificilmente conseguiriam manter o padrão conquistado por seus pais, que os confortos desfrutados na casa dos genitores poderão ficar inalcançáveis em breve, que a disponibilidade de empregos em vez de aumentar tende a diminuir, que empilhar diplomas de graduação e pós-graduação não garante mais nada.

Essa descoberta provocou pânico tanto neles quanto em seus pais. Duas gerações apavoradas com as consequências da automatização, o poder aparentemente incontrolável da inteligência artificial, o surgimento de robôs ocupando postos de trabalho, as previsões de estagnação ou encolhimento da economia global, a interrupção de um fluxo que depende da confiança no amanhã. Veio o desejo de dar meia-volta e buscar alternativas em alguma bifurcação talvez perdida na Idade Média, ou lá pelos anos 1960, quando tantas mudanças comportamentais aconteceram. Época perfeita, que os *millennials* podem fantasiar à vontade por não a ter vivido, e que seus pais recordam com as lentes emocionais da juventude, quando as bandeiras eram claras e o futuro (nosso atual presente) parecia mais bonito.

O sonho de voltar no tempo e tentar reviver algo, alterar alguma rota que nos conduza a um futuro do presente mais palatável, é recorrente. Ambição expressa em *A máquina do tempo,* romance de H. G. Wells, de 1895, nos filmes inspirados por ele, no *Túnel do tempo* do velho seriado de Irwin Allen para TV, no DeLorean fantástico de *De volta para o futuro,* ou na hipótese apresentada pelo personagem de Arnold Schwarzenegger em *O exterminador do futuro.*

Nossos ancestrais também passaram por isso, e nós não existiríamos se eles se acovardassem.

Medo do futuro, medo do desconhecido, todos os medos que nos protegem de um bom número de encrencas e nos impelem a cometer igual número de erros, tudo é herdado. E cá estamos nós, de novo, falando do medo, e buscando encontrar confiança nas várias vezes que os evangelhos falam em "não temais", na sabedoria do dito popular "pra frente é que se anda", ou no conselho de Martin Luther King: "Se não puder voar, corra. Se não puder correr, ande. Se não puder andar, rasteje, mas continue em frente de qualquer jeito."

Fridays for Future

"Os adultos ficam dizendo: 'devemos dar esperança aos jovens.'
Mas eu não quero a sua esperança.
Eu não quero que vocês estejam esperançosos. Eu quero
que vocês estejam em pânico.
Quero que vocês sintam o medo que eu sinto todos os dias.
E eu quero que vocês ajam.
Quero que ajam como agiriam em uma crise.
Quero que vocês ajam como se a casa estivesse pegando fogo, porque está."
Greta Thunberg

Em 2018, uma menina sueca chamada Greta Thunberg começou a fazer protestos sozinha em frente ao parlamento de seu país. Com apenas 15 anos, três de suas características chamavam especial atenção: o fato de ser autista, com síndrome de Asperger, o olhar incisivo e a impressionante determinação com que se manifestava. Seus protestos eram concentrados nas mudanças climáticas do planeta, exigindo providências imediatas das autoridades contra o aquecimento global. Ela deixava de ir à escola nas sextas-feiras para se dedicar a algo maior: salvar o futuro.

Os protestos ganharam visibilidade nas redes sociais e se espalharam pelo mundo com o título de Fridays for Future. Rapidamente deixaram de ser solitários. Multidões de estudantes passaram a protestar com Greta, que se tornou celebridade planetária, com direito a discursar em eventos como o Fórum Econômico Mundial e a Conferência do Clima da Organização das Nações Unidas (ONU).

Bastou um ano de atividade para que presidentes antiecológicos e anticiência trocassem farpas com a incômoda adolescente. O sexagenário Jair Bolsonaro referiu-se a Greta como uma *pirralha*.

Em resposta imediata, a menina alterou seu perfil no Twitter, descrevendo-se como "Pirralha".

No dia seguinte ao ataque do presidente brasileiro, foi anunciada a escolha de Greta como Personalidade do Ano de 2019 pela revista *Time*. Inconformado com a homenagem, Donald Trump, do alto de seus 73 anos, postou no Twitter: "Tão ridículo. Greta precisa trabalhar em seu problema de controle da raiva, depois ir a um bom filme antigo com um amigo! Calma, Greta, calma!" A estratégia de resposta se repetiu. O perfil de Greta passou a defini-la como "Adolescente trabalhando em seu problema de controle de raiva. No momento vendo um bom filme antigo com um amigo".

É natural que, com esse grau de notoriedade, a jovem ambientalista sueca contasse com uma equipe para assessorá-la em sua agenda, discursos e postagens. Surpresa é que os presidentes que decidiram hostilizá-la não contassem com inteligência, sabedoria, maturidade ou equipes equivalentes.

O mito da experiência

"Queremos deixar claro para nossos homens e para o povo alemão que não temos um passado de apenas mil anos, aproximadamente, que não éramos um povo bárbaro sem cultura própria e que precisava adquiri-la de outros. Queremos que nosso povo se sinta novamente orgulhoso da nossa história."
Heinrich Himmler

Ter experiência é algo que os mais velhos ostentam como vantagem. Seu passado lhes dá mais instrumentos para lidar com o presente, algo que lhes confere certa autoridade. Experiência, assim como currículo, qualifica, mas pode ser facilmente falsificada. O problema da retrotopia, apresentada no início deste capítulo, não se restringe às naturais distorções da memória. O passado pode ser inventado, fraudado, mitificado, para sustentar narrativas políticas e manipular a opinião pública. Voltamos às fake news e estratégias de desinformação. A questão aqui é a profundidade que se pretende dar à mentira, uma força estruturada que não se contenta com menos do que reescrever a História, seja pela seletividade e maquiagem dos fatos, seja pela criação partindo do zero.

Está acontecendo com os movimentos ultranacionalistas recentes. Eles replicam a estratégia de Himmler ao implantar as bases do nazismo, uma estratégia reincidente na própria Alemanha por meio do partido Alternatif fur Deutschland (AfD). Seu integrante, Alexander Gauland, proclamou durante a campanha eleitoral de 2017 que "nenhum outro povo foi apresentado com um passado falso tão explicitamente quanto os alemães". E concluiu dizendo que o povo alemão precisa recuperar um passado no qual havia liberdade para "orgulhar-se das realizações de nossos soldados nas duas guerras mundiais."

O discurso de Gauland acusa a história real de ser falsa, pondo em prática esta máxima: "Acuse os adversários do que você faz, chame-os do que você é." A complexidade do jogo mentiroso é tão grande que até a autoria dessa frase, oficialmente desconhecida, é atribuída pela direita a Lenin.

Partindo da Alemanha e evitando os óbvios casos de Itália, Estados Unidos e Brasil, chegamos à Índia. Prospera por lá um movimento chamado Hindutva, segundo o qual os hindus são os nativos originais do país, que no passado seguiam rigidamente as tradições patriarcais e mantinham um comportamento sexual pautado pelo puritanismo. A ideologia Hindutva prega que esse estado de sublime perfeição foi interrompido com a chegada de muçulmanos e cristãos. Nada do que eles defendem tem respaldo nos fatos. Seu paraíso perdido é pura ficção que, além do delírio retrotópico, fornece dois bodes expiatórios muito convenientes.

Essa ideologia, inicialmente não ligada à política, foi adotada pelo Bharatiya Janata Party (BJP), principal partido nacionalista indiano. Estava pronta, empacotada, pedindo para ser usada. Bastou caprichar no discurso emocional e defender ardorosamente o retorno ao passado inventado, com todo o conservadorismo que ele enuncia. Funcionou. Narendra Modi, candidato do BJP, foi eleito primeiro-ministro em 2014 e reeleito em 2019. Sobre essa reeleição, o correspondente da BBC na Índia, Soutik Biswas, comentou em matéria de 23 de maio de 2019: "Durante os eventos de campanha, o primeiro-ministro afirmou, repetidamente, que precisava de mais do que cinco anos para desfazer 'sessenta anos de falhas de gestão'. Os eleitores concordaram em conceder a Modi mais tempo. Muitos indianos parecem acreditar que Modi é uma espécie de messias, que irá resolver todos os seus problemas."

Embora beneficiado por uma história falsa do seu país, o BJP tem um passado verdadeiro que o credencia como grande ameaça. Ele descende do Rashtriya Swayamsevak Sangh (RSS), agremiação de extrema direita defensora da supressão de minorias não hindus. Narendra Modi também era membro do RSS, que foi diretamente influenciado pelo fascismo europeu, com direito a elogios de seus líderes a Hitler e Mussolini nos anos 1930 e 1940. Dos quadros desse mesmo partido veio outro personagem que marcou presença na história mundial: Nathuram Godse, o assassino de Mahatma Gandhi.

Tudo ao mesmo tempo

A esta altura, você já está cansado de ver como é íntima a ligação entre os temas abordados aqui. Tão íntima que os torna indivisíveis, obrigando-nos a falar de gênero quando se trata de raça, de religião quando se trata de distribuição de riqueza, de passado e futuro quando se trata de presente, de política quando se trata de qualquer outra coisa, de tudo quando se trata de cada um.

Vivemos um fenômeno de convergência das divergências, assuntos acumulados, concentrados e potencializados para resultar em explosão.

A BOMBA EMBAIXO DA MESA

Enquanto os extremistas do neofascismo investem nessa possibilidade catastrófica, contando que sobreviverão apenas os que se curvarem às ordens do passado mítico, cabe aos divergentes a tarefa de desarmar a bomba. Assim como coube aos pacifistas evitar que Estados Unidos e Rússia acionassem os botões vermelhos que detonariam o planeta durante a Guerra Fria.

Os ingredientes seguem exatamente os mesmos, incrementados pelo remix que se viabilizou com as redes sociais. Surpreende e preocupa que tenhamos evoluído tão pouco. Os de cá contra os de lá, congelados nos argumentos de sempre, lançando flechas com seus teclados, enquanto esperam o momento de usar os tacapes.

Nem toda novidade se concentra na internet. Há outro elemento ironicamente "novo" nessa equação que favorece a dominância do passado sobre o futuro: a população mundial está envelhecendo. Por um lado, aumenta a longevidade; por outro, diminuem os nascimentos. Alterando-se o perfil etário, altera-se também a economia, o que nos remete de volta à questão da indivisibilidade dos temas. Alguns idosos pesando nas contas previdenciárias do governo e nos orçamentos familiares, outros dispondo de mais tempo e mais dinheiro para gastar. Haja cálculo, gráfico, balanço de prós e contras.

O giro da atividade econômica nunca dependeu tanto da "melhor idade bem-sucedida". Essa classe de coroas privilegiados viaja, troca de carro, frequenta restaurantes finos, bebe vinho bom, usa roupa de grife, vai a teatro, opera equipamentos tecnológicos de última geração, financia empreendimentos e sabe investir na bolsa de valores. Ela também consome mais remédios, vitaminas, comprimidos para disfunção erétil, cosméticos, material esportivo, serviços ligados a saúde e bem-estar. Ela é formada pelos "novos velhos", que esbanjam disposição, desfrutam ao máximo o presente, são os principais provedores de suas famílias e ajudam a moldar o futuro com o coração no passado.

NÓS x ELES

"No momento em que o homem se afirma como sujeito e liberdade, a ideia de Outro se mediatiza. A partir desse dia a relação com o Outro é um drama: a existência do Outro é uma ameaça, um perigo."

Simone de Beauvoir

Alteridade

A famosa máxima de Sartre, "o inferno são os outros", resume a dificuldade que temos em lidar com nossos semelhantes. Atenção para a palavra "semelhantes". Apesar de nos referirmos aos outros como semelhantes, a tendência natural é nos fixar naquilo em que somos diferentes e daí desenvolver rejeições, aversões, temores. É da natureza humana, como já sinalizava Thomas Hobbes ao afirmar no seu *Leviatã* que "cada homem é inimigo de outro homem". Essa propensão para o conflito reforça tudo o que conversamos até aqui e reveste o storytelling com mais uma camada de nobreza: a de que, revelando os desdobramentos de conflitos entre personagens, nos tornamos mais aptos a lidar com os embates que a vida apresenta, principalmente facilitando a identificação dos impulsos conflitantes quando surgem em nosso caminho, de preferência a tempo de evitá-los.

Todos os animais têm um instinto de divisão grupal. Não é suficiente pertencer aos seres da mesma espécie, é preciso andar em bandos. A divisão entre "Nós" e "Eles" é, portanto, instintiva. "Nós" é a turma à nossa volta, "Eles" são os "outros", os desenturmados.

A BOMBA EMBAIXO DA MESA

Há cinco macrorrepartições formadoras de grupos. A primeira, e mais ampla, é a da **espécie**. Enquanto humanos, colocamos nossos interesses acima de todos os animais, tomamos conta do planeta e ai de um ET se tentar fazer graça por aqui. O clássico filme de Steven Spielberg nos dá uma ideia dos tormentos que estariam à espera do visitante interplanetário. Tudo o que se faz pensando nessa coletividade maior de humanos é catalogado entre nós como humanitário.

Especula-se que a segunda macrorrepartição, na verdade a primeira a rachar a espécie humana, teria sido **econômica**: "Nós, ricos" (fortes, poderosos) contra "Eles, pobres" (fracos, submissos), ou vice-versa. Mas essa hipótese está em disputa acirrada com a divisão de **gênero**: "nós, homens ou mulheres" versus "elas ou eles"; e a divisão **territorial**: "Nós do lado de cá" contra "Eles do lado de lá". Esta última aplica-se tanto a tribos quanto a países, ou a amplos cortes geográficos: ocidentais × orientais, sulistas × nortistas. Na divisão territorial há excesso de possibilidades que se desdobram por situações como "nós, paulistas, cariocas, lisboetas etc.", "nós, do bairro", "nós, do condomínio tal", "nós, do bloco oeste do condomínio tal", "nós, do sétimo andar", "nós, do apartamento 702" e, dependendo de quantas pessoas vivam no apartamento 702, "nós, que dormimos no quarto mais arejado", "nós, que sentamos nas pontas do sofá", até esmiuçarmos as divisões de tal modo que cheguemos ao indivíduo.

Independentemente de qual das hipóteses seja posicionada em segundo, terceiro e quarto lugar, a quinta posição pertence ao **credo religioso**: "Nós, que cremos no deus A, cujos mandamentos são W" versus "Eles, que creem no deus B, cujos mandamentos são Y", várias vezes manifestada como "Nós, que somos virtuosos e por isso estamos salvos" versus "Eles, que são pecadores e por isso estão condenados ao sofrimento".

A exemplo do que vimos nas hipóteses territoriais, o credo religioso também proporciona uma incrível gama de subdivisões, que podem qualificar as pessoas dentro da mesma religião. Tornaram-se comuns palavras como "ortodoxo" e "carismático", entre outras, para designar formas diferentes de encarar a devoção. Mesmo assim, vivemos nos impressionando ao descobrir como essas diferenças, em princípio insignificantes, podem se tornar abissais.

Estrangeiros

"No festival de jornalismo da revista *Internazionale*, realizado em Ferrara, em outubro de 2018, o designer Gipi leu um por um os nomes de mais de 34 mil migrantes que morreram tentando chegar à Europa...
O primeiro foi o de Kimpua Nsimba, jovem de 24 anos da República Democrática do Congo, encontrado enforcado em um centro de detenção cinco dias após sua chegada à Grã-Bretanha. A seguir, o de Wasantha di Barrova, que morreu perto de Viena juntamente com outros compatriotas do Sri Lanka, com os quais viajava escondido no bagageiro de um ônibus. E milhares de crianças afogadas no mar junto com seus pais e irmãos...
Tudo isso nos deixa perplexos diante da magnitude do fenômeno, do total desespero dos migrantes impelidos pela fome e pela violência, da crueldade inaudita das populações opulentas que deveriam acolhê-los."

Domenico de Masi

Estruturada no século XVIII pelo Iluminismo europeu, a ideia de Estado-nação impôs a entidade geopolítica a que pertencemos como primeiro fator divisório a ser observado. Qualquer documento que exija a qualificação de uma pessoa começa com o nome e logo a seguir aborda a nacionalidade.

Ser estrangeiro, ser estranho, estar fora do padrão dominante no grupo é tudo que você precisa para se tornar o outro, ou simplesmente "eles". Os grandes fluxos migratórios verificados nos últimos anos, seja para fugir de guerras, perseguições e miséria, seja apenas para tentar um upgrade nas condições de vida, provocaram verdadeiras invasões de "outros". Num período de escassez de recursos e disputa acirrada pelo mercado de trabalho, nada mais perturbador do que ver os "outros" ocupando espaços que

A BOMBA EMBAIXO DA MESA

são nossos. E nada mais fácil do que responsabilizar esses invasores por todos os males que nos afligem, a começar pela criminalidade. Exceto nos casos de países subdesenvolvidos que reverenciam o desenvolvimento alheio, os "outros" tendem a ser vistos como inferiores em tudo, na moral, na educação, na higiene, nos costumes... Onde não houver o que inferiorizar, inventa-se. Recorrendo de novo a Zygmunt Bauman: "O principal — com lamentável frequência, o único — papel atribuído ao(s) outro(s) sobre quem são despejadas detrações é saciar a nossa própria sede de superioridade."

Nós somos os certos, os bons, as vítimas, enquanto eles ameaçam o equilíbrio de nosso grupo, a segurança de nossas famílias, nosso patrimônio e nossa paz de espírito. Esse mesmo raciocínio é expresso por ambas as partes, sem qualquer necessidade de adaptação, porque os dois lados se consideram "nós" e rotulam os "não nós" como "eles". Pouco a pouco, virtudes como a empatia vão se metamorfoseando até serem percebidas como "fraqueza de caráter". Como bem pontua Toni Morrison, "o risco de sentir empatia pelo estrangeiro é a possibilidade de se tornar estrangeiro. Perder o próprio status racializado é perder a própria diferença, valorizada e idealizada".

Na Europa, africanos de pele negra têm contra si uma diferença perceptível à primeira vista. A predominância de brancos no continente os coloca de imediato na posição de "outros". Algo parecido acontece com muçulmanos, pelos trajes das mulheres, pelo visual barbudo dos homens, pelo conjunto de atitudes cotidianas pautadas pela religião. E com os orientais, pelo formato dos olhos. Qualquer detalhe pode acender o estopim da desconfiança, do preconceito, da rejeição. Comecei pela Europa por ser o destino principal dos deslocamentos migratórios, pela agudeza que o tema ganhou naquele continente, pelo importante papel que a migração passou a desempenhar em termos sociais e políticos. Infelizmente, não se trata de um caso isolado.

Nos Estados Unidos, país que foi construído por imigrantes, cresce a pressão sobre árabes, chineses, negros e latinos. O muro de Trump na fronteira com o México serve como monumento à mentalidade preconceituosa/fascista que o conduziu ao poder. A mesma mentalidade que, em 1939, era traduzida por Charles Lindbergh num ensaio publicado na *Reader's Digest*:

> Chegou a hora de deixarmos de lado nossas contendas e construirmos nossos baluartes brancos mais uma vez. Essa aliança com raças de fora não significa nada além de morte para nós. Agora é a nossa vez de proteger nossa herança dos mongóis, persas e mouros, antes que sejamos engolidos por um mar estrangeiro sem limites.

Grandes cidades brasileiras, como São Paulo e Rio de Janeiro, por mais hospitalidade que procurem aparentar, tratam imigrantes nordestinos com reservas, tentam rotulá-los como candidatos apenas aos postos de trabalho mais humildes, acabam por olhá-los de cima para baixo, tudo muito parecido com o ponto de vista dos estadunidenses em relação aos mexicanos.

Em qualquer lugar do mundo, basta um sotaque diferente, um detalhe no figurino, uma predileção culinária específica, uma devoção religiosa, um quadril mais largo, um nariz mais pontiagudo ou achatado, para alguém ser considerado estranho e, portanto, alvo de desconfiança, medo e raiva.

Arthur Finkelstein, mentor do primeiro-ministro húngaro Viktor Orbán, numa declaração em 2011 revelou o uso da raiva contra o outro como pilar de sua estratégia:

> Eu me desloco muito pelo mundo e vejo, aonde vou, um grande volume de raiva. Na Hungria, Jobbik obteve 1% dos votos com a mensagem 'É culpa dos ciganos'. A mesma coisa se passa na França, na Suécia, na Finlândia. Nos Estados Unidos, a raiva é foca-

da nos mexicanos, nos muçulmanos. Há um só grito: eles roubam nosso trabalho, eles mudam nosso estilo de vida. Isso produzirá uma demanda por governos mais fortes e homens mais fortes, que "impeçam essa gente", quem quer que seja "essa gente". Eles falarão de economia, mas a essência de seu negócio é outra: é a raiva. É uma grande fonte de energia que está em pleno desenvolvimento no mundo inteiro.

A celebração da raiva como grande fonte de energia nos recorda o pai de todos os conflitos: amor × ódio.

Antes de atuar na política húngara, Finkelstein já era famoso nos Estados Unidos por ajudar candidatos republicanos a demolir a imagem de seus oponentes, e por ter provocado a reviravolta política em Israel quando o veterano Shimon Peres, detentor do Prêmio Nobel da Paz, foi derrotado pelo jovem extremista Benjamin Netanyahu, em 1996. Até no país que carrega enormes cicatrizes pelas discriminações sofridas a estratégia do ódio funciona para alavancar políticos que pregam a discriminação. O embate entre "judeus verdadeiros" e "traidores da pátria", assim considerados os que buscam negociações de paz com o mundo árabe, é uma triste constatação de como as lições da vida podem evaporar quando a balança tende mais para "nós" do que para "eles".

Povo migrante por excelência, devido ao longo período em que viveu sem território próprio, os judeus são grandes exemplos da crueldade a que os "outros" estão sujeitos.

A saga judaica

A primeira imagem que nos vem à cabeça quando falamos do antissemitismo é o extermínio em massa cometido pelo regime nazista. Nada é comparável àquela tragédia. Mas as hostilidades aos judeus já aconteciam em vários países, muito antes do surgimento de Hitler. É algo tão antigo que remonta aos tempos bíblicos: a diáspora iniciada pelo cativeiro perante os assírios em 722 a.C., agravada dois séculos e meio depois pela invasão do babilônico Nabucodonosor II, com a consequente deportação do povo judaico para a Mesopotâmia. Sem falar no grande deslocamento para o Egito, que teria ocorrido por questões climáticas em torno de 1600 a.C., desdobrando-se em escravidão, libertação liderada por Moisés, e todos os eventos narrados no livro do Êxodo.

O que se seguiu aos dramas descritos no período anterior ao nascimento de Cristo manteve o teor de complexidade e tragicidade.

Logo em 70 d.C., Jerusalém foi arrasada por tropas romanas. O famoso templo, conforme antecipou Jesus em suas pregações, foi destruído. Cerca de 100 mil habitantes foram mortos. Aos sobreviventes restou a escravidão ou a fuga. Começava a segunda diáspora, com judeus se espalhando pelo mundo.

Boa parte dessa migração dirigiu-se para o território que hoje conhecemos como Europa. Há registros de presença judaica na Lusitânia desde o século IV d.C., região na época também dominada pelos romanos junto com toda a península Ibérica. Com a adoção do cristianismo em Roma, começaram a surgir leis discriminatórias contra os judeus, e instituiu-se a conversão forçada ao catolicismo.

Na antiga Lusitânia seria fundado em 1139 o reino de Portugal, onde os judeus pouco a pouco assumiriam posições de destaque como administradores, conselheiros da corte, médicos, comerciantes, banqueiros. Foi o suficiente para que se tornassem alvo de hostilidades e perseguições.

O mesmo quadro se desenhou na vizinha Espanha, com a diferença de que lá a situação se degradou mais rápido. Tendo a questão religiosa como foco, e a Santa Inquisição como parceira, o antissemitismo começou a produzir milhares de cadáveres, até que em 1492 todos os judeus foram expulsos do país. O destino imediato desses degredados, como era de esperar, foi o vizinho

Portugal. Um enorme contingente de fugitivos para inflamar ainda mais a rejeição do povo português contra os descendentes de Abraão.

Se não bastassem os maus-tratos decorrentes do acirramento dos ânimos, o rei dom João II instituiu uma taxa de imigração, cobrando dois escudos de cada indivíduo pela permanência de oito meses em solo português. Apenas oito meses. A maior parte dos judeus não tinha condições de deixar Portugal em tão pouco tempo; pretendiam, na verdade, ficar para sempre. Deu-se então a truculência autoritária: ordem real para que o descumprimento do prazo de permanência acarretasse a venda do imigrante como escravo. Numa dose extra de crueldade, crianças judias com idades entre dois e dez anos foram arrancadas dos braços de seus pais e enviadas para as ilhas de São Tomé e Príncipe, na África, colonizadas pela Coroa portuguesa. Dois episódios simultâneos evocando lembranças de duas narrativas bíblicas: a escravidão no Egito e o massacre dos inocentes comandado por Herodes. Não foi suficiente.

Tendo falecido dom João em 1495, seu sucessor, dom Manuel I, no ano seguinte à posse, decretou a expulsão dos hereges de Portugal. Aos judeus foi concedida a alternativa da conversão ao catolicismo, o que não foi aceito pela grande maioria judaica. Preferiram deixar o país. Ofendido pela evasão em massa, o rei determinou o fechamento de todos os portos, exceto o de Lisboa. Acumularam-se judeus nesse único ponto de saída, onde nova maldade os aguardava. As crianças judias abaixo dos quatorze anos de idade foram violentamente sequestradas e enviadas para lares cristãos.

Dos que ficaram por terem aceitado o batismo forçado, vários seguiram praticando o judaísmo às ocultas. Veio daí uma onda de desconfiança contra os chamados "cristãos-novos" que, em 1506, atingiu seu clímax. Sofrendo as agruras de uma epidemia, a população lisboeta, impulsionada por clérigos que acusavam os cristãos-novos pela desgraça que se abatia sobre a cidade, atacou selvagemente os judeus, matando milhares de homens, mulheres e crianças. Foi a gota d'água para a fuga dos sobreviventes rumo a vários países, com destaque para Alemanha, Holanda, França e Inglaterra.

A construção da imagem negativa dos judeus nos outros países seguiu um script parecido com o verificado na península Ibérica. Um misto de religião e inconformismo econômico, regado a antipatias variadas por serem um povo que se diz "escolhido", com hábitos diferentes, que segue outro calendário, intruso, fechado em si. Usura, por exemplo, é um rótulo clássico. Até Shakespeare enfatizou esse aspecto ao escrever *O mercador de Veneza*, em torno de 1596, apresentando o agiota judeu Shylock como vilão cobrador de uma dívida contra o mercador Antônio. O insólito na negociação do empréstimo concedido pelo agiota é que, caso faltasse dinheiro para quitar a dívida, o pagamento seria feito com uma libra de carne retirada do corpo do devedor. Shylock teria sido inspirado por uma peça de Christopher Marlowe, *O judeu de Malta*. Dois trabalhos de grandes dramaturgos ingleses, na mesma década de 1590, reforçando a imagem negativa de uma etnia, não pode ser mera coincidência. Sem entrar no mérito da verdade ou falsidade desse traço de caráter atribuído aos judeus, temos que considerar que o histórico de perseguições e migrações forçadas justificaria um apego diferenciado aos bens materiais, uma obsessão pelo acúmulo de riquezas e um estado de alerta permanente contra seus principais perseguidores, os cristãos.

Verdadeiros, aumentados ou inventados, os argumentos contrários aos judeus, em seu somatório, resultaram em guetos, expulsões e leis discriminatórias em vários países. Além de alguns casos emblemáticos, como a falsa acusação de traição contra o capitão judeu Alfred Dreyfus, na França. Esse rumoroso processo é contado no filme de Roman Polanski, *O oficial e o espião*, originalmente intitulado *J'Accuse*, que já mencionamos aqui.

A BOMBA EMBAIXO DA MESA

No início do século XX, uma teoria conspiratória surgida na Rússia denunciava a existência de um plano judaico para dominar o mundo. *Os Protocolos dos Sábios de Sião*, que na verdade eram cópia de trecho de um livro satírico do escritor francês Maurice Joly, publicado em 1864, foram apresentados em capítulos por um jornal de São Petersburgo, em 1906. Com o título "A conspiração, ou as raízes da desintegração da sociedade europeia", a brincadeira inventada ganhou ares de realidade. A ideia dos tais protocolos foi abraçada por escritores e se espalhou rapidamente pela maioria dos países. Tornou-se tão sólida que conquistou a crença absoluta dos articuladores do nazismo. Se fosse hoje, estaria facilmente entre os relatos do QAnon.

Nenhum país ficou fora dessa orquestração detratora. Os judeus que chegaram ao Brasil encontraram aqui a rejeição importada do colonizador português. Nos Estados Unidos, uma lei de imigração, nascida em 1924, tinha a meta de restringir a imigração de não brancos e judeus. Enfim, tudo conspirou para que o genocídio nazista se concretizasse, coroando não só o ódio fermentado entre os alemães, mas satisfazendo também o clima de aversão que se disseminava com ênfases distintas nos demais países. Diante do holocausto ocorrido na Alemanha, houve um longo silêncio de cumplicidade das outras nações, até que o horror se tornou insuportável. Ainda assim, há relatos no pós-guerra de violência contra judeus que retornavam a seus antigos lares tentando reconstruir suas vidas. Na Polônia, em 1946, ficou tristemente famosa a cidade de Kielce, onde o espancamento dos que regressavam do pesadelo nazista resultou em 42 mortes.

Por temor de recepções parecidas com a polonesa, ou por falta de recursos para se deslocarem, grandes contingentes de judeus ficaram desabrigados, sendo recolhidos em campos de refúgio montados às pressas por organismos internacionais. Organizações judaicas se mobilizaram para obter recursos. Nesse ambiente de luto e perplexidade, ganhou força a implementação de um

Estado judeu independente na região bíblica da Palestina, àquela altura sob domínio britânico. Os ingleses não gostaram da ideia e passaram a rechaçar as tentativas migratórias de judeus para aquela região. Uma dessas tentativas, em 1947, ganhou especial dramaticidade quando o navio *Exodus* foi obrigado a voltar para a Alemanha com 4.500 sobreviventes do holocausto a bordo. A história comoveu o mundo e deve ter contribuído bastante para o nascimento do Estado de Israel, no ano seguinte. Ela chegou ao cinema em 1960 com o filme *Exodus*, dirigido por Otto Preminger e roteirizado por Dalton Trumbo, numa adaptação do romance homônimo de Leon Uris. A trilha sonora de Ernest Gold, vencedora do Oscar de 1961, é um clássico de arrancar lágrimas.

Muitos livros e filmes excelentes foram produzidos a respeito dos judeus, a maioria deles focada no período nazista. *O diário de Anne Frank* é uma das obras literárias mais contundentes já escritas, até porque não tinha pretensões literárias. Ganhou versão para o teatro e foi adaptada para o cinema em 1959, com direção de George Stevens.

A lista de Schindler, de Steven Spielberg, em 1993, foi baseado em romance do australiano Thomas Keneally, *Schindler's Ark*. Conta-nos a história real de um empresário alemão empenhado em salvar vidas de judeus no auge do nazismo. Ganhou sete estatuetas do Oscar em 1994, entre as quais as de Melhor Filme, Melhor Diretor e Melhor Roteiro Adaptado.

A Itália nos presenteou com *A vida é bela*, comédia dramática dirigida e estrelada por Roberto Benigni, Oscar de Melhor Filme Estrangeiro, Melhor Ator e Melhor Trilha Sonora Original em 1999. No campo da comédia, especialmente difícil quando se trata de tema tão delicado, destaca-se também *Jojo Rabbit* (2019), escrito e dirigido por Taika Waititi, ele próprio atuando no papel de Adolf Hitler, Oscar de Melhor Roteiro Adaptado em 2020.

Um homem bom (2009), protagonizado por Viggo Mortensen, marca a presença de um diretor brasileiro, Vicente Amorim, na seleção dos grandes trabalhos internacionais sobre o sofrimento judeu.

A cor da pele do outro

"Numa igreja, olhando imagens santas, perguntei para minha mãe: 'Por que Jesus é branco, loiro e de olhos azuis? Por que na Última Ceia só tem homens brancos?' Perguntei para minha mãe se iríamos para o céu quando morrêssemos, ela respondeu que sim. Perguntei então por que não havia anjos negros na igreja. Só aí me dei conta de que, se os brancos também vão para o céu, então os negros estarão na cozinha preparando o jantar."
Muhammad Ali

Houve um tempo em que Portugal e Espanha julgavam que podiam dividir o Novo Mundo entre si. Lançaram-se ao mar, descobriram terras, deslumbraram-se e celebraram o Tratado de Tordesilhas. Uma linha imaginária foi traçada em 1494 para determinar que as terras descobertas e por descobrir seriam de um lado portuguesas e de outro espanholas. Esse acordo aconteceu um ano e meio depois da chegada de Cristóvão Colombo ao território que ficou conhecido como América.

A maior parte do planeta estava teoricamente nas mãos de dois países com forte tradição católica, muito próximos da África, e que tinham o hábito de escravizar negros.

A escravidão era encarada com naturalidade, tanto que o papa Nicolau V se deu o trabalho de redigir uma bula autorizando Portugal a escravizar "infiéis" capturados entre o Marrocos e a Índia. "Infiéis" assim como "hereges" eram palavras que amaldiçoavam pessoas de outras raças por não professarem a fé cristã.

Ouro, especiarias e escravizados eram produtos que interessavam muito ao governo português, motivando a construção de feitorias (entrepostos comerciais com estrutura de fortificação militar) em território africano para incrementar seu comércio.

Quando o Brasil foi descoberto, em 1500, Portugal acumulava um "estoque" de cerca de 150 mil escravizados. No ano seguinte, foi oficializado o tráfico de africanos para os territórios dominados pelos espanhóis na América.

Portugal e Espanha consideravam-se não apenas donos daquele pedação de mundo alcançado por seus navios, mas donos também das pessoas de raças diferentes que encontravam pelo caminho. Em 1515, na cidade espanhola de Valência, houve um leilão de índios brasileiros levados como escravos. Mas os índios não se revelaram tão interessantes e lucrativos como os africanos.

A escravidão, disseminada pelos países europeus, atendeu às expectativas do Novo Mundo, tornando-se elemento econômico de peso nas grandes áreas a serem exploradas. O tráfico intercontinental de escravizados prosperava sob a liderança dos impérios português, espanhol, britânico, holandês e francês.

Há registro de muitos milhares de viagens de navios negreiros durante os três séculos e meio desse abominável comércio internacional, partindo de 188 portos localizados na África. Cerca de 12,5 milhões de homens, mulheres e crianças foram embarcados à força, sem direito a nada e sem esperança de retorno. A travessia oceânica era feita em condições precárias que provocaram a morte de ao menos 1,8 milhão desses passageiros durante a viagem. Quando chegavam ao seu destino, os índices de mortalidade também eram altos, graças aos trabalhos forçados, às condições desumanas de abrigo ou aos castigos físicos sofridos em nome da disciplina.

Alheio ao horror, o negócio chegou ao ponto de um grande traficante inglês chamado John Hawkins ser sócio da rainha Elizabeth I. Na Espanha, foi Fernando, um rei supercatólico louvado pelo papa Alexandre VI, quem assinou o alvará de licença para o transporte de escravizados em grandes quantidades rumo a seus domínios na América.

A escravidão é um fenômeno encontrado em várias civilizações ao longo da história. Vimos que ela é mencionada como algo corriqueiro nos textos bíblicos, e que não há em sua origem nenhuma relação com os negros. A palavra *escravo*, aliás, deriva de *eslavo*, referindo-se aos povos do Leste Europeu antepassados dos russos,

A BOMBA EMBAIXO DA MESA

poloneses e tchecos, que se tornaram cativos dos germânicos após serem derrotados em guerras ocorridas entre os séculos IX e X. Antes do surgimento dessa palavra, outros vocábulos designavam a situação, como *servus*, usado entre os romanos.

Foi graças aos três séculos e meio de avassaladora e sistemática escravização de africanos que o termo "escravo" ficou associado à cor da pele. Para dimensionarmos a magnitude desse triste período, até 1820, a cada cinco pessoas que desembarcavam no continente americano, um era branco europeu e quatro eram negros africanos escravizados. A população do Rio de Janeiro em 1672 era de 24 mil pessoas: 4 mil brancos com 20 mil negros para servi-los.

A imoralidade da escravidão só começou a ser questionada seriamente a partir de 1787, com o movimento abolicionista britânico. Vitoriosos com a aprovação do Slavery Abolition Act, em 1833, os ingleses influenciaram o mundo inteiro. Trinta anos depois, nos Estados Unidos, o presidente Abraham Lincoln declarou a liberdade de todos os escravos em meio à Guerra de Secessão, conflito gerado principalmente pela oposição dos estados sulistas às ideias que ganhavam corpo nos estados do norte: abolição e industrialização. Foram mais de 700 mil mortos, número superior à soma de vidas norte-americanas perdidas em todas as guerras de que o país participou até hoje. Quatro anos de conflagração até a vitória do norte, que significou liberdade para quatro milhões de escravos.

O confronto terminou em 15 de abril de 1865. Dias depois, o vitorioso presidente Lincoln foi assassinado dentro do Teatro Ford em Washington durante a apresentação da peça *Our american cousin*, com um tiro disparado por John Wilkes Booth, ator simpatizante dos confederados sulistas e defensor do escravagismo.

Só em 13 de maio de 1888, 25 anos depois dos estadunidenses e 34 anos depois de nossos colonizadores portugueses, foi decretado o fim da escravidão no Brasil pela famosa Lei Áurea. No ano seguinte, caiu a monarquia e a república foi proclamada.

Destacando-se tristemente no período em que perdurou a escravidão, o Brasil foi o destino de 40% dos escravos embarcados para a América, o que lhe confere o título de maior território escravagista do hemisfério ocidental. Isso explica sermos atualmente o segundo maior país de população negra no mundo, de acordo com o Instituto Brasileiro de Geografia e Estatística (IBGE). Só a Nigéria nos supera.

O fim da escravidão legal marcou o início de outros problemas.

Não é simples migrar de uma relação senhor-escravo para uma situação igualitária. Além da dificuldade em mudar o código hierárquico, havia uma gigantesca disparidade socioeconômica e cultural entre os brancos privilegiados e os negros estigmatizados. Predominava nas sociedades comandadas pela elite branca a percepção de que não poderiam se deixar contaminar com o convívio dos negros, mantendo-os apartados sempre que possível.

A vida dos negros recém-libertados ficou escassa de possibilidades. Os trabalhos braçais a que estavam habituados, sua única opção inicial, não rendiam recursos suficientes e reforçavam a percepção de inferioridade social. Empobrecidos, foram empurrados para morar em guetos e favelas. Morando mal e ganhando pouco, seu acesso aos estudos e atividades culturais foi limitado, o que se refletiu na diminuição de competitividade por melhores empregos. Tudo conspirando a favor dos preconceitos.

Nos Estados Unidos, mal terminava a Guerra de Secessão, em 1865, surgia a Ku Klux Klan, fundada pelo general sulista Nathan Bedford Forrest. Seu objetivo era impedir a integração social dos libertados pela abolição. A KKK ganhou reputação assustadora por conta de atrocidades e assassinatos cometidos nos primeiros sete anos de atuação, até que foi considerada entidade terrorista.

Em 1915, o cinema fez com que a semente do ódio voltasse a germinar. Baseado no romance *The clansman*, de Thomas Dixon, *O nascimento de uma nação*, de D. W. Griffith, é considerado o filme mais lucrativo de todos os tempos. E o mal-estar que provocou foi proporcional ao sucesso conquistado. Não era para menos. Os personagens negros foram interpretados por atores brancos com os rostos pintados, mostrados como homens pouco inteligentes e com atitude sexual agressiva diante de mulheres brancas. Ao mesmo tempo, a Ku Klux Klan levada à tela por Griffith era apresentada com traços de heroísmo.

Protestos resultaram no banimento do filme em algumas cidades. Mas o ressurgimento da KKK, agora com objetivos mais abrangentes, foi inevitável. Católicos e judeus juntaram-se aos negros na lista de suas vítimas. Túnica e capuz brancos, assim como cruzes sendo queimadas, tornaram-se as marcas registradas do grupo que se tornaria o maior defensor da supremacia branca no mundo.

Partindo do oeste e centro-oeste norte-americanos, a segunda fase da Klan se expandiu nacionalmente em 1920. A expansão provocou esgarçamento, que corroeu suas forças até a quase extinção.

Uma terceira fase com muitos grupos pequenos adotando a identidade KKK surgiria revigorada em 1950. Seu alvo eram os movimentos pelos direitos civis. Ativistas, em sua maioria negros, eram violentamente reprimidos e não raramente mortos.

Nos Estados Unidos escravagistas, uma música de 1828, cantada por um branco com o rosto pintado de negro, ganhou significado imenso. O título da música era *Jump Jim Crow*. Seu intérprete, o menestrel Thomas Dartmouth, conhecido como Daddy Rice, cuja performance consistia em imitar os negros, tentando ridicularizá-los pela expressão corporal desengonçada e pelo jeito errado de falar. O *Crow* (corvo), que dá nome ao personagem da música, era termo pejorativo usado desde o século XVIII para se referir aos afrodescendentes.

Depois da abolição, o fictício Jim Crow foi usado para dar nome às leis estaduais que oficializaram a segregação racial no país.

Perdida a Guerra de Secessão, a maior parte dos estados sulistas norte-americanos se apressou em segregar as escolas públicas.

Estudantes negros não podiam frequentar os mesmos ambientes dos brancos. A partir de 1870, as leis Jim Crow se incumbiram de manter ex-escravos e seus descendentes à margem da sociedade. Na década de 1880, todos os locais públicos no sul do país e em alguns estados de outras regiões mantinham instalações separa das para negros e brancos. Hospitais, restaurantes, casas de espetáculo — nada escapava à vigilância racista.

A legislação segregadora, baseada no lema "separados, mas iguais", continuou sendo aplicada até 1965 nos Estados Unidos.

Em matéria de segregação, nenhum país supera a África do Sul.

Depois de um longo enredo, que se resume em brancos invadindo a terra de negros para dominá-los, chegamos a 1948, quando o pastor protestante Daniel François Malan, primeiro-ministro em exercício, inaugurou o regime de segregação racial chamado "apartheid". Com ele, os sul-africanos foram divididos em classes raciais: negros, brancos, mestiços (denominados como "de cor") e indianos. Cada categoria tinha sua área residencial obrigatória. Os serviços básicos como saúde e educação também eram segregados, cabendo aos negros as piores porções. O país estava, na época, sob o domínio britânico.

Mesmo depois da independência, em 1961, o apartheid seguiu vigorando. Àquela altura, vários movimentos internos de resistência já haviam se formado, e o mundo, horrorizado com o que via, impunha severo embargo comercial ao país. Sob pressão, o governo respondeu com mais violência, extinguindo a oposição e prendendo os líderes antiapartheid. Entre eles, em 1963, havia um advogado negro que liderava a resistência pacífica e despontava como estrela mundial na luta contra o racismo: Nelson Mandela. No final dos anos 1970, os negros da África do Sul ainda não tinham direito sequer à cidadania

O apartheid durou até março de 1991, abrindo caminho para as eleições democráticas de 1994. Nessas eleições sagrou-se vence-

A BOMBA EMBAIXO DA MESA

dor o Congresso Nacional Africano (CNA), liderado por Mandela, que saíra da cadeia quatro anos antes. Ele ficou encarcerado durante 27 anos, após julgamento evidentemente tendencioso.

O "Nelson" que vem antes de "Mandela" não foi um nome escolhido por seus pais, mas por uma professora primária em seu primeiro dia de escola, quando tinha sete anos. Cada aluno recebia um nome em inglês a critério da professora, porque numa escola seguidora dos moldes britânicos a cultura africana não era levada em conta, e nomes africanos, além de serem parte da cultura local, eram considerados incivilizados. Tornou-se comum na África do Sul, por um longo tempo, a adoção de dois nomes para os negros: um africano e outro ocidental.

Em 1993, Mandela ganhou o Prêmio Nobel da Paz. Ele presidiu a África do Sul de 1994 a 1999, inaugurando uma nova era de convívio inter-racial. Apesar desse avanço, o longo período de segregação deixou sequelas, com a população negra vivendo até hoje em condições inferiores à minoria branca.

Diante dessa base histórica, como a arte narrativa se comportou?

Começando pela literatura, nenhum livro deu tanto o que falar quanto *A cabana do Pai Tomás* (*Uncle Tom's Cabin*), de Harriet Beecher Stowe. Publicado em 1852, é apontado como grande alavancador do abolicionismo nos Estados Unidos, exercendo influência no mundo inteiro. Foi o romance mais vendido do século XIX e o segundo livro mais vendido do século XX, perdendo apenas para a Bíblia. Um fenômeno tão extraordinário que começou a gerar lendas ao seu redor, como a que relata um encontro da escritora com o presidente Abraham Lincoln, no começo da Guerra Civil, quando o presidente teria dito: "Então esta é a pequena senhora que deu início a esta grande guerra."

Focado na crueldade da escravidão e na sua incompatibilidade com a moral cristã, o livro é um melodrama de narrativa simples, o que facilitou seu acesso ao grande público e a tradução para quase todos os idiomas. Seu poder catalisador deixou os escravagistas em pânico, provocando uma onda de 29 romances de oposição nos Estados Unidos, que formou a inusitada categoria de *literatura anti-Tom*.

O bestseller de Beecher Stowe foi adaptado várias vezes para teatro e cinema. Nos Estados Unidos, as versões teatrais se multiplicaram a ponto de serem conhecidas coletivamente como *espetáculos de Tom*.

No Brasil, um romance publicado no período escravocrata, em 1875, fortaleceu os argumentos abolicionistas. *A escrava Isaura*, de Bernardo Guimarães, comoveu o público com a história da filha de uma escrava africana com um feitor que, em razão da descendência, apesar da pele branca, também era considerada uma escravizada. A adaptação do livro para telenovela, em 1976, pela Rede Globo de Televisão, transformou-se num dos maiores sucessos da teledramaturgia brasileira, exportada para mais de cem países.

Pelas mãos do cineasta Cacá Diegues, o cinema brasileiro amplificou a visibilidade de dois líderes vindos da África. *Ganga Zumba* (1964) marcou o nome do primeiro grande comandante do Quilombo dos Palmares, o mais importante núcleo de escravos fugitivos no país, situado na então capitania de Pernambuco, hoje município de União dos Palmares, no estado de Alagoas. Vinte anos depois, veio *Quilombo*, coprodução brasileira e francesa, bem mais elaborada que a anterior. Nesse filme, o destaque é a lendária figura de Zumbi.

Mas nem só de escravidão vive o embate entre brancos e negros. O racismo do dia a dia, com sua diversidade de manifestações, é tema frequente tanto na literatura quanto no cinema.

Em plena efervescência da luta pelos direitos civis dos negros norte-americanos, em 1960, uma escritora do Alabama chamada Nelle Harper Lee lançou o romance que lhe valeria o Prêmio Pulitzer no ano seguinte e alcançaria estonteante sucesso. O título

To Kill a Mockingbird ganhou no Brasil versão bem diferente do significado original: *O sol é para todos.*

A história se passa no início dos anos 1930, em Maycomb, cidadezinha fictícia do Alabama, onde mora a jovem narradora Scout, com o irmão e o pai viúvo, o advogado Atticus Finch. Pelos olhos da menina, descobrimos como a vidinha pacata de Maycomb e da família Finch é abalada quando Atticus aceita defender um negro acusado de estuprar uma branca. A delicada construção narrativa permite ao leitor caminhar com leveza pelo território provinciano afetado pela Grande Depressão e infestado de racismo. Maycomb é claramente inspirada em Monroeville, onde a autora nasceu, em 1926, e passou sua infância. O antigo tribunal da cidade, presumidamente inspirador do tribunal de Maycomb, é hoje o Monroe County Museum, que mantém exibição permanente sobre o romance e sua escritora.

Um êxito literário tão imediato tinha que chegar logo ao cinema. Dois anos depois, em 1962, o filme foi lançado, com direção de Robert Mulligan.

Em 2015, um livro autobiográfico do advogado negro Bryan Stevenson se conectaria com o romance de Harper Lee, revigorando seus efeitos. O título *Just Mercy*, no Brasil publicado como *Compaixão*, também gerou um filme. Lançado em 2019, com direção de Destin Daniel Cretton, ele nos mostra Michael B. Jordan vivendo o protagonista, no final dos anos 1980, em sua difícil missão de ajudar prisioneiros condenados à morte sem a devida assistência jurídica — quase todos negros, julgados por brancos, com elevadas doses de racismo. O principal desses casos é o de Walter McMillian, interpretado por Jamie Foxx, que carrega injustamente a culpa pelo brutal assassinato de uma jovem branca. O crime aconteceu na mesma Monroeville, cidade natal de Harper Lee, e o museu que homenageia *To Kill a Mockingbird* é mencionado algumas vezes, sublinhando a essência que une as duas histórias.

A Ku Klux Klan foi bastante mostrada no cinema, com destaque para dois filmes que dramatizam eventos reais. Um deles apresenta a violência do grupo a partir do desaparecimento e assassinato de três ativistas dos direitos civis. *Mississipi em chamas* (1988), dirigido por Alan Parker, causou grande impacto, mas foi criticado por retratar as autoridades federais norte-americanas de forma heroica quando se suspeita que, na realidade, tanto os investigadores quanto a Justiça teriam sido omissos e negligentes na proteção às vítimas.

O segundo filme é uma comédia dramática coescrita e dirigida por Spike Lee. *Infiltrado na Klan* (2018) é baseado na obra autobiográfica de Ron Stallworth, o primeiro policial negro de Colorado Springs. Como se não bastassem as dificuldades de adaptação ao ambiente preconceituoso da própria polícia, ele conseguiu se infiltrar na unidade local da KKK com a ajuda de um colega branco nos anos 1970. O companheiro real de Stallworth nessa aventura nunca foi revelado por questões de segurança, mas no filme é apresentado como um judeu, o que torna a história ainda mais irônica.

Atento a outro ângulo do racismo, *Histórias cruzadas* (*The Help*, no original), de Tate Taylor (2011), é mais um filme baseado em livro — no caso, o romance homônimo de Kathryn Stockett. Temos aqui uma história feminina, que se passa nos anos 1960 na cidade de Jackson, Mississipi. Tudo se desenrola a partir de uma jovem jornalista branca, Eugenia Skeeter Phelan, cuidada em sua infância por empregadas domésticas negras, que decide escrever um livro ouvindo o depoimento de mulheres afrodescendentes sobre seus universos pessoais e seu relacionamento com os patrões caucasianos.

E chegamos ao Oscar de Melhor Filme em 2019. *Greenbook* seria emocionante de qualquer maneira, por detalhar um período recente de intenso racismo nos Estados Unidos através da viagem empreendida por dois personagens à primeira vista incompatíveis: um motorista italiano rude e um pianista clássico negro culto e refinado. Tudo agravado por percorrerem a região mais segregacionista do país. Sabermos que o filme é baseado em fatos aumenta seu impacto. Além disso — cereja do bolo — ele foi corroteirizado por Nick Vallelonga, filho do protagonista Tony Lip. Com todos os méritos, levou também o Oscar de Melhor Roteiro.

Em 1989, uma mulher branca, agredida e estuprada no Central Park de Nova York, gerou comoção nos Estados Unidos. Polícia e Ministério Público se sentiram pressionados a encontrar e punir com rapidez os responsáveis pelo crime. Quatro adolescentes negros que zanzavam pelo parque naquela noite, e mais outro que se relacionava com eles mas nem estava lá, foram detidos, privados de alimento e repouso, torturados psicologicamente, forçados a produzir depoimentos comprometedores, levados ao tribunal e condenados, sem qualquer prova material, por agentes da lei convencidos de que serem negros era o bastante para incriminá-los. Os cinco jovens perderam os melhores anos de suas vidas, até que um presidiário, cumprindo pena de prisão perpétua por assassinato e estupro, confessou ter cometido o crime pelo qual os rapazes foram acusados.

Essa história real foi contada em minissérie da Netflix, criada e dirigida por Ava DuVernay, em 2019, com o título *When They See Us*, traduzido no Brasil como *Olhos que condenam*.

"Eu não consigo respirar."

As últimas palavras de George Floyd foram ouvidas pelo mundo durante a pandemia da covid-19, cujo sintoma principal era o sufocamento. Sob o joelho do policial branco que parecia se divertir, sua vida, aos 46 anos, evaporou na calçada. Não havia feito nada que justificasse repressão violenta. Era suspeito de ter usado uma nota de dinheiro falso. Foi detido sem reação. Sua posição, deitado de bruços com o rosto no chão e as mãos algemadas para trás, era a mais indefesa possível.

Muitos outros negros em vários países, inclusive o Brasil, passaram por situações semelhantes nos últimos anos. Mortes e humilhações aos montes por conta do racismo. Mas aquele momento específico foi gravado em vídeo por um passante e mostrou, em escala planetária, os longos oito minutos em que o joelho de Derek Chauvin, diante de outros policiais impassíveis, negou a Floyd o direito de respirar. Local: Mineápolis, cidade mais populosa do estado de Minnesota, Estados Unidos. Data: 25 de maio de 2020.

Protestos espocaram em todo o país e contagiaram o mundo por vários dias, levando às ruas multidões que deveriam estar em confinamento por causa da pandemia.

Desde a morte de Martin Luther King não se via algo parecido. A crueldade sofrida por George Floyd se tornou o estopim da primeira grande explosão de angústias do século XXI.

Não adianta falar, porque não quero te ouvir

Intelectuais, estudiosos, letrados e cientistas já foram repudiados em outras épocas, e voltaram a ser. De repente, tornaram-se "eles" para os que preferem o conforto do não saber, não querer aprender e não ter que pensar. São estrangeiros até para seus compatriotas, por frequentarem incômodas páginas cheias de um monte de coisa escrita.

Empobrecer a comunicação é das primeiras medidas adotadas pelos políticos autoritários. Victor Klemperer, judeu alemão, era professor na Universidade de Dresden quando Hitler chegou ao poder. Demitido em 1935 por motivos óbvios, conseguiu sobreviver ao antissemitismo governamental e nos deixou importante produção literária. Um de seus livros, intitulado *LTI: a linguagem do Terceiro Reich* (1947), ensina como esse empobrecimento linguístico opera:

A LTI é destituída. Sua pobreza é crítica; é como se tivesse feito voto de pobreza.

[...]

Toda linguagem capaz de se afirmar livremente preenche todas as necessidades humanas, serve tanto à razão quanto à emoção, é comunicação e conversação, solilóquio e oração, pedido, comando e invocação. A LTI serve apenas à causa da invocação.

[...]

O único propósito da LTI é tirar todo mundo de sua individualidade, paralisá-los como personalidades, convertê-los em gado irracional e dócil num rebanho conduzido e perseguido numa direção específica, transformá-los em átomos num enorme bloco de pedra. A LTI é a linguagem do fanatismo de massa.

A sigla LTI é abreviação de Língua Tertii Imperii. E a análise feita por Klemperer coincide com a visão expressa por Hitler em *Minha luta* (*Mein Kampf*):

A capacidade receptiva das massas é muito limitada, e sua compreensão é pequena; por outro lado, elas têm um grande poder de esquecer. Sendo assim, toda propaganda eficaz deve limitar-se a pouquíssimos pontos que devem ser destacados na forma de slogans.

Note-se que Klemperer fala do objetivo único de **invocação** e usa a metáfora do **gado** para se referir aos destinatários da comunicação. A falta de preparo intelectual da população é, portanto, fundamental para o êxito das manobras nacional-populistas com seus rebanhos de seguidores. Hitler, por sua vez, tem a **ignorância** da audiência como pressuposto, e reduz toda a comunicação ao que há de mais básico desde os primórdios da propaganda. Nada além de slogans.

Mais do que justificada, portanto, a aversão dos neofascistas por qualquer vestígio de intelectualidade. A capacidade de raciocinar, expor pensamentos e encadear argumentos é mortal para seus planos.

Confrontados com esse grupo, eu, leitor habitual que neste momento escrevo, e você que me lê, assim como todos os que apreciam literatura, ciência, conhecimento e artes em geral, formamos o "nós". "Eles" nos veem ou tentam nos estigmatizar como pedantes inúteis. Nós os vemos como ignorantes, ora dignos de pena, ora desprezíveis. Quanto mais os olhamos com ar de superioridade, mais reforçamos a percepção de pedantismo. Quanto mais eles vociferam e praguejam, mais reforçam em nós a percepção de selvageria. Não se pode esperar bons resultados desse impasse.

Em termos quantitativos, "eles" estão em maior número. Em termos argumentativos, a balança pende para o nosso lado. Talvez bastasse um pouco de estudo de um lado e simplicidade do outro para a paz ser alcançada. Atingiríamos um ponto de equilíbrio, com respeito e talvez até admiração recíprocos. É, em princípio, o resultado que todos desejam. Por que então não adotamos esse caminho?

Ressentimento é a resposta. Maldita palavra que dificulta todas as resoluções de conflitos. Ressentimento corrói a lógica, envenena os esforços de conciliação, emperra as tentativas de paz. Por isso é arma poderosíssima nas mãos dos que se beneficiam da polarização.

A psicanalista e escritora Maria Rita Kehl explica que "ressentir-se significa atribuir ao outro a responsabilidade pelo que nos faz sofrer". E o filósofo Max Scheler, no alvorecer do século XX, definia o ressentimento como "autoenvenenamento psicológico". Tudo a ver com os bodes expiatórios. Altamente esclarecedor sobre os surtos de ódio que vemos eclodir a todo instante.

Graças ao ressentimento, livros foram queimados, censurados, proibidos ou demonizados toda vez que um projeto autoritário se concretizou. Por conta do ressentimento, artistas são sufocados, pensadores são perseguidos. Fazendo rolar as cabeças pensantes em praça pública, os tiranos dão à maioria inculta a impressão de que o sonhado nivelamento social está acontecendo. Tire o degrau de cima e os que estavam embaixo começam a se sentir no topo da escada.

O maior trunfo do extremismo conservador não está em seus argumentos, mas na desqualificação dos argumentos contrários. Não está em conhecer algo, mas na demonização de todo o conhecimento. Não está em sua capacidade para enfrentar debates, mas na substituição dos debates por ofensas e impropérios.

Extremistas não querem ouvir, odeiam quem tem algo a dizer. O diálogo os fragiliza.

A esse respeito, ouçamos o papa Francisco, que nem sendo o líder maior do catolicismo conseguiu escapar de ataques furibundos por sua pregação humanitária e conciliadora:

> Há uma palavra que nós nunca deveríamos nos cansar de repetir. É esta: diálogo. Nós somos chamados a promover uma cultura de diálogo por todos os meios possíveis, e assim a reconstruir o tecido da sociedade. A cultura do diálogo envolve um verdadeiro aprendizado e uma disciplina que nos capacitem para ver os outros como parceiros válidos de diálogo, a respeitar o estrangeiro, o imigrante e as pessoas de diferentes culturas como dignos de serem ouvidos...
>
> Essa cultura de diálogo deve ser parte integrante da educação promovida nas nossas escolas, perpassando todas as disciplinas e ajudando a dar aos jovens as ferramentas necessárias para resolver conflitos de maneira diferente daquela a que estamos acostumados. Hoje, nós necessitamos urgentemente construir "coalizões" que sejam não apenas militares e econômicas, mas culturais, educacionais, filosóficas e religiosas. Coalizões que possam deixar claro que, por trás de muitos conflitos, o que está frequentemente

em jogo é o poder de grupos econômicos. Coalizões capazes de defender as pessoas de serem exploradas para fins impróprios. Armemos nossos povos com a cultura do diálogo e do encontro.

O diálogo, com tudo o que ele implica, nos lembra que ninguém pode permanecer como mero espectador ou curioso. Todos, dos menores aos maiores, têm um papel ativo a desempenhar na criação de uma sociedade integrada e reconciliada.

As infinitas alteridades da era cibernética

Entre as muitas justificativas elencadas para o sucesso das redes sociais, destaca-se a capacidade de inventar grupos, de gerar bolhas a partir dos algoritmos, que tanto podem se basear em afinidades políticas quanto em preferências musicais, futebolísticas, cinematográficas ou quaisquer outras. Não é exagero considerar que poderemos em breve testemunhar conflitos entre os que dormem de lado e os que dormem de bruços. Basta um joguinho divertido em que os participantes sejam convidados a revelar a posição em que costumam pegar no sono. Conhecido esse pequeno detalhe, separam-se os grupos. Para a turma que dorme de lado são direcionadas mensagens reforçadoras do seu sentimento de superioridade junto com uma onda de fatores negativos inventados contra os que dormem de bruços. Para a turma que dorme de bruços a estratégia é a mesma, só que com as mensagens invertidas. O nível de conflito resultante dessa divisão pode se limitar a provocações inofensivas, do tipo um é mais inteligente que o outro, ou mais rabugento, ou mais sexy. Mas também pode ser levado a escalas mais perigosas, como "dormir de bruços é pecado porque pressupõe desejos eróticos proibidos por Deus" ou "dormir de lado significa seu alinhamento político com a esquerda ou a direita". Não importa a inconsistência dessas bobagens; com uma boa turbinada em teorias conspiratórias, trazendo pesquisas forjadas e cientistas falsos que as confirmem, mexendo direitinho nos botões que ativam raivas ocultas, em algum momento chegaríamos às condutas violentas. Daria um bom argumento de comédia essa mobilização com slogans: "Acordem, gigantes do sono lateral!", "Dormidor de bruços, chegou a hora de se levantar!", "Fora, porcos dormidores de lado!", "Abaixo os que dormem com a bunda pra cima!".

Levar um soco, uma pedrada ou um tiro porque se dorme numa posição ou noutra é tão possível quanto morrer por gostar de ervilhas, por cantar determinado estilo de música, por usar boné azul ou beber suco de acerola, se esses fatos banais forem devidamente demonizados.

Achou engraçado meu exercício de imaginação? Eu também acharia graça há alguns anos se alguém imaginasse a possibilidade de pessoas tomarem detergente porque um presidente dos Estados Unidos assim sugeriu, ou de pessoas tomarem cloroquina porque outro presidente, baseado em seu palpite leigo, cismou que essa era a droga ideal para combater um vírus devastador. Aliás, morreria de rir com a hipótese de pessoas usando máscaras para reduzir o risco de contágio numa pandemia serem interpretadas como opositoras a presidentes negacionistas. Riria inclusive se me dissessem que candidatos, tão evidentemente desqualificados e nocivos, um dia chegariam ao poder à custa de urgências inventadas, teorias abiloladas, mentiras estrambóticas e agressividade infantil.

As bolhas da internet reproduzem o efeito das divisões geográficas e podem ser conduzidas por caminhos antiéticos e imorais, com objetivos políticos, ideológicos, econômicos, religiosos ou puramente criminosos. Podem ser agravadas deliberadamente se tiverem potencial de conflito, seja ele central ou periférico. Aproveitar-se dos conflitos periféricos para distrair a audiência dos temas que realmente interessam é prática bastante usual. Enquanto as pessoas gastarem suas energias no embate entre mastigadores de jujuba e devoradores de pipoca, leis importantes estarão sendo votadas, a corrupção estará comendo solta, multidões serão manipuladas para apoiar e defender quem as prejudica.

Neste exato momento, nos porões da web, algoritmos cruzam postagens com perfis e curtidas, tentando nos empurrar para novas bolhas, que amanhã nos conduzirão a equívocos que, com pequenos estímulos, talvez resultem em brigas que ninguém sabe como acabarão.

Somos todos Outros

Num casarão isolado em uma ilha deserta, Grace sofre pela ausência do marido que foi combater na Segunda Guerra Mundial e não voltou. Vive sufocada pela responsabilidade solitária de proteger a família. Tem dois filhos para criar, ambos com uma doença rara que não permite sua exposição à luz solar. Por essa razão, a casa vive fechada, envolta por espessas cortinas. Essa é a situação imaginada pelo roteirista Alejandro Amenábar para o filme *Os outros* (2001), que ele também dirigiu. A protagonista interpretada por Nicole Kidman se exaspera ao identificar elementos potencialmente hostis rondando sua casa. Sente-se ameaçada e leva o público a se solidarizar com os medos que a atormentam. O clima de tensão cresce até o momento em que descobrimos que Grace e sua família são, eles sim, o que há de mais estranho e assustador naquela ilha.

Algo parecido acontece com o filme que consagrou M. Night Shyamalan como roteirista e diretor: *O sexto sentido* (1999). Um psicólogo, vivido por Bruce Willis, tentando ajudar um menino cheio de distúrbios que aparece em seu consultório, até a chocante descoberta de que é ele quem está sendo ajudado.

A *Ilha do medo* é a contribuição de Martin Scorsese, com roteiro de Laeta Kalogridis e protagonizado por Leonardo DiCaprio, para fechar nosso trio de histórias em que a visão que o personagem tem dos outros parte de uma incompreensão que ele tem de si próprio. A surpresa, a ficha caindo, o vislumbre repentino da verdade que preferimos ignorar. É horrível descobrir que nós podemos ser o problema dos outros, não o contrário. Sintomático que os três filmes, pinçados de uma longa lista de narrativas semelhantes, oscilem entre os gêneros terror e suspense.

Não ter como escapar é aterrorizante. E a proliferação de grupos e subgrupos nos coloca o tempo todo na desconfortável posição de "outros". Obriga-nos à autoanálise constante. Um desafio identitário do qual só escapa quem escolhe não se aprofundar em nada.

A superficialidade do mundo contemporâneo fornece slogans, memes e bordões, que nos acenam com o simplismo da identidade por exclusão: *nós somos tudo o que eles não são*. Fica bem mais tranquilo olhar para fora do que olhar para dentro, despejar defeitos sobre os outros do que encarar o espelho.

NÓS × NÓS MESMOS

"Para os novos Doutores Fantásticos da política, o jogo não consiste mais em unir as pessoas em torno de um denominador comum, mas, ao contrário, em inflamar as paixões do maior número possível de grupelhos para, em seguida, adicioná-los, mesmo à revelia. Para conquistar uma maioria, eles não vão convergir para o centro, e sim unir-se aos extremos."

Giuliano da Empoli

Direções opostas

Quando estava no auge da juventude, compus uma música cujo refrão dizia: "São lições da natureza / tentando nos fazer notar / que tudo pode ter sentido / é só a gente procurar." Gosto de reencontrar a pessoa que fui, para firmar as raízes da pessoa que sou. Nesses reencontros, descubro várias ingenuidades, muitas ideias datadas e alguns tesouros particulares. Buscar respostas na observação da natureza é um desses conceitos que quanto mais visito mais me empolga.

O que vemos no espelho não é apenas nossa imagem, mas a ação do tempo. Fios de cabelo que se foram sem um tchauzinho sequer, rugas que se instalaram sem pedir licença. Fora do alcance do olhar, muita coisa se altera internamente para que o corpo se apresente desse ou daquele jeito. Na infância, era o milagre do crescimento; na idade adulta, é o peso do envelhecimento. Há uma intensa dinâmica em nós sinalizando que nunca estamos parados, anunciando aos berros que a única estagnação possível é a morte.

Transformações e reciclagens desfilam diante de nós com a passagem das estações do ano. Cada uma delas com seus encantos, sendo a maior parte do tempo ocupada pela centralidade primaveril e outonal, porque seria insuportável vivermos o ano inteiro só nos extremos do verão ou do inverno. Metade do ano é ocupada pelas estações amenas; só um quarto é concedido ao muito quente, e outro quarto ao muito frio. Há uma grande sabedoria nisso.

A mesma proporcionalidade se aplica aos ciclos da vida humana. Infância e velhice nas pontas, juventude e maturidade com mais tempo de atuação no meio do percurso. Nossa história já vem dividida em capítulos para facilitar a narrativa.

Saindo do espelho para a janela, passeando nas ruas, vasculhando todos os cantos do mundo, encontramos bilhões de pessoas que, por mais diferentes que sejam, compartilham as mesmas carências e inquietações. Carregam sobre os ombros as mesmas angústias existenciais, não digerem bem a certeza de que a morte as espera em alguma esquina. Toda pessoa é um mundo, e ao mesmo tempo uma célula. Esse raciocínio é a base da filosofia organicista, que encara o universo, e consequentemente a natureza, como um único organismo vivo. Alia-se também à Hipótese Gaia, teoria formulada nos anos 1970 pelo cientista inglês James Lovelock, que considera a Terra um ser vivente em constante movimento, mantido graças a um sistema que envolve biosfera, hidrosfera, atmosfera, os solos e a crosta terrestre, de cujo equilíbrio depende a vida de todas as espécies. Animais e vegetais, sendo parte desse complexo organismo, o retroalimentam, afetando com sua atividade o ambiente físico-químico. Tudo se sustenta numa delicada relação de interdependência.

O pouco que sabemos do universo aponta para sistemas formados por uma infinidade de planetas e estrelas, entremeados por cometas e meteoros. A todo momento somos informados da descoberta de um novo planeta, e é forçoso considerar que algum outro ponto desse imenso conjunto seja ocupado por outras formas de vida, mais ou menos desenvolvidas do que nós, talvez incrédulas quanto à nossa existência, talvez ansiosas por nos encontrar.

Curioso também observar que o mesmo sol viabilizador de nossa sobrevivência, se chegasse um pouco mais perto, nos aniquilaria. E esse sol, tomado como deus por tantos povos primitivos, é só uma estrela básica, longe de competir com as mais graúdas. Assim como nosso planeta, um pigmeu entre gigantes que flutuam por aí.

Diante da grandeza universal, o máximo que um habitante do planeta Terra consegue atingir é o nível de célula, e olhe lá.

Na intimidade do meu desconhecimento, fico torcendo para que o tal buraco negro do cosmos, sugador de toda energia que dele se aproxima, não seja uma espécie de canal retal que, em algum momento, providenciará a defecação dos corpos celestes que hoje admiramos rumo a um enorme esgoto sideral. Seria um apocalipse nojento e decepcionante.

Olhando para dentro, a perspectiva é bem mais animadora. Somos um universo, com órgãos trabalhando a pleno vapor para nos permitir desfrutar a trajetória da vida. Nosso cérebro é tão competente que ainda não conseguimos decifrar tudo o que ele pode proporcionar. Até enquanto dormimos ele nos presenteia com sonhos. Líder incontestável do organismo, ele atua na fortaleza da caixa craniana, mas perde em popularidade para o coração, incansável bombeador de sangue para toda a estrutura. Por termos acesso direto ao seu batuque, que acelera nos momentos especiais, consideramos o coração uma central das emoções. Namorados com frequência se referem um ao outro como "meu coração", mas não conheço casais que se tratem como "meu cérebro". Dizer que alguém não tem coração significa tratar-se de pessoa impiedosa, cruel, desalmada. Coração e alma frequentemente se equiparam.

Com diferentes níveis hierárquicos, todos os nossos órgãos merecem atenção e cuidados especiais. Sabemos a falta que eles fazem e os sofrimentos que enfrentamos quando algum deles começa a dar defeito. Sabemos que cada pedaço de nós é composto por células, que essas células se agrupam nesse ou naquele órgão por guardarem certas "vocações" entre si, e que é suficiente o colapso de uma delas para causar transtornos cujo ápice na escala do terror é o câncer. Sabemos da função essencial do sangue como distribuidor de energia, transmissor de fatores genéticos, resumo da vida. Por todas as razões, esse líquido vermelho que circula por nossas veias e artérias ganhou o significado ritual que comentamos ao tratar das religiões. Heróis que derramam seu sangue são cultuados, vítimas que têm seu sangue injustamente derramado são pranteadas. Ser "sangue do meu sangue" é ter um vínculo familiar robusto. Ter "sangue nos olhos" é estar muito disposto a vencer um desafio.

Quem já leu um hemograma ou outro exame de sangue mais complexo sabe dos elementos que balanceiam esse líquido. Conhece pelo menos a importância de manter equilibrados os glóbulos brancos e vermelhos, bem como a necessidade de segurar os níveis de açúcar e colesterol. Quando entramos nos domínios da ciência, tudo fica menos épico, mas abre-se a possibilidade de comparar o universo à corrente sanguínea, cujos glóbulos seriam os planetas.

O fundamental desse raciocínio é compreender a vastidão do que nos espera tanto fora quanto dentro de nós, a importância de nossa atuação enquanto "mundo" interno e enquanto "célula" externa. Temos funções relevantes a cumprir no globo terrestre que nos acolhe, e quando falhamos podemos, sim, comprometer o funcionamento do sistema.

Do mesmo modo, temos necessidade de atender às demandas do nosso planeta individual, onde evoluem as sementes da experiência e do conhecimento, onde a cultura clama por atenção e evolução, onde a paz consegue ser cultivada, onde novos territórios precisam ser explorados. Dentro de nós há muitas riquezas para preservar e descobrir, dentre elas — por que não — o próprio Deus.

Seres binários num universo de matrioskas

Tudo fica mais simples quando reduzido ao binário. Assim é o compasso musical mais instintivo, o ritmo do caminhar, a marcação da marcha das tropas: um-dois, um-dois. Independentemente das nuances que se inserem entre tique-taque, pingue-pongue, ou blim-blom, temos sempre a dualidade inaugural como ponto de partida.

Basta observar nosso corpo. O coração bate em compasso binário, a respiração acontece em dois movimentos: inspiração e expiração. Temos dois olhos, dois ouvidos, dois braços, duas pernas, dois rins, dois pulmões, dois testículos ou dois ovários, dois furos no nariz. Rá, o coração é único! Mas divide suas funções entre os ventrículos direito e esquerdo. E o cérebro? Este dedica o lado direito para o que é mais criativo e o lado esquerdo para o mais racional. Com um curioso cruzamento de funções que faz o lado esquerdo cerebral comandar o lado direito do corpo, e o lado direito cerebral comandar o lado esquerdo do corpo. Há alguns órgãos únicos e sem divisão aparente, como fígado, estômago e pâncreas, mas são minoritários. O argumento definitivo para nossa binariedade física é a evidência de que o corpo tem forma semelhante a uma caixa, cujos lados esquerdo e direito se unem num fechamento frontal, bem no centro.

O corpo nos ensina a necessidade do balanceamento. Se uma das pernas falha, nada avança e o tombo é quase certo. Se um olho falha, perde-se a noção de profundidade. Se um ouvido falha, o equilíbrio fica prejudicado. Tudo está interligado e interdependente. Como nós, atuantes no corpo social, exercendo influência sobre o organismo planetário que nos influencia tanto quanto os componentes do nosso corpo. Um sistema dentro do outro, que está dentro de outro, e que se repete indefinidamente ao se exteriorizar ou interiorizar.

Doença autoimune

Quando foi a primeira vez que você ouviu falar de doença autoimune? Com que frequência tem ouvido falar desse tipo de doença?

Se esse é um problema que está fora do seu radar, você já deve ter percebido a presença recente de menções ao glúten nas embalagens dos alimentos. A principal razão disso é a grande incidência da doença celíaca, que faz o organismo reagir mal ao glúten, uma proteína encontrada no trigo que, de repente, ganhou visibilidade. A doença celíaca é uma entre muitas, como artrite reumatoide, polimialgia reumática, espondilite anquilosante, lúpus eritematoso sistêmico, síndrome de Sjögren, vasculite, diabetes tipo 1 e esclerose múltipla. A lista das doenças autoimunes se estende espalhando preocupação e sofrimento em diversos níveis.

O que essas doenças têm em comum? O fato de resultarem de um desequilíbrio interno que faz o corpo atuar contra si mesmo, um processo de autossabotagem orgânica, cuja origem em alguns casos se dá por notícias falsas de infecções que mobilizam nosso sistema de defesa em lutas ferozes contra inimigos inexistentes. A ausência dos inimigos reais faz com que os bombardeios internos destruam áreas saudáveis do próprio organismo, num processo louco que, se não for devidamente cuidado com tratamentos bastante difíceis, pode levar à morte do paciente. São doenças crônicas, com incidência crescente e acelerada, sobre as quais ainda se sabe muito pouco, o que gera respostas insuficientes da indústria farmacêutica. Perplexa diante dessa espécie de motim orgânico, a medicina se concentra em combatê-lo com imunossupressão, ou seja, contra um sistema imunológico que se rebela, a principal saída disponível no momento é diminuir seu poder de fogo. Reduzem-se as defesas do organismo, deixando-o vulnerável a outros ataques verdadeiros.

Observando a coincidência entre esse tipo de distúrbio físico e o comportamento social anômalo que temos verificado, fica a questão: estaríamos lidando com o mesmo tipo de fenômeno? A humanidade, enquanto corpo coletivo, estaria acometida por uma doença autoimune?

Sinais existem por toda parte. Desde atentados terroristas suicidas até eleitores de grupos discriminados que votam em políticos contrários a esses grupos, pobres que votam pelo aprofundamento da pobreza, mulheres que apoiam misóginos, gays que aplaudem homofóbicos, empresários que investem na degradação ambiental e agricultores que apostam no envenenamento de suas plantações com agrotóxicos, mesmo sabendo que a longo ou médio prazo isso vai acabar com seu negócio. Tudo aponta para um impulso autodestruidor de proporções colossais.

Novamente o conflito. Toda doença nos traz a história de um conflito. Eu contra a gripe, eu contra a demência, eu contra as limitações impostas por um osso quebrado que demora a consolidar, eu contra um novo vírus que tem ceifado muitas vidas. Cada situação de enfermidade é uma narrativa de guerra.

Não nos esqueçamos de que um dos principais truques das doenças autoimunes é anunciar *fake infections* para provocar distúrbios desnecessários, as mesmas fakes usadas nas redes sociais para confundir corações e mentes, causar pânico, alimentar discórdias.

Se aceitamos a tese de que o universo é uma espécie de matrioska, onde um mundo está dentro de outro, que está dentro de outro e assim sucessivamente; se, com base nesse conceito, acreditamos que somos bilhões de mundos-pessoais fazendo parte do mundo-planeta, e que todos os mundos têm estrutura semelhante, espelhando entre si as mesmas reações quando submetidos a qualquer tipo de impacto ou impasse; se, pelo menos, entendemos que entre nós, a Terra e o universo existe uma relação de pertencimento que nos faz metáforas uns dos outros — então é razoável considerar a hipótese da doença autoimune como explicação para os sintomas que nos afligem.

A boa notícia é que doenças autoimunes, em sua maioria, não costumam ser letais. Atrapalham, incomodam, enfraquecem o organismo, mas dá para viver com elas. A má notícia é que são crônicas. Mesmo quando não se manifestam, continuam ativas, buscando oportunidades para novas crises, procurando ampliar nossas vulnerabilidades.

A possibilidade bacteriana

Cientistas ainda discutem se temos mais células ou bactérias em nosso corpo. Contrariando prognósticos dos leigos como eu, o jogo segue favorável às bactérias. Enquanto as contas vão sendo feitas e refeitas, um estudo publicado em 2016 revela o placar de 39 trilhões de bactérias × 30 trilhões de células, perto do empate técnico.

A palavra "bactéria" nos remete à percepção negativa de micro-organismos causadores de doenças. Injusto preconceito, gerado pela quantidade de vezes que ouvimos falar dessas multidões microscópicas em situações de enfermidade. Existem bactérias boas e más convivendo dentro de nós, e nossa saúde só desanda quando acontece algum desequilíbrio que aumenta o poder das vilãs. Lembrou da dinâmica do storytelling? Lembrou de nossa dualidade comportamental? Lembrou dos conflitos que enfrentamos no dia a dia? Pois é.

Se trocamos a tese do ser-humano-célula pela do ser-humano-bactéria, só precisamos definir o tamanho do problema. Estamos no embate entre pessoas boas e más? Ou a raça humana definitivamente se enquadra no tipo de bactéria nociva, que destrói tudo por onde passa, a ponto de colocar em risco a sobrevivência do planeta (corpo) que lhe dá sustento? Acreditar na primeira hipótese significa acreditar na humanidade, caso em que a luta do bem contra o mal, independentemente de suas múltiplas variações, se resumiria no duelo entre preservadores e predadores. Acreditar na segunda hipótese valida o entendimento de que os humanos estão programados para a destruição, o que justificaria nos recolhermos a um estado crônico de pessimismo e desesperança.

Tanto faz se somos células ou bactérias. Importa sabermos que nosso desequilíbrio na versão celular significa doença autoimune ou câncer, e nosso desequilíbrio na versão bacteriana significa infecções potencialmente fatais para o planeta.

Importa também estarmos preparados para uma solução providenciada pela natureza, que não terá conosco a consideração que julgamos merecer. Se nós a desequilibramos, ela encontra um jeito de se aprumar à nossa revelia. Se nós a maltratamos, ela revida, e seu revide acontece na forma de alterações climáticas, inundações, terremotos, furacões, epidemias, secas, escassez de alimentos, enfim, um farto arsenal de catástrofes.

Dissonância cognitiva

O comportamento absurdo do organismo que se volta contra si mesmo na doença autoimune tem um correspondente psicológico. Trata-se do fenômeno em que a pessoa assume uma opinião de forma tão visceral que, mesmo confrontada por argumentos irrefutáveis ou fatos comprovados, ela não arreda pé de suas convicções. Quanto mais argumentos demolidores do seu ponto de vista lhe são apresentados, parece que mais forte fica seu apego ao equívoco.

Quando esse grau de comprometimento mental acontece, lidamos com a matéria-prima do fanatismo conhecida como "dissonância cognitiva". A expressão, consagrada pela teoria de Leon Festinger em 1957, se refere à coexistência de raciocínios contraditórios, ou dissonantes, na cabeça da mesma pessoa. Segundo o autor da teoria, indivíduos experimentam conflitos em seu processo decisório quando lhes falta coerência em dois ou mais elementos cognitivos. Observe que estamos mais uma vez às voltas com uma situação conflituosa, que começa dentro do cérebro, causando sofrimento individual, e se projeta para o convívio social, provocando mal-estar coletivo.

O capítulo inicial do livro *When Prophecy Fails*, de Leon Festinger, Henry W. Riecken e Stanley Schachter, afirma que "um homem com uma convicção é um homem duro de mudar. Diga-lhe que você discorda e ele vai embora. Mostre-lhe fatos ou dados e ele questiona suas fontes. Apele para a lógica e ele fracassa em compreender seu argumento".

O livro nos apresenta as cinco condições que tipificam essa anomalia na sua versão mais grave:

1) a profundidade da crença afeta diretamente o comportamento do indivíduo;
2) a pessoa imbuída da crença compromete-se pessoalmente com ações importantes que se tornam difíceis de desfazer;
3) a crença deve ser específica e suficientemente ligada ao mundo real de forma que fatos concretos em algum momento possam refutá-la;
4) fatos e inegáveis evidências contrárias à crença devem ser visíveis e reconhecíveis pelo crente;
5) o indivíduo crente conta com suporte social — há em torno dele outros crentes que erguem suas vozes para reiterar suas convicções e impedir que a voz da razão seja ouvida.

Debruçado sobre os movimentos *millennial* (que fazem previsões sobre o fim dos tempos) e *messianic* (que marcam datas para a volta de Cristo), o livro nos apresenta casos como o montanismo, surgido na segunda metade do século II na Frígia. Seu líder,

Montano, pregava que Jesus estava prestes a retornar ao mundo na cidade de Pepuza, convocando os "verdadeiros seguidores de Cristo" a rumar para essa cidade. A ideia conquistou uma multidão de discípulos que se aglomeraram nos arredores de Pepuza. Esperaram, esperaram e, claro, não aconteceu nada. Surpreendentemente, em vez de esmorecer os ânimos, a frustração da espera interminável gerou mais fervor ainda. Aquela gente não conseguia admitir que investira tanto numa ilusão.

Em 1533, Melchior Hoffman, pertencente à ala protestante radical dos anabatistas, proclamou que aquele era o ano do grande acerto de contas. A segunda vinda de Cristo aconteceria na cidade de Estrasburgo, que se transformaria na Nova Jerusalém. Da população total do planeta, dizimada pelo fogo divino, restariam apenas 144 mil eleitos.

Muitos acreditaram na profecia de Hoffman e começaram a se preparar para fazer parte do seleto grupo de sobreviventes. Doaram seus bens aos pobres, renunciaram aos prazeres mundanos, perdoaram seus devedores, fizeram toda sorte de sacrifícios pessoais, enquanto aguardavam o cataclisma incendiário. O ano transcorreu relativamente bem, 1534 começou e o mundo seguiu girando. Novamente o improvável aconteceu. Os seguidores de Melchior Hoffman, em vez de abandoná-lo, redobraram as energias, incrementaram suas atividades e partiram animados para conquistar novos adeptos.

Claro que a elasticidade do voto de confiança dado a Montano e Melchior Hoffman não era infinita, tanto que os movimentos encabeçados por eles desapareceram. Há outros exemplos semelhantes. Variam em forma e conteúdo. Os tempos de duração também variam. Mas em algum momento a realidade sempre se impõe.

A dissonância cognitiva não é exclusividade desses casos mais emblemáticos. Os cinco itens tipificadores de sua manifestação não precisam estar presentes em sua plenitude para que ela ocorra. Uma leve alteração no terceiro item da lista, que associa a cren-

A BOMBA EMBAIXO DA MESA

ça a fatos concretos específicos, é suficiente para que o distúrbio passe a abranger um cardápio mais amplo de crenças, fazendo com que a dissonância se multiplique de maneira assombrosa.

Assista à série documental *Wild, Wild Country*, da Netflix, sobre a cidade que o guru indiano Bhagwan Shree Rajneesh, conhecido como Osho, conseguiu fundar nos Estados Unidos à custa de seus seguidores, em 1981. Além de ser um produto audiovisual de primeira linha, é uma excelente fonte de informação sobre os estragos que a dissonância cognitiva pode provocar.

Tente compreender como Charles Manson agregou em seu Spahn Ranch tanta gente disposta a tanta loucura, inclusive assassinatos, misturando sexo, drogas e bíblia, na Califórnia dos anos 1960.

Experimente argumentar com um eleitor entusiasmado de Donald Trump sobre o efeito de sua gestão na mudança de percepção sobre o papel global dos Estados Unidos, deixando de ser o irmão protetor para se transformar no fortão da escola que pratica bullying. Ou tente debater com os escudeiros de Jair Bolsonaro sobre a incompatibilidade entre se dizer ao mesmo tempo cristão e admirador de torturadores, entre se apresentar como antipolítico paladino da moralidade, tendo atuado como deputado federal desde 1991, por sete mandatos, e vivido no chamado "baixo clero" da Câmara dos Deputados, sem qualquer projeto relevante em toda a sua carreira. Nos dois casos, o máximo que você vai conseguir é um interlocutor espumando de ódio.

George Orwell foi certeiro quando em 1948, sob os efeitos do pós-guerra e das notícias preocupantes que chegavam da Rússia, escreveu *1984*, escancarando os truques de líderes totalitários. Entre muitos achados do livro, destacam-se os três slogans do partido dominante na fictícia Oceania: *"Guerra é Paz; Liberdade é Escravidão; Ignorância é Força."* Revendo agora esse conjunto de frases, tenho a sensação de que poderia estar sendo usado por Trump, Bolsonaro e boa parte dos populistas em atividade neste início de terceiro milênio. No fundo, essa é a pregação que eles fazem. Conectar ignorância com força, então, é a perfeita tradução de seus discursos.

Não é preciso ser brilhante para perceber que a dissonância cognitiva, a exemplo do que já vimos acontecer com o fascismo, encontra terreno fértil em pessoas que se sentem ameaçadas, portanto, em estado de instabilidade emocional. Isso favorece os oportunistas que provocam incêndios para se apresentar como bombeiros, gente que planta mentiras para demonizar seus oponentes, cria teorias conspiratórias apavorantes, desqualifica a imprensa e todos os que não se deixam iludir, com o objetivo final de se projetar como "salvador da pátria". Quando pessoas menos esclarecidas são bombardeadas por esse tipo de mensagem, geralmente num momento em que a economia vai mal, ou os costumes estão liberados além do ponto que seu conservadorismo permite, elas se atiram nos braços do líder oportunista como quem se agarra a um bote salva-vidas. O medo original se converte num ódio cego por quem se opõe ao pseudossalvador, e assim se constrói a sinopse para um triste enredo: **a verdadeira ameaça convence suas vítimas de que só ela pode salvá-las de ameaças imaginárias. E as vítimas se tornam cúmplices de quem se propõe a dizimá-las.**

Há também aqueles que percebem a farsa, porém a consideram conveniente para manter uma situação que os favorece. Esses são os aliados mais perigosos, porque teriam poder para quebrar o encanto, mas preferem endossar a narrativa perversa do líder, ou fingir que ela não é tão grave assim, ou simplesmente silenciar, como se nada estivesse acontecendo. Muitas vezes, esses beneficiados são os grandes articuladores por trás do líder, aqueles que o financiam, manipulam e cobram resultados.

Hora de fazer o checklist dos cinco pontos tipificadores da dissonância cognitiva, trazendo-os do viés religioso original para o atual cenário político. Observe como são mínimas as diferenças.

1) O indivíduo é afetado pela crença e fica obcecado por ela, porque a enxerga como sua salvação.

2) Movido por essa "questão de sobrevivência", o crente assume posições públicas enfáticas, hoje extremamente facilitadas pelas redes sociais, e se torna um multiplicador das mensagens enviadas pelo líder, sejam verdadeiras ou falsas. Essa atitude leva ao agrupamento com outros crentes e ao afastamento de pessoas com opiniões diferentes, provocando eventual ruptura de laços com amigos e familiares. Ou seja, ele pratica ações que considera importantes perante o seu círculo social e que lhe parecem tão importantes a ponto de superar até os mais fortes vínculos afetivos. Uma vez praticadas, é difícil livrar-se delas.

3) O terceiro item, como vimos há pouco, fica levemente modificado. Embora a crença seja ligada ao mundo real e à expectativa de fatos concretos, ela não paira sobre um evento tão específico como "o dia em que o mundo vai acabar". Tudo gira em torno de promessas que se realizam ou não no campo ideológico e podem ou não ir paulatinamente acontecendo durante um período indeterminado. Sendo mais vaga a expectativa, fica muito mais fácil manter acesa a fidelidade e a combatividade dos crentes.

4) Fatos inegáveis desmentindo o líder existem, mas tornam-se fugidios. Por mais gritantes que sejam, sempre se encontra um argumento para minimizá-los, ou se usa o truque de desqualificar quem traz o fato à tona. Rotular rivais e imprensa como inimigos da causa, portanto não merecedores de crédito, é o artifício mais usado pelos dissonantes.

5) O suporte social do crente é gigantesco. Convivendo com sua bolha na internet, ele se sente amparado, tendo suas convicções realimentadas pela máquina de comunicação do líder. Tudo seguindo a cartilha do velho Goebbels, criador da mais destruidora onda de dissonância cognitiva da história mundial.

NÓS × NÓS MESMOS

Seriam todos os líderes causadores dessa dissonância tão estratégicos e maquiavélicos assim? Creio que não.

Há os delirantes, os que realmente se acreditam especiais e confiam nas teses que apresentam. Há os que começam mentindo e depois passam a acreditar na própria mentira — isso é muito mais comum do que se imagina. Há os que são usados por grupos poderosos como meras marionetes. Há os que se encantam com seu inesperado carisma, saem disparando ideias irresponsavelmente e colhem êxitos ocasionais na base de tentativa e erro. Há várias formas de se chegar ao mesmo resultado indesejável: pessoas em uma espécie de transe hipnótico que perdem a capacidade crítica e a competência para sustentar um diálogo sensato.

Não se esgotam na religião e na política as possibilidades dessa perigosa dissonância. O dito popular "faça o que eu digo, mas não faça o que eu faço" define muito bem o problema nas situações cotidianas. O moralista que comete imoralidades, o chefe rigoroso que aceita suborno, e o pai de família exemplar que coleciona amantes são casos típicos que começam com hipocrisia, mas evoluem para dissonância no momento em que a pessoa se cerca de argumentos para justificar seus atos. Entre os clássicos desse gênero temos o homem adúltero, que atribui seu comportamento ao impulso irresistível de uma alegada natureza poligâmica masculina, e o corrupto, que afirma estar apenas seguindo um traço cultural brasileiro sem o qual nada se consegue neste país. Quando se encontra uma boa desculpa para os erros cometidos, a consciência se tranquiliza e tudo entra numa falsa paz, desmentida apenas pelo conflito silencioso da dissonância.

Acreditar que a Terra é plana traz uma doce tranquilidade para nada menos que 11 milhões de brasileiros. É o que informa pesquisa do Instituto Datafolha realizada no início de 2020. Como essa multidão consegue desconsiderar todas as evidências que contrariam sua convicção? Se existem tantos no Brasil, quantos existirão no mundo? Difícil compreender o problema em toda a sua extensão, mas sou levado a crer que o conforto da simplificação é o eixo que sustenta essa rede. Muito mais fácil lidar com uma pizza encimada por uma cúpula do que com uma esfera que flutua no espaço cercada de outras tantas e correndo riscos de colisão. Qualquer coisa fora do conceito terraplanista seria conspiração de algum grupo mal-intencionado que procura complicar as coisas. Vergonha? Medo do ridículo? Parece que não. O tamanho da rede dos alienados traz o suporte social necessário para detonar a lógica sem enrubescer.

O incrível mundo do autoengano

"O primeiro princípio é que você não deve enganar a si mesmo, mas você é a pessoa mais fácil de se enganar."
Richard Phillips Feynman

A criança que segue acreditando em Papai Noel mesmo quando os indícios da inexistência dançam à sua volta. O enamorado que se recusa a ver os sinais de infidelidade da parceira. O alcoólatra que insiste em afirmar que só bebe socialmente e pode parar assim que decidir fazê-lo. A mãe do ladrão que aceita qualquer explicação para os objetos valiosos que ele leva para casa. Tudo remete ao ditado popular segundo o qual "o pior cego é aquele que não quer ver". E esse tipo de cegueira tem nome: autoengano.

Definido pelo biólogo Robert Trivers como "o ato de mentir para si mesmo", o autoengano é irmão da dissonância cognitiva e muitas vezes se confunde com ela. Para evitarmos que os conceitos se misturem, vamos nos dedicar ao aspecto defensivo do autoengano, quando ele é utilizado para nos proteger de verdades indesejáveis.

Eduardo Giannetti, em seu livro *Autoengano*, nos ajuda a compreender o quadro geral:

O indivíduo é um todo contraditório. Tensões insolúveis e forças opostas agitam o microcosmo da nossa vida subjetiva, determinam estados de consciência mais ou menos voláteis e acessíveis à superfície da mente e, por fim, traduzem-se ou não em escolhas e ações no mundo. Nossa imparcialidade diante de nós mesmos tem fronteiras lógicas e psicológicas intransponíveis, mas o continente de parcialidade parece não conhecer limites. A capacidade humana de julgar com isenção tende a se enfraquecer exponencialmente à medida que nos aproximamos do centro de tudo aquilo que nos move e comove — precisamente quando seria da maior importância uma apreciação serena e imparcial. Pior: o véu do autoengano com frequência oculta da visão que temos de nós mesmos traços e falhas que saltam aos olhos quando o que está em tela é o caráter e a conduta dos que nos cercam. O ponto cego no olhar adentro é o avesso do olho de lince no olhar afora.

Tudo parte da imagem que temos de nós mesmos. Lamento informar, mas em princípio ela não coincide com a realidade — é idealizada, praticamente um personagem fictício que gostaríamos de ser. Como disse o filósofo e psicólogo William James: "Quando duas pessoas se encontram, há, na verdade, seis pessoas presentes: cada pessoa como se vê a si mesma, cada pessoa como a outra a vê e cada pessoa como realmente é."

É confortante acreditarmos que somos pessoas do bem, que nossos entes queridos são exemplos ético-morais, que nossos vícios são meros prazeres mantidos sob controle, ou que Papai Noel continuará a nos trazer presentes nas noites de Natal. Sair da zona de conforto é tarefa penosa.

Em vez de autoengano poderíamos dizer autodefesa, quando evitamos enfrentar nossos defeitos, ocultamos aspectos prejudiciais a nossa imagem, afogamos nossas tristezas com banhos de alegria forçada, ou fingimos desprezar aquilo que adoraríamos ter mas não está ao nosso alcance. A fábula de Esopo *A raposa e as uvas* ilustra essa tática defensiva.

Compreender os mecanismos instintivos que nos levam a mentir para nós mesmos é essencial para alcançarmos níveis mais altos de maturidade. O exemplo do Papai Noel está aí para sinalizar que é possível. Grande parte dos adultos já teve que lidar com a dissolução dessa fantasia natalina e — olha que boa notícia — não doeu tanto assim.

Reconhecer a existência do problema é requisito básico para escaparmos do círculo vicioso, em que só há espaço para as histórias que queremos ouvir, as versões em que adoramos acreditar e as verdades que tentamos construir.

EPÍLOGO

TUDO PRONTO PARA O FIM

"A juventude já nada mais quer aprender, a ciência está em decadência, o mundo inteiro caminha de cabeça para baixo, cegos conduzem outros cegos, e os fazem precipitar-se nos abismos, os pássaros se lançam antes de alçar voo, o asno toca lira, os bois dançam, Maria já não ama a vida contemplativa e Marta já não ama a vida ativa, Lia é estéril, Raquel tem olhos lúbricos, Catão frequenta lupanares. Tudo está desviado do próprio caminho. Sejam dadas graças a Deus por eu naqueles tempos ter adquirido de meu mestre a vontade de aprender e o sentido do caminho reto, que se conserva mesmo quando a verdade é tortuosa."

Adso, personagem do romance *O nome da rosa*, de Umberto Eco

A percepção de que o mundo perdeu o rumo é uma constante, perturbando nosso espírito com a aparente proximidade de um desfecho monumental. A ideia de um *gran finale* para a humanidade está presente em várias culturas, soa inevitável. Já aterrorizava as pessoas na época de Jesus, precedido por vários outros "messias" que percorreram a Palestina anunciando a necessidade urgente de penitência como preparação para o final dos tempos. Considerados subversivos, assim como Jesus, eles foram mortos pelo Império Romano.

Vai-se o planeta, todos nós vamos na mesma onda, e nada mais resta.

O apocalipse cristão tem um livro específico dentre os que compõem a Bíblia, escrito por ninguém menos que João, o discípulo caçula, que se identifica como "aquele que Jesus amava", o que chegou antes de Pedro ao santo sepulcro porque corria mais rápido.

Seu evangelho se destaca dos outros três (Mateus, Marcos e Lucas) por ser revestido de um afeto especial e apresentar um conteúdo ostensivo de revelação. Já sua descrição do fim dos tempos, trocando o relato testemunhal pela previsão do futuro, é adornada por um gigantismo descritivo que busca tirar o sono de quem o lê.

A expectativa apocalíptica se fortalece a cada virada de milênio. Previsões clericais infundiram crenças de que o mundo acabaria pouco depois do ano 1000, o que provocou uma corrida de cristãos à Terra Santa, onde Jesus voltaria ao mundo, no século XI. Dessa corrida surgiu a indignação com o domínio muçulmano sobre a Palestina, que despertou a liderança mística de Pedro, o Eremita, que empolgou o papa Urbano II, o qual lançou a ideia das Cruzadas no Concílio de Clermont, em 1095, contagiando multidões de fanáticos dispostos a promover uma carnificina em nome de Deus. Aos gritos de *"Deus vult!"* ("Deus o quer!", em latim), tropas cristãs sedentas de sangue partiram jubilosas.

Como o planeta continuou inteiro, as expectativas, reforçadas pelas profecias de Nostradamus, foram transferidas para o século XXI. Ultrapassamos o ano 2000, o globo terrestre continuou a girar, mas ainda não conseguimos sair do modo "agora vai". Com uma coletânea de fatos negativos mais do que suficientes para turbinar as piores paranoias.

Tique-taque. A bomba continua armada.

A filósofa Hannah Arendt retrata o convívio humano como uma multidão reunida em torno de uma mesa. Essa mesa pertenceria a todos e seria ao mesmo tempo o elemento agregador e o obstáculo (mundo de coisas) que se interpõe entre os participantes.

Imaginar que existe uma bomba embaixo da mesa torna a situação especialmente dramática. Mas nada impede que sejam várias bombas, escondidas sob as cadeiras dessa reunião, uma para cada um de nós.

EPÍLOGO

Seria o relato apocalíptico nada mais que uma metáfora da morte individual? Talvez. A única certeza que transborda no texto bíblico é que João escrevia impregnado de emoção e movido por um forte viés doutrinário.

Nosso fim já é um assunto bastante incômodo. Ter que se preocupar com o fim de tudo parece pesado demais, só que não há escapatória. Voltamos a Arendt:

> Se o mundo deve conter um espaço público, não pode ser construído apenas para uma geração e planejado somente para os que estão vivos, mas tem de transcender a duração da vida de homens mortais.

A Terra é a nave em que viajamos, não pode ser levada à exaustão. Precisamos dela em boa forma para manter nossa espécie viva. Existe a hipótese de um asteroide entrar em cena e acabar com a festa, claro. Mas isso seria o que os storytellers nomeiam como "ato de Deus", algo que depõe contra a qualidade do roteiro.

Na mitologia egípcia há um deus chamado Apophis, responsável pelo caos e pela escuridão, forte candidato à escalação no time dos demônios. Não por acaso seu nome foi dado a um asteroide com 390 metros de comprimento que em 2029 estaria passando bem perto da Terra. Os primeiros cálculos eram apavorantes, havia uma chance altíssima de colisão. Recalculada a trajetória, essa possibilidade já é considerada inexistente. Torço para que os novos cálculos estejam corretos, porque o choque provocaria uma cratera de um quilômetro de diâmetro em algum ponto do globo terrestre, causaria terremotos e tsunamis, além de destruir construções num raio de 5 km e arrancar árvores num raio de 30 km. Um estrago e tanto, ainda que insuficiente para nos extinguir.

Outros podem vir, como aquele que há dezenas de milhões de anos matou 70% das espécies, entre elas os dinossauros, ou como o que em 1908 abalou a Sibéria, com um impacto que produziu energia equivalente a mil bombas de Hiroshima.

Tique-taque. Tudo parece fora de controle.

Take back control. Essas três palavrinhas arrancaram a Inglaterra da Europa. Muito mais do que o slogan de campanha do Brexit, elas resumem o espírito do nosso tempo. Poderiam ser usadas em qualquer campanha política, por espicaçar a profunda insegurança que domina as pessoas no terceiro milênio.

Take não deixa dúvidas quanto a uma ação forte, tomar as rédeas mesmo que seja na marra. *Back* aponta para algo que já teria sido nosso, um retorno ao passado que se imagina perfeito, quando tudo parecia estar *under control.*

Inspirados por essa frase, seres humanos ensandecidos se revoltam contra os mecanismos reguladores que a humanidade construiu ao longo do tempo para que pudesse conviver em harmonia. Esses controles, na forma de leis e costumes, são o sustentáculo da civilização. Nada que nos tenha sido tomado, mas algo consentido para que a coletividade subsistisse e, sendo em prol de uma coletividade a que nós pertencemos, continua em nossas mãos.

Take back control ecoa em todos os corações por motivos diferentes. Para alguns, é um chamado à liberação geral de costumes. Para outros, é o direito de reprimir os que ousam alargar as fronteiras da moral, não fazer concessões, não ter que debater sobre temas desagradáveis. Outros ouvem ali uma convocação para ultrapassar os limites de velocidade, ignorar medidas protetivas da natureza, derrubar as restrições de segurança, negar tudo o que for contra seus interesses imediatos, instaurar o "cada um por si e salve-se quem puder". E o círculo se fecha com os que interpretam a frase no sentido contrário, como chamada geral para conter exatamente os que a enxergam sob as cores do individualismo egocêntrico.

EPÍLOGO

Tomar de volta um controle que nunca tivemos é distorcer um instinto semelhante ao da sobrevivência, estimular a ilusão, provocar um retrocesso mental que, longe de simbolizar segurança, compõe a própria bomba que tiquetaqueia enquanto discutimos bobagens.

Tique-taque. O grande bum! pode acontecer agora ou nunca.

Parceiro de Fellini em boa parte de seus filmes, o roteirista Ennio Flaiano nos lembra que "estamos em uma fase de transição. Como sempre". Soa contraditório. Gera ao mesmo tempo alívio e inquietação. Efeitos opostos para uma frase paradoxal. No final das contas, faz sentido.

A esse "sentido que não faz sentido" soma-se o fato de estarmos aflitos com os rumos da história logo no momento em que vivemos o melhor dos mundos. Não se assuste com minha afirmação, ela se baseia numa linda série de "nuncas".

- Nunca pudemos nos comunicar tão intensamente, nos deslocar tão rapidamente, cuidar da saúde tão eficazmente (pandemias à parte, é claro).
- Nunca tivemos expectativa de vida tão longa.
- Nunca tivemos tanto acesso à informação e cultura.

Mas o pavor que aflora no meio de tantos avanços não é infundado. A começar pela repetição de erros que nos conduzem a velhas armadilhas, fato que acena com a possibilidade de sermos imbecis incorrigíveis. Contrapõe-se a essa ideia do *Homo incorrigibilis* a perspectiva de que o nível presente do conhecimento humano multiplicado pela conectividade disponível nos livrará das ameaças atuais com mais rapidez e facilidade do que no passado. Ao que se pode rebater com o uso da conectividade em busca do resultado oposto, de que tanto falamos, a desinformação.

A BOMBA EMBAIXO DA MESA

Argumentos iguais nos levam simultaneamente ao otimismo e ao pessimismo. De repente, fomos jogados numa corrida maluca na qual progresso e retrocesso se utilizam dos mesmos equipamentos. Bateu nervoso? Normal. Taquicardia e falta de fôlego, eis o mínimo que se espera nas competições mais difíceis.

Num conto da escritora argentina Silvina Ocampo, encontramos uma lebre sendo perseguida por vários cães. "Para onde vamos?", ela grita com voz trêmula para seus perseguidores. Eles respondem, berrando: "Até o fim da sua vida." A perseguição atravessa um bosque, cruza um prado e um jardim, onde um grupo de pessoas toma café. Os animais começam a correr em círculos, passando seguidamente pelo jardim. Na primeira passada, a lebre vai na frente com todos os cães no seu encalço. Na segunda passada, ela já está em segundo lugar. Na terceira passada, ela é rebaixada à terceira posição. E assim vai, até que a lebre fica em último lugar na fila. Os cães terminam exaustos sem lembrar por que estavam correndo. A lebre senta-se entre eles, assumindo uma postura de cachorro, chegando a ter dúvidas sobre sua identidade. O nonsense dessa história acontece com frequência no corre-corre diário de todos nós, exigindo o retorno à pergunta que inaugura a perseguição: "Para onde vamos?". E acendendo o alerta para uma segunda questão: "O que nos espera ao final da corrida?"

Tique-taque. Sempre existe a possibilidade de uma virada surpreendente.

Percorrendo as últimas linhas deste livro, esbarro na lembrança de São Tomás de Aquino. Tomado por um momento místico, ele abriu mão de encerrar sua *Summa Theologica*, deixando a missão para outros escritores. Tal atitude pode ter sido de extrema grandeza ou mero pânico criativo, em ambos os casos repleta de simbolismo. O ponto final de um trabalho é tanto seu nascimento quanto sua morte, uma ambivalência que se aplica também ao seu

EPÍLOGO

autor. Ao deixar inconcluso o grande projeto a que dedicara muito tempo e esforço, São Tomás declarou:

> Meus dias de escrever se acabaram; pois me foram reveladas coisas que me mostraram ser tudo aquilo que escrevi e ensinei pouco importante para mim, razão porque espero em Deus que, assim como meus escritos chegaram ao fim, possa chegar dentro em breve o fim da minha vida.

Pouco depois desse gesto, ele morreu. Tinha apenas 49 anos. Foi um apocalipse memorável. Sem a necessidade de animais com sete chifres, invasão de gafanhotos com poder de escorpiões, dragão vermelho com sete cabeças, sol escurecido, lua vermelha como sangue, livro com sete selos e anjos exterminadores, como profetiza João. Tomás simplesmente deixou de escrever, e ponto.

Negativo demais.

A saída encontrada pelo santo está mais para fuga do que solução, talvez um jeito elegante de entregar o jogo.

Por que falar de algo assim nessa altura dos acontecimentos?, você deve estar se perguntando.

Porque é um desfecho trágico traçado por um grande filósofo cristão, que precisa ser considerado nem que seja para naturalizarmos as ondas de pessimismo que de vez em quando nos arrastam.

Porque a rendição desesperançada nos joga para baixo, fazendo com que o próximo bloco de texto se destaque pelo contraste, aumente seu poder alavancador de boas energias e ganhe mais impacto.

Tique-taque. Encerramento definitivo ou início de outra temporada?

Diante das muitas possibilidades que nos cercam, vale a pena ouvir a sabedoria daqueles que guardam intimidade com a natureza a ponto de se sentirem parentes de montanhas, árvores e rios. "Minha provocação sobre adiar o fim do mundo é exatamente sempre poder contar mais uma história. Se pudermos fazer isso, estaremos adiando o fim", é o que sugere o escritor indígena Ailton Krenak.

Há algo de Sherazade nessa proposta que me faz sorrir, algo que aponta para o storytelling como elemento salvador, sempre atento aos ciclos, perigos e nuances da vida, sempre nos alertando a tempo de escaparmos por um triz. Não chega a ser novidade. Tem sido esse o papel do storytelling ao longo de toda a trajetória humana, protegendo-nos das armadilhas que, como vimos, também não são novas.

Pode ser delírio de quem se debruça há tanto tempo sobre o assunto ou ingenuidade de quem saboreia narrativas.

Seja lá o que for, creio que chegamos a um belo ponto. Singular, sólido e plausível, como convém às boas tramas. Não necessariamente um ponto final.

Tique-taque.

BIBLIOGRAFIA

AGOSTINHO, Santo. *A cidade de Deus — parte II*. Tradução de Oscar Paes Leme. Petrópolis: Vozes de Bolso, 2017.

ALIGHIERI, Dante. *A divina comédia*. Tradução de Italo Eugenio Mauro. São Paulo: Editora 34, 2019.

ARENDT, Hannah. *A condição humana*. Tradução de Roberto Raposo. Rio de Janeiro: Forense Universitária, 2020.

ASLAN, Reza. *Zelota: a vida e a época de Jesus de Nazaré*. Tradução de Marlene Suano. Rio de Janeiro: Zahar, 2013.

AUERBACH, Erich. *Mimesis*. Princeton: Princeton University Press, 2003.

BARCELLA, Laura e LOPES, Fernanda. *Lute como uma garota: 60 feministas que mudaram o mundo*. Tradução de Isa Mara Lando. São Paulo: Cultrix, 2018.

BAUMAN, Zygmunt. *Retrotopia*. Tradução de Renato Aguiar. Rio de Janeiro: Zahar, 2017.

BAZIN, André. *O que é o cinema?* Tradução de Eloísa Araújo Ribeiro. São Paulo: Cosac Naify, 2014.

BEAUVOIR, Simone de. *O segundo sexo*. Tradução de Sérgio Milliet. Rio de Janeiro: Nova Fronteira, 2009.

BÍBLIA SAGRADA. São Paulo: Editora Ave-Maria, 115ª ed., 1998.

BLOOM, Joshua e MARTIN JR., Waldo E. *Black against empire: the history and politics of the Black Panther Party*. Los Angeles: University of California Press, 2013.

BOCCACCIO, Giovanni. *O Decamerão,* volume I. Tradução de Raul de Polillo. Rio de Janeiro: Nova Fronteira, 2018.

BORGES, Jorge Luis. *Ficções.* Tradução de Davi Arrigucci Jr. São Paulo: Companhia das Letras, 2007.

BROTTON, Jerry. *Uma história do mundo em doze mapas.* Tradução de Pedro Maia. Rio de Janeiro: Zahar, 2014.

CAMERON, Julia. *O caminho do artista.* Tradução de Leila Couceiro. Rio de Janeiro: Sextante, 2017.

CAMPBELL, Joseph. *O herói de mil faces.* Tradução de Adail Ubirajara Sobral. São Paulo: Pensamento, 2007.

CAMPOS MELLO, Patrícia. *A máquina do ódio.* São Paulo: Companhia das Letras, 2020.

CAMUS, Albert. *A peste.* Tradução de Valerie Rumjanek. Rio de Janeiro: Record, 2020.

CHRISTIAN, David. *Origens: uma grande história de tudo.* Tradução de Pedro Maia Soares. São Paulo: Companhia das Letras, 2019.

CUNHA, Antonio Geraldo da. *Dicionário etimológico Nova Fronteira da língua portuguesa.* 2ª ed. Rio de Janeiro: Nova Fronteira, 2000.

DALRYMPLE, Theodore. *O prazer de pensar.* Tradução de Margarita Maria Garcia Lamelo. São Paulo: É Realizações, 2016.

DE MASI, Domenico. *O mundo ainda é jovem: conversas sobre o futuro próximo.* Tradução de Sieni Cordeiro Campos e Reginaldo Francisco. São Paulo: Vestígio, 2019.

DOSTOIÉVSKI, Fiódor. *Os irmãos Karamázov.* Tradução de Paulo Bezerra. São Paulo: Editora 34, 2008.

DOSTOIÉVSKI, Fiódor. *Notas do subsolo.* Tradução de Maria Aparecida Botelho Pereira Soares. Porto Alegre: L&PM, 2011.

ECO, Umberto. *O nome da rosa.* Tradução de Aurora Fornoni Bernardini e Homero Freitas de Andrade. Rio de Janeiro: Record, 2018.

ECO, Umberto. *O fascismo eterno.* Tradução de Eliana Aguiar. Rio de Janeiro: Record, 2018.

BIBLIOGRAFIA

EGRI, Lajos. *The Art of Dramatic Writing*. New York: Touchstone, 2004.

EMPOLI, Giuliano Da. *Os engenheiros do caos*. Tradução de Arnaldo Bloch. São Paulo: Vestígio, 2019.

FERREIRA, Aurélio Buarque de Holanda. *Novo Aurélio Século XXI: o dicionário da língua portuguesa*. 3ª ed. Rio de Janeiro: Nova Fronteira, 1999.

FESTINGER, Leon, RIECKEN, Henry W., SCHACHTER Stanley. *When Prophecy Fails*. New York: Start Publishing LLC, 2012.

FLAUBERT, Gustave. *Madame Bovary: costumes de província*. Tradução, apresentação e notas de Fúlvia M. L. Moretto. São Paulo: Nova Alexandria, 2007.

FRANK, Anne. *O diário de Anne Frank*. Basel: Porto Editora, 2015.

GALLAND, Antoine. *As mil e uma noites*. Tradução de Alberto Diniz. Rio de Janeiro: Harper Collins, 2017.

GIANNETTI, Eduardo. *Autoengano*. São Paulo: Companhia das Letras, 1997.

GOMES, Laurentino. *Escravidão: do primeiro leilão de cativos em Portugal à morte de Zumbi dos Palmares*, volume 1. Rio de Janeiro: Globo Livros, 2019.

HARARI, Yuval Noah. *Sapiens — uma breve história da humanidade*. Tradução Janaína Marcoantonio. Porto Alegre: L&PM, 2019.

HUXLEY, Aldous. *Admirável mundo novo*. Tradução de Lino Vallandro e Vidal Serrano. São Paulo: Globo, 2014.

HUXLEY, Aldous. *A situação humana*. Tradução de Lia Luft. São Paulo: Biblioteca Azul, 2016.

JAMES, Henry. *A arte da ficção*. Tradução de Daniel Piza. Osasco: Novo Século Editora, 2011.

JASON, Stanley. *Como funciona o fascismo: a política do "nós" e "eles"*. Tradução de Bruno Alexander. Porto Alegre: L&PM, 2018.

KANTOR, Jodi e TWOHEY, Megan. *Ela disse*. Tradução de Débora Landsberg, Denise Bottmann, Isa Mara Lando e Julia Romeu. São Paulo: Companhia das Letras, 2019.

KARNAL, Leandro. *Todos contra todos: o ódio nosso de cada dia*. Rio de Janeiro: Leya, 2017.

KING, Stephen. *Sobre a escrita*. Tradução de Michel Teixeira. Rio de Janeiro: Objetiva, 2015.

KRENAK, Ailton. *Ideias para adiar o fim do mundo*. São Paulo: Companhia das Letras, 2019.

LEE, Harper. *O sol é para todos*. Tradução de Beatriz Horta. Rio de Janeiro: José Olympio, 2019.

LEVIN, Yuval. *O grande debate*. Tradução de Alessandra Bonrruquer. Rio de Janeiro: Record, 2017.

LOSURDO, Domenico. *A luta de classes — uma história política e filosófica*. Tradução de Silvia de Bernadinis. São Paulo: Boitempo Editorial, 2015.

MACKAY, Charles. *Extraordinary Popular Delusions and the Madness of Crowds*. Petersfield: Harriman House, 2003.

MANDELA, Nelson R. *Long Walk to Freedom*. London: Abacus, 2013.

MANGUEL, Alberto. *O leitor como metáfora: o viajante, a torre e a traça*. Tradução de José Geraldo Couto. São Paulo: Edições Sesc, 2017.

McEWAN, Ian. *Máquinas como eu*. Tradução de Jorio Dauster. São Paulo: Companhia das Letras, 2019.

McKEE, Robert. *Story: substância, estrutura, estilo e os princípios da escrita de roteiros*. Tradução de Chico Marés. Curitiba: Arte & Letra, 2006.

MORRISON, Toni. *A origem dos outros*. Tradução de Fernanda Abreu. São Paulo: Companhia das Letras, 2017.

NORTHUP, Solomon. *Doze anos de escravidão*. Tradução de Drago. São Paulo: Seoman, 2014.

OCAMPO, Silvina. *A fúria e outros contos*. Tradução de Livia Deorsola. São Paulo: Companhia das Letras, 2019.

BIBLIOGRAFIA

ORWELL, George. *1984*. Tradução de Alexandre Hubner e Heloisa Jahn. São Paulo: Companhia das Letras, 2009.

ORWELL, George. *A revolução dos bichos*. Tradução de Heitor Aquino Ferreira. São Paulo: Companhia das Letras, 2007.

PATE, Alexs. *Amistad*. Tradução de Felipe Lindoso. São Paulo: Marco Zero, 1998.

PEIXOTO, José Luís. *O caminho imperfeito*. Porto Alegre: Dublinense, 2020.

PUCHNER, Martin. *O mundo da escrita*. Tradução de Pedro Maia Soares. São Paulo: Companhia das Letras, 2019.

RAIS, Diogo. *Fake News: a conexão entre a desinformação e o direito*. São Paulo: Thomson Reuters Brasil, 2020.

RIBEIRO, Djamila. *Lugar de fala*. São Paulo: Pólen, 2019.

RODRIGUES, Raymundo Nina. *Os africanos no Brasil*. Rio de Janeiro: Centro Edelstein de Pesquisas Sociais/SciELO Books, 2010.

ROSA, João Guimarães. *Grande sertão: veredas*. Rio de Janeiro: Nova Fronteira, 2001.

RUSSELL, Bertrand. *O elogio ao ócio*. Tradução de Pedro Jorgensen Júnior. Rio de Janeiro: Sextante, 2002.

SANT'ANNA, Ivan. *1929*. Rio de Janeiro: Objetiva, 2014.

SOBRAL, João. *Money Worries #1*. São Paulo: Bebel Books, 2017.

SOUSANIS, Nick. *Desaplanar*. Tradução de Érico Assis. São Paulo: Veneta, 2017.

SUMPTER, David. *Dominados pelos números*. Tradução de Anna Maria Sotero e Marcello Neto. Rio de Janeiro: Bertrand Brasil, 2019.

TAVARES, Gonçalo M. *Jerusalém*. São Paulo: Companhia das Letras, 2006.

TOYNBEE, Arnold. *An Historian's Approach to Religion*. London: Oxford University Press, 1956.

VIEIRA JUNIOR, Itamar. *Torto arado*. São Paulo: Todavia, 2019.

Este livro foi composto na tipografia
Melior LT STD, em corpo 11/15, e impresso
em papel off-white no Sistema Cameron da
Divisão Gráfica da Distribuidora Record.